朝鲜—韩国研究丛书 11

教育部人文社会科学重点研究基地
延边大学朝鲜韩国研究中心

"朝天录"中的明代中国人形象研究

杨昕 著

A Study of
Image of the Chinese people
in Works of Korean Envoy's
Travel Accounts to Ming Empire

延边大学朝鲜韩国研究论集
（第XI辑）

社会科学文献出版社
SOCIAL SCIENCES ACADEMIC PRESS (CHINA)

前　言

纵观整个亚洲的古代历史，在中国的诸多邻国中，朝鲜无疑是与中国交往最为密切的国家。朝鲜与中国山水相连，唇齿相依，两国典籍中关于彼此间交流交往的记载汗牛充栋，俯拾皆是。朝鲜通晓汉文，熟习朱礼，以"海外小中华"自称，在长时间接受汉文化熏陶的同时，也形成了自身独特的民族思维和民族文化。经过几千年的接触和碰撞，受特殊的政治、历史、文化、地理等因素的影响，中国不可避免地成为朝鲜政治、经济和文化中的一个重要主题。朝鲜王朝第十四代君主宣祖李昖甚至以父子来形容两国之间的关系："中国父母也，我国与日本同是外国也，如子也。以言其父母之于子，则我国孝子也，日本贼子也。"①

在两国长时间的交往交流过程中，朝鲜不同职业、不同年龄、不同阶层、不同身份的人在游历中国的时候都留下了为数众多的描写中国的文字。他们在不同的时间和空间中，根据自己的想象、体验和需要，描述各自眼中的中国，塑造着随着时间的推移而不断演变的中国形象。德国学者狄泽林克认为："我们必须强调的最后一点是，文学世界中产生的形象作用于人类一般生活乃至社会和政治活动。"② 特别是 14 世纪以降，相比亚洲其他国家乃至全世界而言，朝鲜可以说是中国形象最为活跃的塑造者。朝鲜留下的纪行中国的文字蔚为大观，这些数量庞大的叙事来源于不同的视角，采用不同的叙事策略，被不同身份和阶层的人物所书写，因而彼此之间呈现出相当大的差异，从而导致了朝鲜眼中中国形象的复杂性。这种复杂性，

---

① 《宣祖实录》卷37。
② 方维规：《比较文学想象学》，《中国比较文学》2007 年第 3 期。

深刻地影响了朝鲜社会发展的方方面面。

有明一代，朝鲜十分重视发展与明的友好关系，往来于朝鲜半岛和中国之间的朝鲜使节络绎于路。根据统计，仅朝鲜太祖、太宗时期，朝鲜前往明朝的使行次数就分别为 57 次和 137 次，年平均出使次数达到 8 次和 7.6 次[①]。在 1368 年明朝建立至 1637 年朝鲜朝屈服于清政权、解除与明政权宗藩关系的这一时期，朝鲜使臣留下的大量的纪行中国的文字统称为"朝天录"。其体裁包括诗歌、日记、杂录、记事等；其作者包括朝鲜派往中国的正、副使和书状官，以及使节团中的随行人员；其记载内容包括有明一代的政治、经济、军事、文化、交通、地理、市井风情等诸多方面的内容。它具有记录年代跨度大、体裁多种多样、作者成分复杂、行文风格直笔直言等特点。它是学界研究朝鲜眼中明代中国形象的巨大宝库，也是数量众多的域外汉籍中的重要组成部分。"朝天录"这一称谓，集中反映出朝鲜对明朝的心态，反映出了明与朝鲜的总体关系。朝鲜使臣认同明朝的正统性质，在游历中国的过程中，他们炫目于明代中国发达的社会经济，惊叹明代中国强大的军事力量，艳羡明代中国灿烂的社会文化，并将这一切诉诸笔下，"诚心事大"成了这一时期朝鲜对明外交的主旋律。特别是朝鲜在遭受日本入侵的危急关头，明朝出兵援助，使朝鲜避免了亡国灭种的重大危机，更使朝鲜的"事大"之意达到巅峰。有明一代，许多朝鲜使臣直接将纪行中国的文字命名为"朝天录"，一个"天"字，准确地概括了这一时期朝鲜对明代中国的总体社会集体想象。目前，在国内外学者的研究成果中，关于明代朝鲜使臣纪行中国文字的提法还没有完全统一，有人称之为"使行录"，有人统称为"燕行录"，还有人称之为"华行录"。实际上，这些说法要么是单纯着眼于朝鲜的政治外交行为，要么是无视朝鲜眼中明清中国形象差异的笼统概括，要么是单纯着眼于朝鲜外交的目的地，都忽视了朝鲜对明代中国的社会集体想象和朝鲜眼中明代中国的真正形象，所以这些提法都是不准确、不全面的。朝鲜使明的"朝天录"和使清的"燕行录"应该截然分开，这是不同范畴的概念。概念的明确区分可以直接体现出朝鲜眼中的明代中国形象和清代中国更为复杂的形象的巨大差异。关于这一点，最能说明问题的就是清入主中原后，受中国传统"华夷观"的深远影响，出于对明汉人政权的怀念和对清少数民族政权的厌恶，朝鲜使臣们不

[①] 杨昭全、韩俊光：《中朝关系简史》，辽宁民族出版社，1992，第 228 页。

约而同地将纪行明代中国时几乎统一使用的"朝天录"一词以"燕行录"替代。在朝鲜使臣心中，朝鲜才是汉文化最正宗的继承者和守护者，其自身的文明已经远远高于其他的异邦和异族，是名副其实的"小中华"。而取代明政权统治中国的清政权，其文明程度远远落后于朝鲜，是真正意义上的"夷"，与正统汉人性质的明政权相比根本不能同日而语，更遑论以"天"尊之。再加上清在与明的战争中，曾几次攻打朝鲜，最后朝鲜被迫与其签订城下之盟，俯首称臣。战争为朝鲜带来了巨大的物质损失，而屈服于清政权的武力压迫，又给朝鲜带来了巨大的精神创伤。所以有清一代的朝鲜纪行中国的文字由"朝天录"转变为"燕行录"，取北京古称为燕京，记入燕行迹之意。纪行文本用词的集体转变，体现了朝鲜鲜明的"华夷观"。当前，在学界研究中，"朝天录"的研究热度远远低于"燕行录"的研究，而明清中国形象的研究是一个有机的整体，缺一不可。因此，以朝鲜古代汉籍"朝天录"中的明代中国人形象研究为主要切入点，对"朝天录"中反映出的明代中国形象进行全面和深入的研究是十分必要和迫切的。

本书以众多"朝天录"作品为研究文本，以比较文学形象学、比较文化学及考据学的理论为指导，对"朝天录"中的明代中国人形象等诸多问题进行了详细的论述；阐述和论证了高丽末期和朝鲜朝的外部形象和内部形象，为研究明代中国人形象奠定了立论基础；分别对朝鲜使臣出使中国时接触最频繁的、最有代表性的明代中国的平民形象、明代中国的儒生形象、明代中国的官员形象以及明代中国的皇帝形象进行了全面和详细的分析；阐述了"自我"对"他者"的塑造过程；阐述了"朝天录"中明代中国人的"负面特征"；探讨了"朝天录"多方面的研究价值。

笔者力求最大可能地探讨朝鲜使臣对明代各阶层人物的形象塑造，在探讨明代中国人形象的同时，对朝鲜使臣在形象塑造过程中折射出的内心情感的变化和若隐若现的自我镜像中的朝鲜形象进行了分析和研究，以期使我们了解持续几千年的中朝关系的某些特性，理解朝鲜对中国复杂的民族心理；以期为我国对朝鲜半岛的外交政策的制定，维护东北亚和谐局面做出文学研究上的努力。

在本书的形成过程中，笔者先后对明代朝鲜使臣的使行路线进行了两次踏查，分别考察了辽宁境内、河北境内以及北京、南京市内的众多历史遗迹，设身处地，寻找历史感觉，以期本课题研究能够更加客观和真实。

本书是以笔者在中央民族大学的博士学位论文《"朝天录"中的明代中

国形象研究》和国家社科基金西部项目"朝鲜古代汉籍'朝天录'中的明代中国人形象"（10XZW016）为基础，扩展修改而来。

本书付梓之际，笔者要感谢资助本书出版的延边大学朝鲜半岛研究院；感谢朴文一教授、李岩教授、金柄珉教授、韩国首尔大学尹汝卓教授；感谢金洪培先生、朴成日与赵妍伉俪、朱美花与石吉梅女士、朴政君先生；感谢妻子朴莲顺女士！

笔者后学，水平有限，经验欠缺，书中舛误之处肯定不少，恳请读者予以指正。

目录
CONTENTS

绪　论 ……………………………………………………………………………… 1

第一章　"注视者"的形象及特征 ………………………………………… 12

第一节　14～17 世纪朝鲜半岛的社会状况 ……………………… 13

第二节　"注视者"的思想理论体系 ……………………………… 22

第三节　"注视者"的观察载体——朝天使臣 ………………… 26

第二章　"朝天录"中的中国人 …………………………………………… 34

第一节　"他者"的基石——平民 ………………………………… 34

第二节　"他者"的智库——儒生 ………………………………… 64

第三节　"他者"的支柱——官员 ………………………………… 89

第四节　"他者"的主宰——皇帝 ……………………………… 128

第三章 "注视者"对"他者"的塑造 ················· 167

第一节 朝鲜对明朝的社会集体想象 ················· 167

第二节 "自我"对"他者"的塑造过程 ················· 172

第三节 "注视者"眼中"他者"的"负面"特征 ············· 189

第四章 "朝天录"的价值 ······················· 199

主要参考文献 ···························· 221

绪　论

—————◆❀◆—————

一　"朝天录"的研究现状

1. 国内的研究现状

由于种种原因，国内对"朝天录"的研究起步较晚。台湾学者张存武于 1967 年著《介绍一部中韩关系新史料——燕行录选集》①，首次向中文学界介绍了明清时期朝鲜使臣留下的记录，此篇文章应视为中国进行"朝天录"研究的发轫。但限于当时特殊的政治环境，国内学术界关注者寥寥；1992 年，张存武著《推展韩国的华行录研究》②，此篇文章专门谈到朝鲜纪行中国文字的体裁，并从其资料价值方面指出其研究的重要意义，但仍然没有引起国内学术界的注意。这里，张存武先生将朝鲜纪行中国的文字命名为"华行录"，显然对"朝天录"的文化内涵挖掘得不够深入；1999 年，大陆学者张德信与日本学者松浦章联合发表《一部研究中朝关系的重要史料——〈朝天录〉评价之一权近〈奉使录〉》③，对"朝天录"中具有代表性的、朝鲜使臣权近的《奉使录》的史料价值进行了探讨。两位学者在文中将明代朝鲜纪行中国的文字明确定义为"朝天录"，说明他们已经对"朝天录"的文化内涵有了清醒的认识。但两位学者是从历史学的角度来对

———————

① 《思与言》第 3 卷第 6 期，1967 年 1 月
② 《韩国史学论丛》（水村朴永锡花甲纪念），韩国探求堂，1992，第 1081～1085 页。
③ 《史学集刊》1999 年第 3 期。

"朝天录"进行研究，还没有进入比较文学形象学的范畴。此后，更多的国内学者们开始从历史学的角度对"朝天录"进行研究。如陈潮的《明清之际中韩宗藩关系探索》①、孙卫国的《〈朝天录〉与〈燕行录〉——朝鲜使臣的中国使行记录》②、刁书仁的《洪武时期高丽、李朝与明朝关系探析》③、张德信的《朝鲜使臣眼中的运河与淮安——以权近〈奉使录〉为中心》④和《朝鲜辩诬陈奏上使赴明前后——以李廷龟〈庚申朝天录〉为中心》⑤、陈尚胜的《明清时代的朝鲜使节与中国记闻——兼论〈朝天录〉与〈燕行录〉的资料价值》⑥、刁书仁的《朝鲜使臣所见的建州社会——兼论后金建国前与朝鲜的关系》⑦、高艳林的《明代中朝使臣往来研究》⑧、葛兆光的《从"朝天"到"燕行"——17世纪中叶后东亚文化共同体的解体》⑨、邱瑞中的《谁赴松锦吊忠魂——〈燕行录〉的史料价值之七》⑩、刘勇强的《燕行录与中国学研究》⑪、刘宝全的《关于告急使权挟的燕行之旅》⑫等。这些学者对"朝天录"中所蕴含的巨大的历史和文化价值进行了深入的挖掘，并取得了丰硕的成果。此外，还有学者对国内外"朝天录"的研究动态进行介绍，如李岩、池水涌的《〈燕行录〉一百卷在韩国面世》⑬。从这些论文成果来看，目前，国内"朝天录"研究的主体力量还是历史学者，他们偏重于从历史的角度来考察"朝天录"的历史和文化价值，尚无人从比较文学形象学的角度切入对"朝天录"，即有明一代朝鲜使臣书写的记行中国的典籍进行整体性的研究。但是，这些研究成果的出现，为"朝天录"更为全面、深入和复杂的研究奠定了坚实的基础。

在专著方面，山东大学陈尚胜教授等所著的《朝鲜王朝（1392—

①《学术论坛》1997年第1期。
②《中国典籍与文化》2002年第1期。
③《第十届明史国际学术讨论论文集》，厦门大学出版社，2003。
④《淮阳工学院学报》2006年第1期。
⑤《大连大学学报》2007年第1期。
⑥《海交史研究》2001年第2期。
⑦《满族研究》2001年第2期。
⑧《南开学报》（哲学社会科学版）2005年第5期。
⑨《中华文史论丛》2006年第1期。
⑩《内蒙古师范大学学报》（哲学社会科学版）2008年第37卷第2期。
⑪《韩国文学研究》第24辑。
⑫《亚洲文学研究》2008年第14辑。
⑬《当代韩国》2002年春季号。

1910）对华观的演变——〈朝天录〉和〈燕行录〉初探》①，分别介绍了
八部比较有代表性的"朝天录"，并借此对已知"朝天录"的情况作了较
为全面的概述，同时进一步揭示了朝鲜使臣对华观的演变过程。该著作在
国内的"朝天录"整体研究中跨出了一大步，开始涉及明代朝鲜使臣眼中
的中国形象问题。但此专著的研究所依据的文本为1978年台湾硅庭出
版社出版的《朝天录》中的一些篇章，受文本收录的篇幅所限，还有许
多重要的和有代表性的"朝天录"没有涉及；北京大学葛振家教授著
《崔溥〈漂海录〉评注》②，对因受暴风袭击，乘船漂流到中国浙江的朝鲜
官员崔溥所著的《漂海录》进行了详细的分析。《漂海录》的内容涉及了
明朝弘治年间的政治、军事、经济、文化等方面的情况，对于研究我国明
代的海防、政制、司法、运河、城市、地志、民俗及两国关系等，提供了
亲身经历、耳闻目见的第一手资料，极具参证价值。但是，需要明辨的
是，崔溥是因自然灾害而偶然漂流到中国，并留下了关于中国的记载，其
行为是个人行为，而不是接受指派的国家间外交使行行为，所以，《漂海
录》并不属于"朝天录"的研究范围。尽管如此，葛振家先生的研究成
果为"朝天录"的研究提供了大量有益的方法和思路；天津师范大学刘
顺利教授著《半岛唐风——朝韩作家与中国文化》③，专辟一章讨论"朝
天"与"笔谈"，对郑梦周的《赴南诗》进行了分析，并认为"燕行录"
是700年积累的形象学资料。尽管他将朝鲜使臣使行中国明清的记录统称
为"燕行录"，但著作肯定了"朝天录"的形象学意义；内蒙古师范大学
邱瑞中著《燕行录研究》④，分上下两编阐述了朝鲜使行文学的重要史料
价值；延边大学徐东日著《朝鲜朝使臣眼中的中国形象——以"朝天录"
和"燕行录"为中心》⑤，考察了朝鲜看待中国人与中国文化的特殊视角、
价值取向以及朝鲜民族对中国的总体想象。但全书重心在于对"燕行录"
的总体体察，"朝天录"涉之不多；中央民族大学李岩教授与池水涌、俞

---

① 陈尚胜等：《朝鲜王朝（1392—1910）对华观的演变——〈朝天录〉和〈燕行录〉初
探》，山东大学出版社，1999。
② 葛振家：《崔溥〈飘海录〉评注》，线装书局，2002。
③ 刘顺利：《半岛唐风——朝韩作家与中国文化》，宁夏人民出版社，2004。
④ 邱瑞中：《燕行录研究》，广西师范大学出版社，2010。
⑤ 徐东日：《朝鲜朝使臣眼中的中国形象——以"朝天录"和"燕行录"为中心》，中华书
局，2010。

成云等门下弟子所著三卷本《朝鲜文学通史》①，专辟一章对朝鲜朝前半期的使节文学进行研究，内容涉及对"朝天录"的总体评价、权近的使行诗、李晬光的"朝天诗"和北京"腊梅诗"等方面的研究，内容虽只设一章，但却具有相当高的学术价值。

在学位论文方面，复旦大学杨雨蕾著《十六至十九世纪初中韩文化交流研究——以朝鲜赴京使臣为中心》②，此博士论文以韩国东国大学林基中教授编的《燕行录全集》为研究文本，对"朝天录"和"燕行录"中的使节团的构成、出使任务、路线、中朝两国的文人交往、汉籍东传、朝鲜西学、朝鲜华夷观的演变和北学的兴起进行了详细的考证和论述。此论文从历史学的角度切入，挖掘了中国社会的一些文化特质，颇具学术价值。但本论文研究重点也是放在了对"燕行录"，即有清一代朝鲜使臣典籍的重点解读上。此论文已经以《燕行与中朝文化关系》为题，于2011年1月由上海辞书出版社予以出版。复旦大学历史地理学专业刘晶于2013年著硕士学位论文《"朝天录"所见明代北中国地理专题研究》，此论文系统运用"朝天录"史料，对明代北中国的地理进行系统研究，不仅补充了中国史料的不足，描绘了细致而全面的北中国图景，也为探讨朝鲜使臣的活动、记忆、心态和中朝关系提供了一个新的思路。

纵观国内的这些研究成果，目前，尚无人从比较文学形象学的角度对"朝天录"，也就是自大明肇立至朝鲜臣服清政权这一特殊历史时期的朝鲜使臣文学进行专题、系统而全面的研究，因此，比较文学形象学意义上的"朝天录"的整体研究在目前基本上还属于一个空白领域。

2. 国外的研究现状

20世纪60年代，韩国利用其独有的优势，率先开始对朝鲜使臣纪行文字展开了收集整理工作，所以韩国"朝天录"的研究成果与中国国内相比，相对来说更早更丰富一些。由于韩国学术界大多数学者将朝鲜使臣出使中国的纪行文字统一称为"燕行录"，也有的学者称之为"使行录"，因此，在考察韩国学界关于"朝天录"的研究成果时，这些成果往往体现在对

---

① 李岩、池水涌、俞成云：《朝鲜文学通史》，社会科学文献出版社，2009。
② 杨雨蕾：《十六至十九世纪初中韩文化交流研究——以朝鲜赴京使臣为中心》，博士论文，复旦大学，2005。

"燕行录"或"使行录"的研究之中。

纵观韩国的研究成果，主要有如下两个特点：

第一，从整体上对"朝天录"进行考察，从而揭示"朝天录"的一些特点。如金圣七发表《燕行小考》一文①，尽管该文并不专门涉及"朝天录"，但是它首开"燕行"研究之先河，对明清时朝鲜使行的种类、路线和使行人员的构成初作简介，并专门讨论使臣在贸易和文化交流方面的作用，还特别论及了部分使臣的"北学"思想，为后来学界的进一步研究奠定了基石。研究过程中，作者利用到部分颇具影响的"朝天录"，如明时期出使中国的许篈的《荷谷朝天记》，初次展现"朝天录"所具有的重要史料价值；1976 年，黄元九发表《〈燕行录选集〉解题》②，较为全面地概括论说了"使行录"，对"使行录"出现的背景、种类、内容和价值作了总体说明；1995 年，韩国东国大学林基中教授在大规模收集整理"燕行录"的过程中写下《燕行歌与燕行录研究》一文③；2002 年，林基中教授在《燕行录与韩国学研究》一文中，对"燕行录"的搜集与整理情况进行了详细的介绍，并在文后按年代顺序罗列了"朝天录"和"燕行录"的文本名称、作者生卒年和出使时间，为"朝天录"研究提供了宝贵的基础资料；2003 年，姜春爱的《韩国关庙与中国关庙戏台》④ 分析了"使行录"中有关明清关公信仰、关帝庙以及戏台的记载内容，并利用这些材料与韩国的关帝庙进行了对比；2004 年，韩国檀国大学东洋学研究所金台俊教授著《中国燕行路程考》⑤，对朝鲜使臣前往中国的朝贡路线进行了详细的考证；2004 年，苏在英著《燕行的山河和燕行使的历史意识》⑥，以"燕行录"为基本史料，介绍了朝鲜使臣"燕行"所经的中国山川，并整理他们的部分感想；弘益大学的崔康贤著《对水路朝天录的研究》⑦，对朝鲜使臣的海行路线进行了研究；2006 年，金暻绿著《朝鲜时代使行与使行记录》⑧，对朝鲜时代

---

① 〔韩〕《历史学报》第 12 辑，历史学会，1960。
② 〔韩〕《民族文化》1976 年第 2 辑，韩国民族文化推行会。
③ 〔韩〕《大宇财团消息》1995 年冬季号，No. 53。
④ 《中央戏剧学院学报戏剧》2003 年第 3 期。
⑤ 〔韩〕《东洋学》第 35 辑，韩国檀国大学，东洋学研究所，2004。
⑥ 〔韩〕《东洋学》第 35 辑，韩国檀国大学东洋学研究所，2004。
⑦ 〔韩〕《人文科学》第 5 辑，1997。
⑧ 〔韩〕《韩国文化》第 38 辑，2006。

的使行文学进行了总体考察；崔韶子著《"燕行录"研究提案》①，对"燕行录"的研究提出了总体研究思路；2008年，金暻绿著《朝鲜时代朝贡体系和对中国外交》②，对朝鲜时代朝鲜与中国的朝贡体系和对中国的外交进行了系统研究；2008年，台湾大学历史研究所硕士生裴英姬著《燕行学与韩中关系——韩国明清史学会夏季研讨会会议纪实》③，对2008年7月在韩国江陵大学举办的韩国明清史学会夏季研讨会会议情况作了详细介绍，并对从事"朝天录"、"燕行录"研究的崔韶子、徐仁范、金暻绿、李应龙、郑恩主等教授关于"朝天录"、"燕行录"研究的主题发言内容进行了系统整理；2009年裴英姬著《〈燕行录〉的研究史回顾（1933—2008）》④，对韩国1933年到2008年"燕行录"的研究历史进行了总体回顾。

以上这些成果都在一定程度上拓宽了"朝天录"的研究范围，为综合研究"朝天录"提供了宝贵的经验。

第二，以某一作家或某一部、几部作品为研究重点，力图揭示某一文化现象。

如1982年，崔康显在所著的《韩国纪行文学研究》⑤中特别对几部韩文燕行歌辞的内容和文学价值作了较为详细的分析；1987年，尹南汉的《〈朝天纪〉解题》⑥介绍了许篈的《荷谷朝天纪》的内容；2004年，金东珍的《许篈之大明使行与阳明学变斥》⑦，考察了许篈使明期间与中国文人进行的心学之辩；2005年，高丽大学权任熔的《明中期朝鲜宗系辩诬——以权拨的〈朝天录〉为中心》⑧，对权拨的使明辩诬活动进行了考证；2006年，韩国国史编纂委员会编纂研究馆的李迎春著《丙子胡乱前后的朝鲜、明、清关系与金堉的〈朝京日录〉》⑨，对"朝天录"的最后一个记录者金堉的《朝京日录》做了深入的研究，对金堉所行的路线、"丙子胡乱"前后的朝鲜、明、清关系与金堉的外交活动以及明末朝野的动向和民间风物进

① 明清史学会第17回夏季学术大会特别论文，《明清史研究会报》第30辑。
② 〔韩〕《明清史研究》2008年第30辑。
③ 《明代研究》2008年第11期。
④ 《台大历史学报》，No.43（2009/06）。
⑤ 韩国一志社，1982。
⑥ 〔韩〕《爱山学报》第5辑，1987。
⑦ 〔韩〕《文化史学》第21号，2004。
⑧ 〔韩〕《明清史研究》第24辑，2005。
⑨ 〔韩〕《朝鲜时代史学报》第38辑，2006。

行了论述；2007 年，韩国学中央研究院郑恩主的《明清交替期对明海路使行录图研究》①，以众多珍贵的使行图录为基础，从 17 世纪朝明关系和使臣的海路行使、使臣的海路行使日志的撰写目的、使臣海路行使记日志的主要内容及史料价值等方面对明晚期朝鲜的海路使行活动进行了研究；2008 年，世宗大学李应龙的《"壬辰倭乱"前后的朝鲜和明朝学者们的学术交流》一文，分别从阳明学的论争和朝鲜学界的批判、尹根寿和陆光祖的朱陆论辩、柳成龙眼中的明朝国子监与晚年的立场、李廷龟和宋应昌的《大学》讲解等四个方面论述了两国学者思想上的交流与碰撞；2009 年，仁荷大学金英淑的《明末的中国社会和朝鲜使臣的外交活动——以金堉的〈朝京日录〉和〈朝天录〉为中心》②，以金堉的文本为中心，集中探讨了金堉的"朝明两益论"；公州大学教育大学院汉文教育专攻李圣炯的硕士论文《对白沙李恒福〈朝天录〉文学的研究》③ 分五部分对李恒福的"朝天录"进行了论述，其中关于使行文学与"朝天录"概观、"朝天录"的文学世界以及"朝天录"的文学意义等部分较有价值。此外，还有檀国大学汉文教育科李在元所著的《芝峰汉诗研究》④，对多次出使中国的李廷龟的汉诗进行了研究；顺天乡大学的朴玄奎著《金中清的〈朝天录〉与被否定人士许筠》⑤，对同为使节团成员的金中清和许筠之间由于思想上的差异而造成的矛盾进行了论述。

此外，日本以夫马进和松浦章为代表，主要针对"燕行录"与日本学研究的关系、清代朝鲜使臣洪大容和申在植的活动和思想、现存于日本的部分"燕行录"的整理与研究等问题进行了零星的研究。在俄罗斯，目前文献可查的只有俄罗斯学者西姆比尔采娃·塔吉雅娜·米哈伊洛芙娜所著的《17 世纪末—19 世纪中叶俄朝在北京的接触（根据朝鲜使臣的日记）》⑥一篇文章。相对于中国和韩国而言，日本与俄罗斯的研究较为零散，尚未形成规模，而对"朝天录"的研究则根本没有涉及。

基于以上所述的研究成果现状及其存在的问题，笔者以韩国东国大学

---

① 〔韩〕《明清史研究》第 27 辑，2007。
② 〔韩〕《明清史研究》第 31 辑，2009。
③ 韩国公州大学校教育大学院，2005。
④ 〔韩〕《汉文学论集》，槿域汉文学会，2001。
⑤ 〔韩〕《洌上古典研究》第 22 辑，洌上古典研究会，2005。
⑥ 《远东问题》1998 年第 6 期。

林基中教授收集整理、东国大学出版部 2001 年出版的《燕行录全集》为主要研究文本，文本选取起始时间界定为 1368 年大明肇立至 1637 年朝鲜朝屈服于清的这一时段。以这一时段的整体文本作为自己的研究对象，以比较文学形象学理论为指导，集中探讨中外学者尚未涉足的"朝天录"中的明代中国人形象，以拓宽中朝比较文学的研究领域。

二 本课题的研究意义

首先，从开大明纪行之轫的郑梦周始，至使行于中路而适逢本国山河巨变的金堉而终，朝鲜使臣笔下的记载年代跨度达到了整整 251 年，几乎囊括了整个有明一代。作为记录了丰富"他者"形象的"朝天录"，它在比较文学形象学领域具有典范的意义。"朝天录"是朝鲜古代游记文学的代表，更是研究中朝文化关系的重要文本。而目前，国内外尚无学者以此文本为研究对象，对有明一代朝鲜眼中的中国人形象进行整体而系统的研究。因此，从比较文学形象学的层面上讲，选取"朝天录"进行中朝比较文学的研究，本身就具有拓宽朝鲜—韩国学学术研究领域的意义。

其次，游记文学向来是比较文学的传统研究领域，法国学者谢夫莱尔说："自古以来，旅行是与外国人相遇的最好办法"①。边界之外的旅行是对"他者"的寻求，是认知"自我"最短的道路。中国，作为一个地理、政治和文化的概念，本身就是在他者的不断认识中形成的。游记作者往往扮演了双重角色：他们既是社会集体想象物的建构者和鼓吹者、始作俑者，又在一定程度上受到了集体想象的制约，因而他们笔下的异国形象也就成了集体想象的投射物，所以在形象学中的游记研究实际上必须绕经一个民族的思想史、心态史②。比较文学形象学中的形象具有"言说自我"和"言说他者"的双重功能，如果把形象塑造者比作一面镜子，那么，"朝天录"中的明代中国人形象，在一定程度上就是 14 世纪到 17 世纪中国社会和中国文化的域外镜像。其中，既有对中国社会和中国文化的客观反映，也有因文化过滤或文化误读而造成的有意或无意变形。而作为中国形象塑造者的朝鲜文人使臣，其身份不仅仅是政治家，而且还是文学家、

---

① 谢夫莱尔：《比较文学》，PUF，1989。
② 孟华：《中国文学中的西方人形象·序》，安徽教育出版社，2006。

思想家和社会活动家。所以这是一面特殊的镜子，通过它而生成的中国镜像，更具有独特的研究价值。透过此镜像，对作为镜子自身的朝鲜文人使臣及构成镜子的材质（即其背后的朝鲜文化）进行一定的反向研究，可以为朝鲜作家和朝鲜文学的研究提供一种新颖的切入视角，同时也可为两国文化间的交流引发尝试性的思考。所以，通过观照"朝天录"中"自我"对"他者"的观察，可以勾勒出朝鲜对中国形象的塑造过程。同时，在探讨中国形象的同时，对朝鲜使臣在塑造历程中折射出来的内心情感的变化和若隐若现的自我镜像中的朝鲜形象进行分析和研究，不仅可以使我们了解持续几千年的中朝关系的某些特性，也可以理解朝鲜对中国复杂的民族心理。

第三，14～17世纪是朝鲜经历深刻变化的时期，程朱理学在高丽末期传入朝鲜半岛，经过朝鲜朝社会不遗余力地大力推崇，已经跨越了思想和学术的领域而变成政治和社会伦理方面的价值取向，从而构成朝鲜民族心理的基本因素。朝鲜社会在这一时期经历了由传统半岛向儒家社会转变的过程，开始以儒家的世界观来认识和观察中国这个传统的中原王朝。由此可见这一时期在朝鲜历史上的重要地位。因此，以"朝天录"中的中国人形象研究为切入点，探究14～17世纪"朝天录"是如何塑造中国形象，以勾勒出在朝鲜朝语境下中国形象的嬗变轨迹，对其形成和衍变进行总体上的分析和把握，即是本课题主旨之所在，也是创新性所在。

第四，长期以来，关于朝鲜文人使臣文学的研究，中韩学者一直将研究重点放在有清一代，而对有明一代的整体研究则相对十分薄弱。在中韩两国学者的传统观念中，中朝之间的关系以有明一代为最佳，明朝在"壬辰倭乱"中出兵援助朝鲜，更是使两国之间凝聚了深厚的感情。到目前为止，笔者还没有见到学界中出现关于朝鲜对有明一代中国人形象塑造的整体论述。因此，在目前中韩两国学术热点集中在"燕行录"即对有清一代研究的背景下，对有明一代朝鲜对中国人形象的塑造过程进行系统地梳理和勾勒，使朝鲜眼中的明清中国形象研究形成一个有机的整体，无疑是一件有意义的工作。

第五，关于"朝天录"的研究，绝大多数学者都是从一部或几部作品，一个或几个作家为研究对象，尚未开展以众多"朝天录"作品为核心、以明代中国人形象为重心的综合性研究。为此，本书拟以1368年至1637年间的诸多"朝天录"作品为主要研究文本，力图比较全面地研究朝鲜使臣眼中的明代中国人形象。

第六，朝鲜对中国的社会集体想象是在几千年之间彼此频繁交往的过程中形成的，根据自身的不同需要，朝鲜对这种社会集体想象不断进行加工，甚至予以变形。例如在清政权统治中国的初期，朝鲜使臣就对中国进行了妖魔化的想象，使得清朝前期的中国形象与明朝时的中国形象相去甚远。但是，几千年中形成的朝鲜的民族心理和民族思维具有相对的稳定性，朝鲜观察中国的视角和方式不论古代还是现代都有共通之处。因此，研究朝鲜眼中的明代中国人形象，可以为我国的对朝鲜半岛的外交政策的制定提供有益的思路，更可以为中国的东亚外交政策的制定提供战略性的参考。从这一点来讲，本课题的研究是有现实意义的。

三　本课题的研究方法

形象学（imagologie）是比较文学学科中的一个重要的理论范畴，其中所涉指的形象并非一般意义上的文学形象，而是指各国文学中所描写、塑造出来的"异国"形象，这种形象的产生与两个相关国家的社会、历史、文化的交流与融合有关。从研究范围上看，形象学研究的形象只限于异国形象，即研究这种形象是如何通过"自我"和"他者"的主观与客观、情感与思想的混合而产生的；从研究对象看，形象学的形象呈现多样化的特点，它存在于包括文学作品在内的各种文字材料中，可以是人、物象，甚至风俗、观念及言辞等，因而是"存在于作品中的相关的主观情感、思想、意识和客观物象的综合"[①]；从研究重点看，形象学关注的是形象背后的文化关系，即法国学者巴柔阐述的"对两种类型文化现实间的差距所做的文学的或非文学的，且能说明符指关系的表述"[②]。因此，形象学中的形象具有三重含义："它是异国的形象，是出自一民族（社会、文化）的形象，最后，是由一个作家特殊感受所创造出的形象"[③]。由于本文主要考察的是"朝天录"中的明代中国人形象，因此，拟将比较文学形象学作为本文的主

①　刘洪涛：《对比较文学形象学的几点思考》，《北京师范大学学报（社科版）》1999 年第 3 期。

②　陈惇等主编：《比较文学》，高等教育出版社，1997，第 167 页，

③　〔法〕让－马克·莫哈著《试论文学形象学的研究史及方法论（续）》，孟华译，《中国比较文学》1995 年第 2 期。

要理论框架，在掌握大量文本资料的前提下，采用文本外部研究等方法，具体考察 14～17 世纪朝鲜古代汉籍"朝天录"中的明代中国人形象。此外，尽管中国的思想和文化对朝鲜有巨大的影响力，但是朝鲜的汉文学，是在本土历史文化的土壤之上建立和发展起来的，尽管它借用了中国的各种文学样式，但核心内容却是反映本民族的生活、思想感情和审美情趣，它所寄托的也是自己民族的喜怒哀乐、生活理想和对未来的信念。也就是说，尽管朝鲜文化和中国文化有巨大的相似性，但同时也存在着相异性，朝鲜使臣在记行中国的时候，同时也进行着自身文化的架构。因此，在本课题的研究中，采用了一些比较文化学的理论。最后，由于本课题所研究的文本绝大多数都是来源于朝鲜古代汉籍，因此在对文本进行考察时，还采取了整理、标点、校勘等一些考据学的方法。

四　本课题的主要内容

本课题除绪论外，共分四章。第一章，主要从 14～17 世纪朝鲜半岛的外部形象、内在形象、形象特征以及朝鲜使臣的相关情况分析入手，为本书的叙述提供背景支持；第二章通过对朝鲜使臣眼中的明代中国平民、儒生、官员、皇帝等中国人群像的重点分析，探讨朝鲜使臣在观察和塑造中国时复杂的情感和心理变化过程；第三章集中讨论朝鲜在 14～17 世纪对明代中国形象塑造的过程以及明代中国人形象的"负面"特征；第四章探讨"朝天录"的学术价值。

第一章

"注视者"的形象及特征

　　"注视者（自我）"是形象学的一个重要范畴，审视和塑造异国形象是"注视者（自我）"借助"异国形象（他者）"进行自我审视和反思，发现自我和认识自我的过程。"自我"在观察"他者"的时候，不是孤立进行的，其眼中的"他者"形象受到自身社会状况、民族文化、民族心理、社会集体想象的影响而不断发展变化，从而使"他者"的形象呈现出不断流动和变化的特点。北京大学的孟华教授认为：边界之外的旅行是对他者的寻求，是认知自我最短的道路。中国，作为一个地理、政治和文化的概念，本身就是在他者的不断认识中形成的。游记作者往往扮演了双重角色：他们既是社会集体想象物的建构者和鼓吹者、始作俑者，又在一定程度上受到了集体想象的制约，因而他们笔下的异国形象也就成了集体想象的投射物，所以在形象学中的游记研究实际上必须绕经一个民族的思想史、心态史。朝鲜使臣洪翼汉在出使中国时，途中偶遇一中国秀才，他在与秀才的笔谈[1]中说道："鲰生介在海隅，尝怀慕华之心，今忝观周之列，而芸编汗竹之想象者尽入今日之目。"[2] 这充分证明了朝鲜使臣在出使明代中国时，是在想象中国，即在本国对中国的社会集体想象的总体框架中去认识中国、发现中国，去印证本国的社会集体想象物。而一个国家、民族的思想史和心态史又与自身的社会状况和思想状况密切相关。因此，要系统探究 14 ~

---

① 笔谈：大多数朝鲜使臣不谙汉语，但熟习汉字，因此除使节团随行的译官进行日常及公务翻译外，使臣与中国文人交流大多采用彼此在纸张上书写汉字（文言文）予以交流，称为笔谈。笔谈这种形式是汉字文化圈地域内持不同语言的知识分子相互交流的方法之一。

② 洪翼汉：《燕行录全集》卷17，《花浦西征录》，韩国东国大学校出版部。

17 世纪朝鲜眼中的明代中国人形象，就必须首先要对这一时期朝鲜自身的社会状况进行考察。

第一节 14～17 世纪朝鲜半岛的社会状况

根据比较文学形象学的理论，要论述"自我"眼中的"他者"形象，首先就要对"自我"的形象进行分析，因为"他者"的形象是"自我"社会集体想象的投射物，也是"自我"对自身进行观照、分析、反思的最好承载。从表面上看，他们是在言说"他者"，但从深层意义上讲，他们言说的正是自己。他们叙述了中国的经济繁荣，正是看到了自身经济落后的事实，他们叙述了中国的军事强大，正是看到了自身国力微小的事实，他们叙述了中国的灿烂文化，也正是出于对博大精深的中华文明的羡慕之情。因此，在论述"他者"的形象之前，有必要先对朝鲜自身的外在形象进行考察，也就是对朝鲜在 14～17 世纪朝鲜半岛自身的社会状况进行考察。

一 高丽后期的社会状况

因本书中涉及的部分重要的朝鲜使臣活动的时代跨越了高丽和朝鲜两朝，明朝又是建立在高丽末期，明朝对高丽施行的各项政策以及两国间的外交状况直接影响着朝鲜朝使臣对中国的社会想象，因此有必要首先对高丽后期的社会状况予以简要介绍和分析。

公元 13 世纪，崛起的蒙古族将征服的铁骑踏遍了欧亚大陆，与中国山水相连的朝鲜半岛自然也无法逃脱被征服的命运。从 1231 年（高丽高宗十八年）至 1259 年（高丽高宗四十六年），蒙古大军先后对朝鲜半岛发动了六次大规模战争。尽管高丽人民奋起抗击，无奈国家积弱，再加上统治阶级的腐朽无能，高丽最终于 1259 年，即高丽第 23 代王高宗在位的最后一年向元奉表称臣，从而被纳入元朝的册封体系之中。应该说，高丽对元朝的屈服完全是在元强大的军事攻势之下的，是完全违背高丽各阶层人民心愿的，这种军事高压的方式，势必会激起高丽对中国的厌恶之感。

姻亲政策的施行是高丽与元朝交往中最突出的特征。为了保存自身的统治地位，为了达到对高丽长期控制的目的，两国统治者采用了相互通婚的政策，即把元朝的公主嫁给高丽的国王。自高丽忠烈王至恭愍王，高丽的七代国王中有四位是元朝的驸马，其中三位国王为元朝的公主所生。尽管这种姻亲特色对维护整个朝鲜半岛的和平与稳定产生了一定的作用，也使高丽王朝避免了被灭亡的命运，然而，姻亲政策的负面影响也是显而易见的。由于姻亲的关系，导致两国关系过于密切，使元朝可以经常随意干涉高丽的内政，甚至可以决定国王的废立。两国统治者希望以这种血浓于水的特殊关系，保持自身的统治地位和长期控制高丽政权。正因为高丽王室与元朝皇室的这种血统联系，使高丽在元末的元明宗主的抉择上表现出很大的动摇性，高丽内部"亲元派"和"亲明派"展开了激烈的斗争，造成了高丽末年王廷内部的极大混乱。14世纪以后，由于封建统治秩序的进一步紊乱，大土地所有者疯狂掠夺土地，使国家掌握的土地显著减少。在这种情况下，恭愍王为了改变国家残败的状况，任用出身卑贱的辛旽进行改革，以限制"世臣大族"膨胀的权力。辛旽的改革工作尽管得到了民众的支持，但触动了大土地所有者的利益，因此，在激烈的斗争中，辛旽身死，改革失败。辛旽死后，代表"世臣大族"利益的李仁任、林坚味等人把持政权，继续大肆掠夺土地。李仁任势力对内实行保护大农庄主利益的政策，对外实行与北元修好、与明疏远的政策，这一对外政策直接导致了高丽与明外交中的种种复杂局面。

　　1274年和1281年，元朝两次征讨日本，惊人的军备生产给高丽人民带来了沉重的负担。两次东征，高丽人民均遭受了极大的损失，生活陷入了更加悲惨的境地："征讨倭民，修造战舰，丁壮悉赴工役，老弱仅得耕种，早早晚水，禾不登场……民子凋敝莫甚此时。"[①] 日趋严重的土地兼并也使国内矛盾不断激化，农民起义风起云涌，再加上腐败的国家政治，统治集团激烈的内部斗争，人民生活在水深火热之中。1350年（高丽忠定王二年）开始的倭患，更使高丽本来就混乱不堪的社会秩序和经济秩序雪上加霜。内忧外患之下，人民的生活更加悲惨，出现了"父母冻馁而不能养，妻子离散而不能保，无告流亡，户口一空"[②] 的凄惨景象。

　　元朝末年的国家腐败也已经达到了十分惊人的地步，社会经济陷入严重的危机，人民处在极度痛苦之中，社会矛盾日趋激化，全国各地反抗元朝统治的斗争风起云涌。出身布衣的朱元璋在这种情况之下，审时度势，不断壮大自己的实力，消灭各方割据势力，终于在1368年在南京建立了大

---

　　① 《高丽史》卷二十八，"忠烈王元年一月"。
　　② 《高丽史》卷七十八，"食货一，田制，禄科田"。

明政权。同年9月，高丽国王听到"大明舟师万余艘泊通州、入京城，元帝与皇后奔上都"的消息后，立刻"令百官议通使大明"，为承认中国的新政权做了必要的准备。然而由于统治阶级内部派别的激烈斗争，主张采取与元修好、与明疏远政策的政治势力占据了上风，导致了两国关系不断紧张。1387年（明洪武二十年），明军清除元残余势力纳哈出，控制了辽东一带。翌年，明朝在辽东置铁岭卫都指挥使司，将铁岭划入大明直辖之下。两国的铁岭争端由此而生。3月，高丽国王辛禑与权臣门下侍中崔莹密谋攻打辽东，并将此计划告知大将军李成桂，李成桂力举"以小逆大"、"夏月发兵"、"举国远征，倭乘其虚"和"时方暑雨，大军疾疫"等"四不可"理由，坚决予以反对，但辛禑一意孤行。5月，高丽组织了近四万人的攻辽部队，以崔莹为总指挥，以李成桂为右军都统使。然而，这场由高丽统治者发起的一厢情愿的战争，一开始就不得人心："是时，全罗、庆尚二道为倭寇巢穴，东西北面，方忧割地，京畿、交州、杨广三道，困于修城……八道骚然，民失农业……"① 而且出征的将士心怀恐惧，对这场战争充满厌倦，因此当军队行进到威化岛的时候，士卒纷纷逃亡。一些有识的将领纷纷要求班师回朝，而国王却固执己见。在这种情况下，李成桂发动兵谏，从威化岛回师，并驱逐辛禑，立其幼子辛昌为王。1389年，李成桂驱除辛昌，立恭让王。1392年（洪武二十五年）7月，在高丽左侍中裴克廉以及郑道传、赵浚等人的倡议推戴下，李成桂在松京（今开城）寿昌宫即王位。朝鲜朝的建立，为中朝关系掀开了新的一页。

高丽末期的社会状况呈现出这样几个特征：一是高丽政权奉元为宗主国，是因为元朝强大武力的压制，违背了高丽人民的意愿，因此高丽对中国的态度有一种先入为主的抵触。二是两国的姻亲政策对高丽造成了深远的影响，这种姻亲关系在很大程度上影响了高丽主权的完整性，使高丽王朝的中央集权受到了严重的损害，在一定程度上扭曲了高丽社会的正常发展轨迹。另一方面，这种姻亲关系的存在，直接催生了高丽统治阶级内部"亲元派"和"亲明派"的出现，从而使高丽后期的对明外交出现了极为复杂的局面。三是元朝和高丽双重的剥削使朝鲜半岛人民生活痛苦，民不聊生。14世纪，由于阶级矛盾和民族矛盾的交错存在，人民的命运更加悲惨，大批失去土地的农民流离失所。尽管高丽王朝曾任用辛旽进行改革，但官

---

① 《辛禑传》，十四年条。

僚地主大肆吞并土地，残酷榨取农民血汗的残酷局面还是没有改变。四是政治腐败，社会矛盾加深。随着阶级矛盾和民族矛盾的尖锐激化，14 世纪的高丽王朝急剧衰弱，呈现出一片末世的景象。五是自 1350 年开始的倭寇的袭扰，为朝鲜半岛的国家安全埋下了隐患。

二　14～17 世纪朝鲜朝的社会状况

朝鲜朝建立之后，李成桂积极谋求明朝的支持。在其即位的半年之中就先后 9 次派遣使节出使明朝。恭让王逊位之后，李成桂立即派遣知密直司事赵胖奔赴南京，向明朝详细说明李成桂被众拥戴为王的前因后果，陈述前朝昏王佞臣紊乱国政的情形，希望获得明朝的理解和支持。随后，李成桂又派遣前密直使赵琳赴京进表，表明自己在辽东征伐时所持的否定态度，并强调说："臣素无才德，辞至再三，而迫于众情，未获逃避。惊惶战栗，不知所措。伏望皇帝陛下以乾坤之量，日月之名，察众志之不可违，裁自圣心，以定民志"①。尽管明太祖朱元璋由于明与高丽之间发生的冲突和矛盾，如高丽绑架杀害明朝使者等外交恶性事件，对朝鲜半岛的新生政权心存疑虑，但是，刚刚建立不久的大明政权同样急切地需要得到邻国的承认，地理位置特殊的朝鲜在明军事、外交、国家安全等方面的重要性十分明显。因此，朱元璋在圣旨中表明了"其三韩臣民，既尊李氏，民无兵祸，人各乐天之乐，乃帝命也"② 的明确态度，即承认了朝鲜朝的新生政权。得到明朝的首肯之后，李成桂立即上表请明朝在"朝鲜"和"和宁"之间为其选择国号，明朝回应："东夷之号，惟'朝鲜'之称美，且其来甚远，可以本其名而祖之。体天牧民，永昌后嗣。"③

李成桂执政之后，继续对明实行"事大保国"的政策。这种"事大保国"的观念，是从高丽王朝传承下来的。尽管高丽与元、明之间的关系错综复杂，高丽内部也存在亲元和亲明两种势力的斗争，但由于明朝的强大实力，高丽后期大多数官员基本上都能够审时度势，李成桂能够从威化岛退兵就是一个明显的例子。在高丽与明朝的交往中，明太祖曾要求他们"事大以诚"，而高丽大臣也提出"以小事大"才是保全国家的上策。这种

---

① 《李朝太祖实录》，元年条。
② 《李朝太祖实录》，元年条。
③ 《明太祖实录》，卷223。

观念不仅在高丽末期为多数人所主张，而且纵观整个高丽一代，也是整个统治集团一直秉承的同中国王朝交往的一项基本方针。从朝鲜半岛的历史来看，高丽王朝能在北宋、辽、金等中国诸强天下逐鹿中得以自保，这种"事大"观念的贯彻起到了决定性的作用。中国是古代东亚历史上最悠久、经济最发达、文化最灿烂的国家，"普天之下，莫非王土；率土之滨，莫非王臣"。在古代中国人的思想之中，中国是这个世界的中心所在，中国的皇帝就是这个世界的天子。在世界的五个方位中，中国居于"中"的核心地位。进入到封建社会以后，为这种"中心论"所催生的分封制度被中国统治者应用到对邻国的关系之中，这些邻国多在中国王朝的"册封"体制下与中国保持藩属关系。在国家关系之中，藩属国奉行"事大"原则，而宗主国则以"字小"为宗旨。天无二日、民无二主的思想在中国历代统治者心中根深蒂固，并以此来指导与邻国之间的交往。朱元璋在接见朝鲜使者时也说："天下只是一个日头"①。朝鲜半岛深受中国儒学的影响，因此，在这种正统思想的指导下，李成桂奉行"事大保国"的对明政策也是自然而然的。当然，这种政策也获得了丰厚的回报，"壬辰倭乱"时明朝出兵援助朝鲜，使朝鲜避免了亡国灭种的危险。

在这一时期，朝鲜社会所呈现出的第一个特征是：朝鲜奉明为宗主国，并不是因为明的武力压制，而是由于朝鲜内部政治斗争所做出的必然选择。而这一选择的结果就是"事大"思想的继续沿用和不断深化，这一思想贯穿在14～17世纪朝鲜朝的对明整体外交思想中。在14～17世纪朝鲜使臣留下的记录中，这种"事大"的意识屡屡流露，成为他们思想中的一个主旋律。这是一个非常鲜明的特征。

朝鲜朝建立之后，统治阶级采取了一系列措施，以整顿高丽末期混乱的社会秩序和经济秩序。统治者不断加强中央集权，部分缓和了阻碍生产发展的社会经济矛盾，推动了社会生产力的发展。比如在经济上，积极着手田制改革，清理和没收了高丽时期寺院私有的极度膨胀的土地，并重新丈量全国土地，查出大量被隐瞒的土地面积，使国有的土地数目大为增加。其实行的科田法限制了大农庄主的横征暴敛，有利于中央权力的加强，也有利于生产力的发展；在政治上，采取了一系列重大举措，使被沿袭的高丽时期的统治体制的职能明显加强。高丽时期，国王虽然是绝对君主，但

---

① 《李朝太祖实录》，六年三月条。

仍要受到一定程度的限制，而朝鲜朝则取消了限制国王权力的裁推制度和司宪府及司谏院，使国王的权力不受限制；调整和加强地方行政机构，将全国分成八道，道下设州、府、郡、县，分别配备牧使、府使、郡守、县令或县监等地方官吏，由国王直接任免，地方官吏拥有地方大权。为了加强封建专制主义中央集权，朝鲜朝还实行了严格的封建等级制度和身份制度，在封建官吏中实行官品制度，将全国官吏分为正一品至从九品的十八官品，这种官品制度比高丽时期更加严格，特权阶层独占中央的高级官职。同时，朝鲜朝还吸取了高丽时期"武臣之乱"的沉痛教训，实行以文官为中心的官职制度，体现了"文尊武卑"的思想。为了巩固统治，朝鲜朝用法律固定身份制度，统治阶级为以国王为首的享有特权的两班，被统治阶级为良人、身良役贱和贱人，介于两者之间的还有一个中间阶层——中人层。这种复杂的身份制度被法律规定是世袭的。在军事上，废除高丽时代积弊甚深的私兵制，在全国范围内实行了义务兵役制，并组织中央军队和地方军队，对编制和具体制度也给予了详细的规定。

这一时期，朝鲜社会呈现出的第二个特征是，经过统治者的不懈努力，朝鲜朝前期，特别是 15 世纪，朝鲜社会初步繁荣，国内形势相对稳定，人民生活比较安定，农业和手工业等社会生产得到迅速发展，外族入侵基本停止，同明朝等周边国家建立睦邻友好关系，并进行了频繁的文化交流。

由于朝鲜自古以来就与中国进行了密切的交流，再加上特殊的地理位置，中国文化对其影响十分深远。在创制本民族文字"训民正音"之前，朝鲜半岛内无论是官方史书，还是私人笔记，一直以汉字作为记录载体。但是，由于汉字是象形、表意文字，无论从形体还是从读音上都很难把握，更遑论用其来表达朝鲜语言。汉字虽然是良好的文化载体，但汉字汉语与朝鲜语语法殊异的矛盾从汉字传入半岛之后就一直存在。朝鲜民族亦一直致力于解决此问题，但是长久以来收效甚微。尽管朝鲜三国时代创造了吏读文，即用汉字的音和义来标记朝鲜语。不过，这种吏读文系统本身十分复杂，而且不适合朝鲜语自身的语音系统和语法结构，不能准确地表达朝鲜语。这种言文不一的矛盾长期存在，严重阻碍了朝鲜民族的进步与发展。另一方面，汉字作为官方文字，这种精英教育长期被朝鲜统治阶级所垄断，对于下层人民来说，根本无法窥得汉字的奥妙，他们殷切期望能有一种既符合自身语言的语音系统和语法结构，又通俗易学的本国文字出现。对于统治阶级来说，为了便于执行自己的统治，也有必要创制能够在全民中普及的本民族文字。"国之语音,异乎中国,与文字不相流通,故愚民有所欲言而终不得伸其情者多矣……予为此悯然,新制二十八字欲使人人易习,便于日用矣。"① 另外,"训民正音"的创制也是出于民族自尊自立的强烈使命感:"上以为诸国各制文字以记其国之方言,独我国无之,遂制字母二十八字。"② 1444 年(世宗二十三年)1 月,在朝鲜第四代王世宗的积极倡导之下,经过成三问、郑麟趾、申叔舟等学者多年的呕心沥血,属于朝鲜民族自己的文字终于问世,这在朝鲜文化史,甚至在世界文化史上都具有非同寻常的意义。

这一时期,朝鲜社会呈现出的第三个鲜明特征就是本民族文字的诞生。"训民正音"的创制,彻底改变了朝鲜民族长期的言文不一的局面,打破了汉文垄断朝鲜文化的格局,也打破了贵族士大夫垄断教育的局面,为朝鲜人民学习文化,参与本民族文化建设创造了条件,也为朝鲜科学文化的发展提供了可靠的保证;"训民正音"的创制,对朝鲜语的发展起到了巨大的作用,为朝鲜书面语言和本民族文学的发展提供了良好的发展空间,也对朝鲜民族的最终形成和发展起到了巨大的推动作用。

15 世纪末,朝鲜的土地兼并开始出现,到了 16 世纪则更加严重。国家的公田不断转为王公贵族、大官僚大地主私有,使国家收入明显减少。大封建贵族官僚还采用各种卑鄙手段疯狂掠夺农民的土地,越来越多的农民丧失土地,流离失所。大土地所有制的发展,直接导致了农民的破产,激化了阶级矛盾。而大贵族和大官僚贪得无厌的土地兼并,又侵犯到了中小地主阶级的利益,统治阶级内部之间的矛盾也日益激化起来。

统治阶级内部激烈的矛盾,终于酿成了给朝鲜造成深重灾难的"士祸"和"党争"。随着内部矛盾的不断激化,统治阶级内部形成了两种政治势力,一种是以在朝的建国功臣和资深大臣为代表的传统官僚集团,他们占有大片土地,并操纵政权,被称为"勋旧派",一派是在书院接受儒家教育的两班子弟和靠科举入仕的新官僚集团,他们代表中小地主阶级的利益,被称为"士林两班"或"士林派"。从 15 世纪到 16 世纪,两派争权夺利,相互残杀,给国家造成了极大的危害。朝鲜第九代王成宗执政后,为使王权不受威胁,扶持士林派以遏制勋旧派的势力,在他的支持下,士林派势

---

① 《训民正音》。

② 《训民正音》。

力逐步强大起来。成宗逝后，朝鲜历史上著名的暴君燕山君即位，由于士林派主张以儒家道德标准行事，对燕山君的各种暴行给予批判，使燕山君大为不满。1498年（燕山君四年），士林派大臣金宗直的学生在编写《成宗实录》时将金宗直的文稿《吊义帝文》收入，勋旧派代表柳子光、李克墩趁机发难，指责该文影射世祖篡位，勋旧派怂恿燕山君屠杀士林派，酿成"戊午士祸"，使士林派的势力受到沉重打击。① 1504年（燕山君十年），为了挽救由于奢侈生活而引发的国家财政危机，燕山君同时屠杀勋旧派和士林派，并没收了他们的全部财产以充国用，史称"甲子士祸"。1506年（燕山君十二年），燕山君再度制造"丙寅士祸"，以图彻底清算在"戊午士祸"及"甲子士祸"中漏网的士林派，全国上下笼罩在一片恐怖气氛之中。燕山君种种匪夷所思的做法让两派势力均十分恐慌，在这种情况下，1506年（中宗元年）9月，以朴元宗为首的勋旧大臣发动政变，放逐了燕山君，拥立其弟登位，史称"中宗反正"。中宗即位后，为平衡政治势力，采取同时任用两派人员在中央掌握政权的方法，但收效甚微，两派势力的对立日趋尖锐。1519年（中宗十四年），勋旧派大臣以"叛逆罪"为名对士林派大开杀戒，史称"乙卯士祸"②。"乙卯士祸"之后，为钳制勋旧派急剧膨胀的势力，中宗重新扶持士林派予以制衡。1545年（仁宗元年），勋旧派重新打击士林势力，史称"乙巳士祸"。1565年（明宗二十年），士林派取得斗争的最后胜利，掌握了中央的全部权力。但是，统治阶级内部的矛盾并没有因为勋旧派的覆灭而就此缓和，在士林派内部又发生了极为复杂的"党争"。士林派内部分裂成两派，在与勋旧派斗争中获得胜利、并取得实在利益的老士林大臣被称为"西人"，而之后崛起的少壮派被称为"东人"。如何录用官吏，以争取利益的最大化是两派斗争的焦点所在。1591年（宣祖二十四年），"东人"内部在如何对待"西人"的问题上又发生了分裂，主张采取温和态度的被称为"南人"，而主张采取强硬态度的则被称为"北人"。此后，朝鲜的"党争"继续激化，派别日趋复杂，形势不断朝着恶性的方向发展，给朝鲜国家和民族造成了深重的灾难。

这一时期，朝鲜社会的第四个特征就是在国家政治中，"士祸"接连发生，"党争"日趋激烈化和白热化。这种激烈的斗争直接削弱了朝鲜朝政治

---

① 《燕山君日记》卷37，四年七月。
② 《中宗实录》卷37，十四年十二月。

统治的基础，并造成了社会的不稳定，为后来"壬辰倭乱"初期朝鲜的溃败埋下了巨大的隐患。

明朝自正统之后，社会矛盾逐步尖锐，土地高度集中，人民生活困苦，国力也逐渐从强盛转向衰弱。而此时的日本，在经历了动荡不安的"室町时代"和"战国时代"之后，由关白丰臣秀吉予以统一。政治的稳定，扩大了丰臣秀吉对外扩张领土和掠夺更多财富的野心，再加上此时明朝和朝鲜的政治黑暗和国力疲弱，又增强了他发动战争的信心。"应督促朝鲜王入朝，派急使去对马，在我生存之年，誓将唐之领土纳入我之版图"①，十分明显，丰臣秀吉发动战争的目的不仅仅是吞并朝鲜，而是欲以朝鲜为跳板，进而吞并中国，从而取代中国在亚洲宗主国的位置。经过多年的准备，1592年（宣祖二十五年）4月，日本水陆并进，大举入侵朝鲜，迅速登陆釜山，朝鲜长期以来武备松弛，军力疲弱，一触即溃。尽管朝鲜军民奋起抵抗，但终告失败。日军势如破竹，连下重城要地，并于6月12日占领朝鲜首都汉阳（今首尔）。朝鲜第14代王宣祖李昖一路西奔，自中和而避至平壤。7月23日，平壤沦陷，宣祖又避往义州，朝鲜面临的形势十分险恶和危急。日本的这次入侵，被朝鲜称作"壬辰倭乱"。

面对异族的入侵，朝鲜统治者束手无策，只能向明朝求援，并做好了流亡中国的打算："我国事大以至诚，天朝必容而受之，不至拒绝矣。"② 面对这场突如其来的战争，明朝无论从政治上还是军事上都准备不足："国王兵败入辽，拒之不仁，纳之难处。宜令拒险要以待天兵，仍号召全国勤王之师以图恢复"③。在经过了先期因估计不足的失败后，1592年（宣祖二十五年），明以宋应昌为经略，以李如松为征东提督，率43000名明军入朝与朝鲜并肩抗击日军。1593年（宣祖二十六年）1月，联军收复平壤，平壤大捷彻底粉碎了日本侵略者扩张的阴谋，从根本上扭转了战局。1593年（宣祖二十六年）正月十九日，明军先锋李如柏收复开城，至此，朝鲜北部领土完全收复。5月中旬，侵略军从汉城败逃至南部海岸。为了恢复实力，获得喘息时间，日本向明朝两国提出了议和的请求，经过三年的反复，谈判最终破裂。1597年（宣祖三十年），日本侵略者卷土重来，明朝联军英勇

---

① 日本参谋本部编：《日本战史·朝鲜战役》。

② 《李朝宣祖实录》，二十五年六月条。

③ 《明万历实录》，二十年七月条。

战斗，将日军压缩在蔚山、泗川、顺天三个地区，而李舜臣率领朝鲜海军以少胜多，在鸣梁给予日本海军以重创。11 月 18 日，明朝联军在露梁并肩作战，和来犯的敌舰展开了两天的激战，歼灭了日本海军的主力，在这次惨烈的战斗中，明朝将领邓子龙和朝鲜民族英雄李舜臣壮烈牺牲，用鲜血书写了两国之间的友谊。经过这次海战，日本侵略军彻底失败。明朝联合作战，取得了辉煌的胜利，不仅维护了朝鲜的领土和主权，在朝鲜历史上具有巨大的意义，而且对当时保护中国本土的安全也做出了巨大的贡献。两国的宗藩关系达到了历史的最高点，而两国人民在并肩抗击外侮中结成的战斗友谊，更是书写了两国关系史的一段灿烂篇章。

这一时期朝鲜社会的第五个特征就是"壬辰倭乱"的爆发。这场战争一方面给朝鲜社会造成了巨大的灾难，给朝鲜留下了巨大的创伤，使社会经济遭受了极大的破坏，人口锐减。明朝面对朝鲜遭受的侵略，以"字小"为原则，出兵援助朝鲜，并获得了战争的胜利，这不仅使两国之间的亲密关系达到了历史的最高峰，也深刻影响了当时亚洲的格局。

17 世纪前期，朝鲜社会无论从经济还是政治上都面临着深刻的危机，中央集权统治日益衰弱，阶级矛盾和统治集团内部矛盾日趋激化。16 世纪下半叶到 17 世纪初，中国东北地区的女真族开始崛起，建州女真领袖努尔哈赤先后统一各部落，迅速壮大力量。1616 年（万历四十四年），努尔哈赤建立后金政权，开始与明政权分庭抗礼，1618 年（万历四十六年），他率军"告天七大恨"后，开始向明宣战，并不断取得胜利。朝鲜作为明朝最为亲密的藩属国，在大明危难之际，卷入战争不可避免。萨尔浒一战中，后金军大败明朝联军，取得了对明战争的主动权。1627 年（天启七年），后金攻打朝鲜，朝鲜求和，朝鲜史称"丁卯虏祸"，此次战争对朝明两国关系的影响是十分深远的，朝鲜从绝对支持明朝的政策转向了保持中立的政策。1636年（崇祯九年）3 月，皇太极称帝，建立清政权，同年 12 月，皇太极不宣而战，突然进攻朝鲜，朝鲜史称"丙子虏祸"，在清强大的军事压力下，朝鲜与清签订和约。从此，朝鲜结束了与明的藩属关系，成为清政权的藩属国。

第二节 "注视者"的思想理论体系

要分析朝鲜自身的形象，除了要考察其外部形象即社会状况之外，更重要的是要对其内在形象即思想理论体系进行考察。纵观 14 世纪至 17 世纪的朝鲜,其最突出的特征就是随着儒家思想的不断本土化,最终程朱理学成为朝鲜朝一直秉承的理论武器和统治思想。

13 至 14 世纪,高丽陷入严重的社会危机,佛教作为国教,其势力的膨胀已经威胁到国家的王权。为挽救国家危机,一些清醒的文人学者开始从中国引进并普及程朱理学。程朱理学是宋明理学的主要派别之一,也是理学各派中对后世影响最大的学派之一。程朱理学由北宋程颢、程颐兄弟开始创立,其间经过杨时、罗从彦、李侗的代代传承,到南宋朱熹集大成。高丽的学者在程朱理学传入朝鲜的过程中,做出了巨大的贡献。在朝鲜半岛,首开朱子学传播先河的当属高丽宰相、学者安珦。安珦在朝鲜思想史上占有重要的地位。安珦在任赞成一职时,就力推恢复"国学"即儒学教育,并身体力行,亲自教诲诸生。在他的大力推动下,高丽时期荒废已久的官学儒学教育得以恢复:"横经受业者动以数百计"①。1289 年(至元二十六年),安珦出使元朝,在大都见到了新刊行的《朱子全书》,研读之下认为这是孔孟儒学的正统,遂手抄全书并临摹朱熹画像而还。回国后,即在太学讲授朱子学。安珦对朱熹及朱子学极其推崇:"晚年常挂晦庵先生真相,以致景慕,遂号晦轩。"② 安珦为儒家思想在朝鲜的进步和发展奠定了坚实的基础。在朱子学推行方面做出贡献的另一代表人物是白颐正,他是安珦的学生。14 世纪初,他到元朝专门学习朱子学,回国后向李齐贤、朴忠佐等人传授。作为忠宣王护法的李齐贤曾长期游历中国,回国后历任各官职,他对朱子学的进一步发展做出了重要的贡献。由于朱子学的核心理论就是维护和加强封建等级制度,在实践上以"三纲五常"作为约束人行为的规范,因此在传入高丽之后,遂被高丽统治者所推崇。随着朱子学在高丽的传播与发展,许多知名的朱子学者涌现出来,如禹倬、权溥、李谷、李穑、郑梦周等。禹倬精通易理,对朱子学造诣精深:"倬通经史,尤深于易学卜筮无不中,程传出来东方无能知者,倬乃闭门月余,参究乃解。教授生徒,理学始行。"③

这一时期,高丽的内在形象呈现出的第一个鲜明特点就是经过诸多学

---

① 《高丽史》卷 105,《安珦传》。
② 《高丽史》卷 105,《安珦传》。
③ 《高丽史》卷 109,《禹倬传》。

者的传播和深入，程朱理学以其顽强的生命力，在与佛教的不断争斗中，已经在朝鲜半岛呈现出不可阻挡的趋势，程朱理学的传入，对当时的高丽思想界产生了巨大的影响。

李穑是高丽时期著名的朱子学者和政治家，曾在元朝国子监学习并登第，回国后深入研究朱子学，并在成均馆任大司成，主持朱子学的教授，培养了许多朱子学者："重营成均馆，以穑判开城府事兼成均大司成。增置生员，择经术之士金九容、郑梦周……先是，馆生部署数士。穑更定学式，每日坐明伦当，分经授业，讲毕相与论难，忘卷。于是，学者坋集，相与观感。"① 李穑认为，理即精神实体，是万物之源，他把一切封建社会道德秩序都看作是理或天理的表现，三纲五常是天定的秩序，是人的根本。他试图从朱子学的理论出发，重整高丽的封建统治，重建他心目中理想的王权政治，也就是强力的中央集权。因此，他对高丽末期田制的混乱、土地兼并的猖獗和王权的削弱表示痛惜，并要求予以整顿。但是他的思想中的改革性并不彻底，他虽然看到了高丽社会面临的各种危机，但不同意对其进行彻底改革，对佛教也采取温和妥协的态度。

相比李穑而言，郑道传要求改革的精神则十分彻底。郑道传是高丽末期到朝鲜朝初期著名的政治家和哲学家。他以朱熹的"万理皆实"理论为武器，对佛教的"万理皆虚"思想体系进行了深刻的批判。其著作《佛氏杂辨》、《心气理篇》、《心问天答》，在理论上比较全面、系统、彻底地批判了佛教的虚伪性。"佛氏之害，毁弃伦理，必将至于禽兽而减人数。"② 他反对佛教的轮回说，认为现实世界是由气即物质的变化而来的，不论是肉体还是精神都是从同一物质始源即气产生的，气凝聚成形体，产生"神气"，肉体和精神不是相互分离，而是密切联系的，气散而形体消灭，精神也随之消灭。他反对佛教的定数说，认为"已生者往而已，未生者来而续，其间不容一息之停也"。③ 他在批判佛教的同时，极力鼓吹"三纲五常"思想，特别强调"忠孝"思想，积极倡导以朱子学进行社会变革。他从朱子学的理论出发，著《朝鲜经国典》、《经济文鉴》，主张实现王道政治，以图实现国家的富强。正是他不遗余力地宣扬程朱理学，从而为朝鲜朝建立的新秩

---

① 《高丽史》卷 105，《李穑传》。
② 《三峰集》卷 9，《佛氏杂辨序》。
③ 《三峰集》卷 9，《佛氏杂辨》，"佛氏轮回之辨"。

序和新统治观念提供了重要的理论基础和思想依据。郑道传的排佛论使朱子学在朝鲜被制度化,在本国的儒学发展中起到了承上启下的作用。

从李穑和郑道传的理论来看,"自我"内在形象的第二个特征表现在,在高丽社会陷入危急时,高丽学者开始用程朱理学的思想来对本国统治的合法性进行解释。程朱理学在发展过程中不可避免地要与佛教思想进行激烈斗争,而最终程朱理学占据上风。高丽时期被奉为国教的佛教趋于式微,并逐渐边缘化,这也为朝鲜朝确立理学为唯一正宗思想扫清了思想上的障碍。

正是由于这些学者鸿儒的努力,朝鲜朝建立后,统治者更加重视朱子学,实行"斥佛扬儒"的政策,排斥佛教,弘扬程朱理学。权近是程朱理学的杰出代表。他坚定地站在"斥佛扬儒"的立场上,积极支持朝鲜朝统治阶级的政治思想主张。他认为,世界的始源是精神的"理",只要具有认识能力和精神本身就具备万物之理,人的心所具备的理,是天之理。天地万物本为一体,因而人的精神正,自然运行也正。君王应注重心性的修养,普通民众同样也要注重,通过自己的自觉行为,在实践中发展伦理道德思想。程朱理学的另一代表人物是郑汝昌,他进一步整理了程朱理学,他认为理和气有密切的关系,从这一理论出发,进一步论证了封建制度存在的合理性。15世纪,经过激烈的党争,士林派占据了主动权,这一时期的性理学主要是以士大夫精神为代表的性理学,其性理学规范不是单纯的规范,而是表达大义的整治规范。为了实现这种理想,他们实践躬行,舍生取义,这就是当时士大夫性理学的道统观。其中的代表人物是赵光祖。赵光祖主张"至治主义",认为中国的明君尧舜禹汤都是圣王,他们所处的时代就是圣代,他们都是典范。这种思想的出现与当时燕山君的放荡暴政有绝对关系,是一种理想政治。15世纪,社会上出现了与程朱理学抗争的先进的社会思想,代表人物为金时习和南孝温,金时习认为物质的气是世界的始源,世界的一切都是气进行运动变化而产生的结果,他生性反叛,同情劳动人民的悲惨生活,对统治阶级的丑恶行径给予无情揭露。而南孝温则进一步继承了金时习的思想,提出无神论,反对宗教迷信。

这一时期,朝鲜的内在特征表现为程朱理学已经成为朝鲜朝证明其合法统治的思想体系,并得到了官方的承认。随着程朱理学的不断发展和本土化,理学已经在朝鲜社会占据了不可撼动的核心位置。

到了16世纪,朝鲜的哲学思想迅速发展,各阶级和阶层从各自的利益出发，提出不同的哲学观点。这一时期以徐敬德的主气论、李滉的客观唯心论、李珥的理气二元论为代表。

徐敬德继承和发展了15世纪主气论者金时习的哲学思想，形成了独具特色的主气论体系。他认为"物质为气，无始无终，不生不灭"。气是一切事物存在的根源，人的精神感觉是气的凝聚物，运动是物质不可分离的属性，物质运动是阴阳对立的统一，是天地万物的基本规律。他反对程朱理学，揭露了封建社会的矛盾和封建地主阶级剥削农民的本质。他的思想，对先进的朝鲜实学的形成起到了重要的作用。李滉被称为"朝鲜的朱子"，曾集半生精力编纂了《朱子学节要》。他的客观唯心论与徐敬德的理论直接对立，他把程朱理学看作是绝对完善的学说，认为理是先于事物的绝对的东西，是产生万物的根源，主张"理先气后"、"知后行先"。李珥是李滉的学生，他批判地吸收老师的学说，确立了正统的理气二元论，他认为，形成天地万物的直接物质基础是元气，所有现象都是阴阳二气相互作用的结果，认识是独立于意识之外的外界事物作用于感觉器官所引起的，一切事物都是可以认识的。他大胆地揭露社会的矛盾，并提出一些改革方案。在他的思想中，贯穿着谋求国家繁荣和富强的爱国主义思想，是具有积极意义的。

在这一时期，朝鲜的内在形象特征表现出程朱理学的多元化，在学者们的彼此争论中，哲学思想得到进一步发展，朝鲜理学逐步走向成熟。最可贵的是，朝鲜出现了反对程朱理学的思想，为后世实学思想的形成奠定了坚实的理论准备。

尽管程朱理学在朝鲜朝生根发芽，并最终成为统治阶级的唯一指导思想，但是，我们也应看到，朝鲜朝独尊程朱理学，排斥其他学说思想，直接禁锢了朝鲜文人的思想，其消极意义是显而易见的。

第三节　"注视者"的观察载体——朝天使臣

"自我"在观察"他者"的时候，不是空泛进行的，它需要一个具体的载体来完成整个观察的过程。如前所述，14世纪以降，朝鲜是中国形象最为活跃的塑造者，其塑造工作是由频繁往来于两国之间的朝鲜使臣完成的。朝鲜使臣利用自身的便利条件，对中国进行全方位的观察，并将其诉诸文字，回国后向君王进行详细的汇报，成为塑造中国形象的重要角色。因此，有必要对朝鲜使臣的相关情况进行研究和论述。

一 出使的任务

朝鲜朝肇建,即奉行"事大"的对明外交政策,因此,与明友好通交,成为整个有明一代朝鲜朝与中国交往的主旋律。根据记载,有明一代,明指定藩属国必须要进行的例行"常贡"主要有四类:正朝、节日、千秋、冬至。① 所谓常贡就是指每年或每几年按照相关的要求而制度化的例行的朝贡礼节。"正朝"是指藩属国于每年的正月初一来朝见中国皇帝并贡献方物,对宗主国来说,这是最重要的礼仪活动,也是藩属关系最重要的象征所在,因此给予了高度的重视。在这一天,明朝皇帝要向藩属国颁布新历,并回赠礼物,参加这个礼仪活动的朝鲜使节称为"正朝使";节日是指皇帝的生日,朝鲜使节称为"圣节使";千秋是指皇太子的生日,来朝的朝鲜使节称为"千秋使";冬至是我国农历中一个非常重要的节气,也是一个传统节日,中国古代曾有"冬至大如年"的说法,皇家和民间历来十分重视。从周代起就有祭祀活动,明、清两代皇帝均有祭天大典,谓之"冬至郊天"。此时来朝的朝鲜使节称为"冬至使"。作为宗主国,明朝要求朝鲜三年一贡,而朝鲜则要求一年三贡,以表达自己的"事大之诚"。1531年(嘉靖十年),考虑到朝鲜来明路途遥远,且"常贡"时间时有冲突,双方都感觉十分不方便。明朝的礼部移咨朝鲜,要求将正朝之贡的日期改到冬至之贡,于是朝鲜例行化的"常贡"就固定为冬至、节日和千秋。

由于朝鲜和明朝政治关系密切,朝鲜使臣频繁来往于中国,除了例行化的"常贡"之外,他们还肩负有许多其他不定期的、即时性的使命。如"告哀使"承担向明朝汇报国内王族去世的消息、请求赐予谥号的使命;"进贺使"除担任"常贡"的使命之外,还负有祝贺新帝登基、皇太子册立、上尊号、上尊谥、册后、建储、祝贺明朝讨平国内各种叛乱等使命;"陈慰使"承担着代表朝鲜对明皇族的去世、宫内发生的意外变故如火灾等进行慰问的使命;"谢恩使"承担对明朝的帮助、封赏、准请、恩免等表示感谢的使命;"押送使"承担送还明之流民、押送明所需畜类和其他物品的使命;"陈奏使"负责陈奏国内边患、国内叛乱等大事,并负有解释明的相关疑问,澄清误会等使命。此外还有以进香、进献等名目承担的即时性使

---

① 《通文馆志》卷3,"事大"。

命，如果出使时间与"常贡"时间相符，还会出现"兼使"的情况。"朝鲜在明虽称属国，而无异域内。故朝贡络绎，锡赉便蕃，殆不胜书。"① 正是由于朝鲜使臣如此频繁地往来中国，这些使臣就有了许多观察中国，观察明朝社会的机会，也为明代中国人形象的塑造提供了必要的条件。

此外，使节团还肩负着进行两国贸易的任务。使节团在进行朝贡的时候，都要呈交贡物，包括金银、动物、布匹、药材等。而明朝也回赐许多礼物，包括瓷器、书籍等。使节团因此承担了两国官方经济交流的重任。尤其值得一提的是，出于国家安全和保守军事秘密的考虑，明朝严禁向国外出口硝黄、火药以及制造弓箭所需的牛角、牛筋等军事物品，但是对朝鲜则破例允许出口。例如 1597 年（万历二十五年）出使明朝的权挟在其《石塘公燕行录》中就留下了这样的记载："三十日，晴，鸡鸣诣阙，谢恩而还。提督坐堂开市。提督坐大厅看称硝黄等物，将小纸以朱手书发到商人，某硝几斤，黄几斤，弓面几副，牛筋几斤共几篓，送付于臣。臣一一计捧后，令臣又手书朝鲜陪臣今收到商人某硝几斤，黄几斤，弓面几副，牛筋几斤共几篓，送于提督前。彼此各执票文，详细无比。"② 由此也可看出明朝对朝鲜的重视程度和彼此间的亲密关系。根据朝鲜使臣的记载，朝鲜使节团在经过辽东和到达北京之后，也经常在驿馆内与明人进行私下贸易。可以说，使节团在促进两国民间经济交流中也发挥着重要的作用。

二　使节团的构成及身份的多重性

朝鲜使节团最重要的成员是"三使"，也就是正使、副使和书状官，另外每个官员还有多名随从。使节团规模随出使的目的和行走路线的不同而大小不等。"朝鲜贡使，正副使各一员，以其国大臣或同姓亲贵称君者充，书状官一员，大通官三员，护贡官二十四员，从人无定额，常额凡三十名。"③ 部分"朝天录"的作者在记录中记载了使节团的名单，可以让我们一窥使节团的具体情况。我们以 1619 年李弘胄的陆路使行记录《梨川相公使行日记》为例，来分析一下使节团的构成和规模：

李弘胄在使节团的身份是谢恩兼千秋正使，副使为金寿贤，书状官是

---

① 张廷玉：《明史》第 320 卷，《朝鲜传》，中华书局，1974。

② 权挟：《燕行录全集》卷 5，《石塘公燕行录》，第 65 页。

③ 《钦定大清会典》卷 39。

金宗,三人是使节团中重要的"三使"。此外,使节团配备堂上译官三人,折卫将军两人,堂上写字官一人,质问医官一人,正使子弟军官司果一人,军官前万户一人,司果一人,兼司仆一人,打角保人一人,副使子弟军官一人,军官前监察一人,前主簿一人,行司果一人,内禁卫一人,羽林卫一人,书状军官一人,上通事行训导一人,加定押物前正一人,质问行训导一人,倭学前正一人,质问前正一人,押物前正一人,前金正两人,蒙学前金正一人,女真学前主簿一人,打角前主簿一人,蒙学前司果一人,质问前奉事一人,次上通事一人,女真学前奉事一人,打物奉正大夫一人,医员前直长一人,前直长一人,书员前司果一人,押马官前司果一人,前司果一人,旗牌前部将一人,安骥一人,别破阵一人,香掌一人,养马两人,正使奴子两人,副使奴子两人,书状奴子一人,义州官奴四人。[①] 使节团计58人(其中1人身份因原文脱漏无法辨识,故未列入)。

从以上的叙述中我们可以看到,此使节团的规模基本上符合《钦定大清会典》中的记载。除了"三使"之外,使节团中还设有从事翻译工作的译官,负责使节团内部人员病理调养的医官,负责保卫沿途安全的军官,负责进行对外交流的蒙学、倭学、女真学的学者,正副使的带率子弟(带率子弟多为正副使的亲族,随团领略中国风土人情),以及相关人员的随从等。朝鲜距离中国首都北京路途遥远,常贡使团通常在每年的十月或十一月初从汉阳(今首尔)出发,十二月末以前到达北京,沿途风餐露宿,且时有疾病、盗贼和自然灾害的威胁,因此使节团配备了相关的人员以确保旅途安全和顺利。但是,在科技并不发达的古代,这种安全保障也并不是万无一失的。如1533年(嘉靖十二年)出使中国的苏世让在《阳谷赴京日记》中记载:"四日,晴。过松站千户所,逾长岭,逢冬至使之柩。设小奠于雪中,两行相向而哭。"[②] 这一场面实在凄惨之极,由此也可以说明朝鲜的朝天之路并不是一条坦途。1587年(万历十五年)出使中国的裴三益也在《朝天录》中记载,随行人员先后死亡两人。此外,在使节团的人员中,带率子弟值得重视,他们不承担具体的政治和外交任务,因此相对舒适轻松,可以有更多的时间来观察中国,能够按照自己的需要来结交各个阶层的中国人。他们留下的记录往往是对"三使"记录的有益补充,而且相对

---

① 李弘胄:《燕行录全集》卷10,《梨川相公使行日记》,第120页。
② 苏世让:《燕行录全集》卷2,《阳谷赴京日记》,第398页。

更加客观真实。比如 1533 年（嘉靖十二年），进贺使苏世让率使节团前往北京，其带率子弟苏巡的《葆真堂燕行日记》的记录内容就远比其叔父苏世让的《阳谷赴京日记》更为客观、更具理性和更为详细。与李弘胄的使节团相比，1632 年（崇祯五年），洪镐的海行使节团规模则更为庞大，据其《朝天日记》记载，使节团共有 6 个船只，人数总计 264 人，规模之大令人咋舌，也由此可见朝鲜对明朝的重视程度。

　　朝鲜使臣身份的多重性决定了其观察中国视角的特殊性，这是朝鲜使臣最明显的特征。首先，朝鲜十分重视与明朝的关系，朝鲜使臣的选拔极为严格，一般来说，使节团的正使和副使要从正三品以上的宗室及官僚中进行选拔，因此在选派正副使时通常从官职很高的官员中进行选拔，"例以正二品拟望"①。而负责记录每日在中国的所见所闻，归国后向国王进行详细汇报，在使节团中担任督察之责，在进入明朝国境时负责清点人马、贡品数量等诸多事务的书状官，则在四品至六品的官员中挑选。因此，朝鲜使臣的身份首先是官员，也是朝鲜的外交官员。他们有机会与中国的高层官员进行交往，甚至能接触到明朝的最高统治者——皇帝，他们可以运用官员的身份来了解中国统治高层的思想脉络和决策动态，更好地为本国的外交活动服务。他们更可以从本国利益和本民族利益的高度出发，以朝鲜自身的观念来观察明朝社会。其次，由于朝鲜受中国儒家文化的影响十分深远，朝鲜对自我的定位是"海外小中华"。在朝鲜文字发明之前，汉字就是朝鲜的官方文字，接受汉文和儒家思想教育是朝鲜读书人进阶的必经之路。即使是朝鲜的《训民正音》出台后，朝鲜的士人在很长时间内还以使用本国的文字为耻，认为其是乡间俚音，仍坚持使用汉字。使臣回国后还要向国王详细汇报出使中国的情况，以帮助朝鲜不断调整和制定对明政策，因此，出使中国的使臣汉文造诣都很高，他们可以用汉字记录行程记闻，还可以用汉字创作诗歌等文学作品来表达内心情感，令中国文人惊叹不已。所以，使臣的第二个身份是文人，他们可以熟练地运用汉语来创作文学作品，并可以用笔谈、诗文互唱或通过翻译等方式来与中国的文人进行交流，他们可以运用这个身份来把握中国明朝知识分子的思想动态。此外，良好的汉文素养又使他们的记录充满文学性。第三，使臣的第三个身份是外国人。许多使臣或其带率子弟都是第一次来到中国，异国在他们的眼中充满

---

① 苏世让：《燕行录全集》卷 2，《阳谷赴京日记》，第 394 页。

新奇，尤其是长时间虚化在唐诗宋词、前人纪行作品的中国形象更是要通过自己的亲身触摸来给予观察和确认。因此，使臣在观察中国的时候可以采取相对自由和客观的态度，他们可以以外国人的身份使自己与之交流的阶层扩大，而不是仅仅局限于官员所能接触的阶层，从而使自己对中国的观察更加全面。在他们的笔下，帝、官、儒、民无所不包，记载内容更具有直笔直言的特点。因此，通过"朝天录"中朝鲜使臣的眼睛来观察中国，观察视角多样，接触层次广泛，记录相对客观真实。

三 使节团的路线

有明一代，随着两国关系的不断变化，朝鲜往来中国的路线主要有四条。第一条路线为高丽末期的海行路线。高丽后期，由于辽东地区仍为元朝残余势力哈纳出所占据，陆路不通，两国使节都从海路往来。由于高丽航海技术的欠缺和航海经验的不足，此条路线凶险万分。如1370年（洪武三年），高丽使者洪师范和郑梦周海路行贡，"失风溺死者三十九人，师范与焉。"[1] 尽管高丽向明朝提出避开海路，由辽东直接入贡的请求，但由于高丽在对明与北元外交中左右摇摆的不佳表现以及出于国家安全的考虑，明朝拒绝了这个请求。哈纳出势力被清除之后，明对辽东的管理有所放宽。1389年（洪武二十二年），朝鲜使臣权近奉使出行，其路线为："逾鸭绿，渡辽河以北抵于燕，浮河而南入淮泗，历徐、兖之墟，溯江汉以达于京师，由淮而北过齐鲁之东，以涉渤海，往还万余里。"[2] 根据权近的记载，这条路线大致顺序为：义州→鸭绿江→辽东城→鞍山驿→曹家庄→沙河驿→山海关→永平府→蓟州→北京→通州→德州→徐州→高邮→仪真→扬子江→南京；其回程路线为南京→仪真→登州→蓬莱阁→旅顺口→木场驿→麻河铺→盖州卫→鞍山驿→辽东城→鸭绿江。洪武、建文两朝，朝鲜使节均采用这条路线入京。

明成祖朱棣将首都从南京迁到北京之后，朝鲜使节往来中国的路程大大缩短。由于辽东已经平定，路上再无阻塞，中国首都位置的变更使朝鲜使节无须再行采用海路的方式出入中国，辽东地区各驿站的设立，又方便了他们的出行。朱棣迁都之后，两国之间的关系相对稳定，因此从朱棣迁

---

① 张廷玉：《明史》，中华书局，1974。
② 权近：《燕行录全集》卷1，《使行录》，第157页。

都至明朝末期，包括半岛路程在内的具体路线为：汉阳→高阳→坡州→长湍→开城→金川→平壤→顺安→肃川→安州→嘉山→晴州（今朝鲜定州）→郭山→宣川→铁山→龙川→义州→九连城→汤站→边门→凤凰城→通远堡→草河沟→连山关→甜水站→青石岭→浪子山→辽阳→太子河→十里河→沙河→白塔堡→巨流河→新民屯→百旄堡→二道井→黑山→广宁→闾阳驿→大凌河→双阳店→锦州→杏山→宁远→曹庄驿→东关→沙河驿→前屯卫→高岭驿→山海关→榆关→抚宁县→永平府→沙河铺→丰润县→高丽堡→玉田县→蓟州→三河县→邦均店→燕郊堡→通州→北京。① 这条路线里程数为：汉阳至义州 1158 里，义州至辽东 420 里，辽东至山海关 834 里，山海关至北京 675 里，总路程为 3087 里。② 此路线使用的时间最长，也成了朝鲜使节集中塑造中国形象的黄金路线，大多数"朝天录"的作者都是按此路线纪行路程，观察中国，抒发情感。

万历朝间，东北的女真族逐渐发展起来，建州女真领袖努尔哈赤励精图治，统一各部落，开始向明挑战。后金政权的建立，尤其是辽东重镇抚顺的陷落，直接影响了贡路的通畅。为了铲除身后大患，女真人经常在贡路上抢劫朝鲜使臣，使上述第二条路线变得十分危险。在这种情况下，朝鲜请求在辽阳的南部西折，绕过后金经常骚扰的区域，直接向广宁和前屯卫方向行进。但明朝出于国家安全的考虑，拒绝了这个请求。萨尔浒之战后，上述黄金路线面临着断绝的危险，在 1620 年（万历四十八年）后金攻克辽阳之后，这条长时间使用的路线实际上已经断绝。在这种情况下，明朝不得不重新考虑第三条路线。明使臣刘鸿训出使朝鲜归来，在辽阳陷落，陆路断绝的情况下，冒险海行回国，结果在旅顺口遇风船毁，刘鸿训九死一生，在山东登州上岸。③ 经过这次的事件，使第三条路线的启用成为可能。第三条路线为：宣沙浦→椴岛→车牛岛→鹿岛→石城岛→长山岛→广鹿岛→三山岛→平岛→旅顺→皇城岛→庙岛→登州→黄县（今山东龙口）→黄山驿→朱桥驿→莱州府→灰埠驿→昌邑县→潍县→昌乐县→青州县→金岭县（今山东临朐）→长山县→邹平县→章丘县→龙山驿→济南府→济河县→尉城县→平原县→德州→景州→枣城县→赵庄县→献县→河间府→

---

① 据《燕行录全集》综合整理。

② 郑士信：《燕行录全集》卷 9，《梅窗先生朝天录》。

③ 《明熹宗实录》。

任丘县→雄县→新城县→涿州→良乡县→大长店→北京。这条路线横跨黄海，穿过山东和河北，最后到达北京，水路3760里，陆路1900里①，与第二条路线相比，这条路线路程更远，危险性更大。在这条路线中，根据形势的不同变化、季节天气情况和使行期限，到达山东德州后，朝鲜使臣有时会通过京杭大运河乘船前往天津，再转行陆路。朝鲜使臣赵濈在《朝天录》中详细记载了自登州上岸后，到达北京的行走方向和里程数："路程则自登州至青州六百二十里，则自东而西行；自青州至济南三百五十里，则自东南而西北行；自济南至德州二百六十里，则自南而北行；自德州乘船至天津水路五百九十里，则自西南而东北；行自天津至帝京旱路二百五十里。"②

1629年，负责宁远事务的袁崇焕为了遏制毛文龙的势力，更好地处理宁边防卫，向崇祯皇帝建议将第三条路线改道，在旅顺口转而向北，北渡渤海，至觉华岛（今辽宁菊花岛）上岸，由宁远（今辽宁兴城）西行至北京。第四条路线具体为：宣沙浦→椵岛→车牛岛→鹿岛→石城岛→长山岛→广鹿岛→三山岛→平岛→旅顺→铁山岬→羊岛→双岛→南汛口→北汛口→觉华岛→宁远→曹庄驿→东关→沙河驿→前屯卫→高岭驿→山海关→榆关→抚宁县→永平府→沙河铺→丰润县→高丽堡→玉田县→蓟州→三河县→邦均店→燕郊堡→通州→北京。根据记载，这条路线的里程数为："平岛分路旅顺口四十里，铁山嘴四十里，羊岛八十里，双岛四十里，南汛口五百里，北汛口一百七十里，觉华岛一千里，宁远卫十里，自此登陆到北京共水陆四千一百六十里，陆路九百十一里。"③ 使行路线的改变，大大增加了里程数，延长了朝鲜使臣到达北京的时间。不仅如此，而且加大了使行的危险性："改路后，觉华岛水路远倍登州。所经铁山嘴一带巨浪接天，绝无岛屿，躲藏暗礁，险恶无比。数年之间陪臣淹死者五人，中朝符验表咨及方物并皆飘失。"④ 为此，朝鲜曾多次提出恢复第三条路线，但均被明朝拒绝。到1637年（崇祯十年）朝鲜屈服于清，第四条路线也正式废止。

---

① 洪翼汉：《燕行录全集》卷17，《花浦先生朝天航海录》。
② 赵濈：《燕行录全集》卷12，《朝天录》。
③ 《（增补）文献备考》卷177，《交聘考七》。
④ 《（增补）文献备考》卷177，《交聘考七》。

第二章

"朝天录"中的中国人

比较文学中所涉指的"形象"，即"由感知、阅读，加上想象而得到的有关异国和异国人体貌特征及一切人种学的、物质生活和精神生活等各个层面的看法总和，是情感和思想的混合物。研究形象，就是研究这种看法是如何文学化，同时又是如何社会化的。"① 他者的形象首先是外在的形象，是体现于文化和人类学的层面，外貌、服饰、举止、饮食习惯都是构建形象的最直接的语言，关注者由此审视"他者"与"自我"的同一性和相异性，从而认同或否定两者之间的相互关系和文化身份。由于朝鲜使臣身份多重性的特点，因此他们在观察"他者"外在形象的时候，能够广泛接触中国社会的各阶层人民。他们不仅能够接触到下层人民，而且通过其政治身份可以接触高官显贵，甚至可以接触到皇帝。"自我"通过对他们的外貌、举止、习俗、个性、文化程度等进行观察和叙写，从而寻找与"他者"的相互关系，对"自我"的文化身份进行认同或否认。朝鲜使臣的"朝天录"为我们叙写了一幅明代社会的众生相。

第一节　"他者"的基石——平民

无论明朝多么强大，多么富庶，推动帝国繁荣昌盛发展的主动力绝不是身居九重、高高在上的皇帝，也不是皇家豢养的各级官吏，更不是那些终日之乎者也的读书人，而是帝国大厦底部不计其数的普通百姓。他们用

---

① 　孟华：《比较文学形象学》，北京大学出版社，2001，第 8 页。

自己的辛勤劳作支撑起帝国的巍峨，他们用自己的汗水创造出惊人的物质财富，他们用自己的聪明才智凝聚成灿烂辉煌的中国文化。由于观察角度和思维方式的不同，在朝鲜使臣的笔下，中国的平民呈现出不同的精神面貌。而这种叙写上的差异，正是由于他们出自不同的塑造目的而造成的。不管出自于什么目的，他们能无意或有意地将观察视角投向往往被统治阶层所忽视的"黔首"阶层，这是十分难能可贵的。他们笔下记录的平民形象，成为明代中国人形象的一个重要组成部分，因此，本书将用较大的篇幅来阐述朝鲜使臣眼中的中国平民形象。

1. 太平之民

明太祖朱元璋本身就是贫苦百姓出身，颠沛流离的经历使他深深体会到民间的疾苦。因此，他在称帝之后，实行了休养生息的经济政策，采取奖励垦荒措施，实行民屯、军屯、商屯等屯田制度，兴修水利，在全国推广桑、麻、棉等经济作物的种植等一系列有利于恢复和发展商业生产的措施，成功地使明初社会经济得到了较快的恢复和发展。他推行的整顿吏治、残酷打击贪官污吏、改革工匠制度、放松对手工业者的人身控制等政策，也为恢复和发展农业和手工业生产营造了良好的环境。因此，明初的社会相对安定，百姓相对安宁。

在郑梦周和权近的记录中，明代初期的中国呈现出一片安居乐业、宁静太平的景象。如四次出使中国的郑梦周，就留下了许多游历中国的汉文诗篇，也留下了一些关于中国人的记录：

山东老人

妇去采叶男去耕，篱间炙背喜新晴。

鬓毛几阅经离乱，眼孔犹存见太平。

小圃花开亲灌溉，比邻酒热屡招迎。

坐谈八十年前事，童稚来听耳共倾。①

诗人于1386年（洪武十九年）阴历三月十九日渡海来到山东登州，一路南行奔赴明首都南京。这个时候，齐鲁大地已经是一片春光明媚的景色，诗人在途经山东时，无意中看到了这位山东老人。从诗歌内容来看，老人

① 郑梦周：《燕行录全集》卷1，《赴南诗》，第72页。

应该已经是儿孙满堂了。诗歌第一句就展示了中国农耕社会的基本特色，即男耕女织的模式，这种情景对同样来自农业社会的朝鲜使臣来说并不陌生，甚至十分亲切。诗歌的主人公是一个饱经风霜的老人，春日阳光下，老人疏懒地坐在篱笆旁边，让自己享受春天明媚阳光的抚摸。老人经历了无数世间的悲欢离合，但是当今战乱停息，天下太平，再也不用时刻担心流离失所。因此，他才有兴致和心情侍弄自家的花圃，并在闲暇之余和邻居小酌几杯。酒酣耳热之余，抚古思今，禁不住对所经历的种种往事进行回忆，回忆的内容不仅引起了同酌者的共鸣，而且也吸引了几个黄口小儿前来倾听。应该说，郑梦周的取材角度是十分独特的。西方有句格言："一个老人就是一座图书馆"，一般来说，老人的阅历十分丰富，知识也相对渊博，看待事物的眼光更具有全面性。因此，郑梦周选取了一个安享天伦之乐的老人进行描写，这是深谙文学描写技巧的。在诗人的笔下，一个生活在太平时代的老人，其闲适安逸的生活，其轻松愉悦的心态，正是对其所处时代的折射。如果国家动荡不安，很难想象老人会有如此的闲情逸致。更为难得的是，高龄老人曾经历过多次战乱，因此正是现在太平生活的最好证明人，他的叙述也更具有可信性。正是当今的太平盛世，才使人民能够享受到安宁和平的生活。诗人对老人进行体察入微的描写，其目的就是对朱元璋开创的大明王朝进行赞美。在诗人的眼中，此时的中国人是幸福的，因为他们告别了兵连祸结的噩梦，可以尽情地享受当前太平的生活。与黄口小儿"耳共倾"的，是对太平盛世无比羡慕的朝鲜使臣。从诗歌的情感倾向来看，郑梦周对中国人的态度是十分亲善的，也是十分友好的。如果没有这样的思想情感做基础，诗人是无法描绘出这位怡然自得地享受生活的中国老人的。在郑梦周的使行记录《赴南诗》中，尽管直接描写中国人的诗篇并不多，但这篇佳作反映了他独特的观察和叙写视角。除了《山东老人》外，他还创作了《江南曲》这篇佳作，选取了江南少女作为描写对象：

> 江南女儿花插头，笑呼伴侣游芳州。
> 荡桨归来日欲暮，鸳鸯双飞无限愁。[1]

---

[1] 郑梦周：《燕行录全集》卷1，《赴南诗》，第103页。

诗人以优美的语言描写了江南少女娇憨可爱的形象。春日里，江南少女呼朋唤友，踏春游玩。江南是水乡，船只自然是主要的交通工具，少女们桨声吱呀，泛舟水上，一片欢声笑语。青春，本来就是最值得赞美的，诗歌的上半部分，作者充满了对青春的赞颂和美的热爱。诗人还十分善于观察人的心理活动，诗歌的下半部分，一个"愁"字的运用，充分展示出少女情窦初开的那种敏感细腻的心理，也使全诗一下子变得鲜活和立体起来。日暮归来，应该是兴尽而归，少女欢乐的情绪已经得到了最大程度的抒发。被桨声和人声所惊，水上忽地鸳鸯双飞。鸳鸯向来雌雄成双成对栖息，它们在水面上相亲相爱，悠闲自得，风韵迷人。这种特有的习性，使鸳鸯在中国人的心中成为夫妻恩爱的象征。它象征着男女间纯洁美好的爱情，如唐代诗人卢照邻《长安古意》一诗中就有"愿做鸳鸯不羡仙"一句，用鸳鸯做比，对美好的爱情给予赞颂。又因为在中国的传说中，认为鸳鸯一旦结为配偶，便彼此陪伴终生，即使一方不幸死亡，另一方也不再寻觅新的配偶，而是孤独凄凉地度过余生，因此鸳鸯又被赋予了象征对爱情忠贞的意义。在诗里，鸳鸯这一意象的出现，却引发了本来处于欢乐情绪中的少女的"愁"绪，那这种"愁"是出于什么原因呢？是伤心有情人别有怀抱？是思念远方的情郎？还是对年华易逝，而尚未有中意郎君的惆怅？一个"愁"字，给读者留下了无限想象的空间。无论是从艺术上还是内容上，这首诗都堪称佳作，它将情窦初开的少女心理刻画得入木三分，给我们留下了宝贵的关于明代江南女性的记录，也反映出诗人高超的中文造诣和对中国文化的熟识程度。值得注意的是，这首诗还透露出江南水乡独特的民俗，即明初的江南女性以鲜花为装饰品。关于这一点，郑梦周在《舟中美人》一诗中也给予了表现：

> 美人轻漾木兰舟，背插花枝照碧流。
> 北楫南樯多少客，一时肠断忽回头。[1]

江南美女荡舟水上，背后遍插花枝，美丽的容颜与娇艳的花朵交相呼应，倒映在波光荡漾的水面。是人美还是花美，难以比较；是世间的女子还是水中的女神，实难辨明。美人绝世的容颜令南来北往船只中的客人倾

---

[1] 郑梦周：《燕行录全集》卷1，《赴南诗》，第80页。

倒不已,频频回头。在这首诗里,郑梦周同样提到了江南女性以鲜花为装饰品的文化现象,所不同的是,《江南曲》中的江南少女以花插头,而《舟中美人》中的美女以花插背。我们从《江南曲》所透露的信息来看,少女结伴同游,亲自荡桨,可知这种船只规模不是很大,应为普通民家所用的船只,隐约可以看出诗中的少女是出身平民。而《舟中美人》中的女性乘坐的船只为"木兰舟",排除艺术上的夸张,从其可以置身于"北楫南樯"之中的信息来看,可推知船只的规模应该很大,至少不会比南来北往的客船商船小。这种规模的船只普通民家不会拥有,从诗歌叙述的情形来分析,更可能是贵族女性乘舟出游。在《江南曲》中的江南女性,从描写上看是稚气未脱的少女,而《舟中美人》中的女性,更像是一位雍容华贵的少妇。两个女性身份不同,但都是用鲜花做装饰品,由此来看,这种鲜花饰品的民俗不分身份等级高低,在江南地区是很普遍的现象。

值得注意的是,郑梦周所描写的江南女性以鲜花为饰品的民俗,反映出明建立之后,由于朱元璋采取了休养生息的国策,使得江南的商品经济得到了进一步的发展,居民的文化休闲活动相对活跃,日常消费丰富多彩的事实。"花压低鬟多不嫌,风回兰袖暗香沾。戏临湖渚凌微步,竞逐雕舆卷上帘。"[1] 这是明代嘉兴人项元淇留下的记载,表现了江南女性以鲜花为饰品的社会风尚,江南女性有独特的天时、地利和丰富的物质资源优势,因此无论是大家闺秀还是小家碧玉,莫不簪花满头,香花美人相映生辉。在这种社会风尚的引领下,鲜花进入商业化是自然而然的事情,"白门时样髻梳叉,秋日飘香艳似霞。动费千钱人不识,晚妆头上数枝花"[2]。随着明代江南商品经济的发展、城市空间的扩张和流动人口的增加,城市居民的消费领域不断扩大和多样化,鲜花的商品化可以让我们看到明代江南社会更为丰富多彩的一面。而鲜花消费的大众化,丰富了广大民众的生活内容,改善了生活质量,使得普通百姓的生活更加艺术化、美学化。江南人民因鲜花的装扮而显得更加个性化,日常生活更加丰富多彩,由此也表明了时代的进步和江南社会文明程度的提高。

郑梦周的这两首诗不仅为我们留下了江南女性的记录,也留下了珍贵的江南民风风俗的记录,更在无意中展现出明代江南的经济发展,小小的

---

① 项元淇:《少岳诗集》卷1,西湖竹枝词,四库存目丛书本。
② 金百涟:《金陵竹枝词》抄本。

鲜花却折射出时代变迁的信息，这是十分宝贵的。

另一位朝鲜使臣权近对中国人的情感是和郑梦周相似的，他在《奉使录》中同样也表达了对生活在和平与宁静之中的中国人的羡慕，如《渔父》一诗："浦口醒风蒲客舟，白头翁在白鸥州。一江烟雨蓑衣里，笑杀征人老不休。"① 与郑梦周一样，他将观察的视角同样投向中国的老人。不同的是，郑梦周观察的是农家老人，而权近观察的是渔家老人。不过两人的情感却是共同的，看到的都是和平的社会环境中安宁适意的中国人的缩影。其"一江烟雨蓑衣里"一句，颇有柳宗元"孤舟蓑笠翁，独钓寒江雪"的那种怡然自乐的意味。烟雨蒙蒙，渔父孤舟蓑衣，垂钓江上，大有遗世逍遥之乐，恍如世外之民。权近借老人安逸的生活，也表达了对战争杀伐的厌恶，其背后隐藏的情感就是对国内政局稳定的渴望。权近对中国人十分友好，如《过上林渡，有老夫操舟》一诗："秋郊雨定涨溪流，杨柳阴中漾小舟。多谢长年今白发，济人南北不曾休。"② 诗人路过渡口，操舟的是一位老人，虽然须发皆白，但仍坚持自己的职业。从诗的内容来看，上林渡这个渡口应该是沟通南北的一个重要渡口，但由于古代科技落后，所以只能人力摆舟，渡人南来北往，可见舟夫的工作十分辛苦。诗人在诗中对老人表现出了高度的尊重，他对老人的辛苦工作表示十分赞赏，在其眼中，老人的忠于职守和不辞辛劳折射出了中国人民善良和勤劳的高贵品格。他是以一种十分亲善的态度来对待中国人的。权近在出使中国期间，朱元璋十分喜欢他，"帝赐对，知近有学识，命赋题诗二十四篇……应制为帝嘉赏"③。为了表达对权近的宠爱之情，朱元璋亲制《鸭绿江》、《高丽故京》、《使经辽左》三首诗赐给他，并给予他"俱赐衣，令游观三日"④ 的荣耀，这也是中朝关系史上的一件盛事。

在他们的笔下，这一时期的明朝是强盛的，社会是稳定的，中国人民的形象是正面的、积极的。在郑梦周和权近的眼中，政权更替后的中国战火停息，一片安静祥和的景象，人民在幸福地生活，中国的城池壮丽，宫阙宏伟，经济富饶。他们通过这样的记载，要告诉本国的人们，中国的价值不仅仅是记忆中的物华天宝，繁荣昌盛，更重要的是进入高度文明的那

① 权近：《燕行录全集》卷1，《奉使录》，第196页。
② 权近：《燕行录全集》卷1，《奉使录》，第200页。
③ 《李朝太祖实录》，九年条。
④ 《李朝太祖实录》，九年条。

个王朝，是这个符合本国"华夷"想象的正统的王朝创造了这一切。两人关于中国乌托邦式的描述无疑给朝鲜留下了深刻的印象，它们为原有的社会集体想象增加了新鲜的色彩和细节，进一步激发了朝鲜对中国的想象和赞颂，并从中追寻自己的渴望和理想。乌托邦是建立在质疑、批判、追寻的基础上，哪怕乌托邦离朝鲜有多么遥远，那么这种幻想的启程也远远胜过想象的贫穷和对现实的屈从。更何况，中国并不是不可知的"他者"，朝鲜身上有太多的"他者"的影子。

在郑梦周和权近的记录中，关于平民的记录很少，归纳起来，郑梦周有四首，而权近只有两首。究其原因，大致有三：一是由于使行路途过于遥远，而且使行路线多为水路，与平民接触的机会很少，因此，在其诗歌中出现的平民都是在路途中偶然看到或与自己行程有关系的人。如山东老人、江南少女和泛舟的少妇，就是他们在旅程中偶然看到的平民，而操舟的老夫又是帮助他们过渡口的人，自然印象深刻。可以说，这些平民是他们无意中观察到的。二是在明朝初年，出于明朝和高丽极为复杂关系的考虑，朝鲜使臣肩负的都是十分重要的政治任务，因此行程十分紧张，他们还要思考和处理很多复杂的政治问题，所以难有闲暇去大范围地接触中国平民。三是他们都是朝鲜统治阶级的一部分，位高权重，传统儒家思想中的"劳心者治人，劳力者治于人"的理论对他们有很大的影响，因此，他们不可避免地会出现轻视或忽视劳动人民的倾向，这是时代和思想的局限性所导致的。从总体上来看，由于二人对明取代元政权，延续中国正统统治这一事件是持支持和赞颂态度的，他们观察中国时的理论基础是浓厚的"事大"观念，因此在他们笔下，这一时期的明朝是强盛的，社会是稳定的，中国人民的形象是正面的、积极的。这一时期朝鲜使臣眼中的中国平民可以称之为"太平之民"。

2. 辽东"奸恶"之民

随着朱棣迁都北京，朝鲜使臣的贡路相对缩短和固定，因此朝鲜使臣与中国平民的接触越来越多，对中国人的感情也不断发生变化。

辽东地区是朝鲜使臣朝天之旅的必经之路，而且行程漫长，因此，朝鲜使臣不可避免地要与辽东人民进行接触。李安讷在《辽东歌》中有"居人喜剽窃，其奈客行何"的感叹，辽东人狡黠、贪婪、凶悍、善于偷窃等特点成为朝鲜使臣在辽东的整体记忆。1574年（万历二年），朝鲜使臣许篈出使中国，在高岭投宿平民毕世济家，就经历了一次十分不愉快的事件：

"主人毕世济者，奸狡贪恶无比。托言我人厦架上衣，与其子庞极发谩言，通事等据理折之，虽少屈而嚣嚣犹不休，不得已多率房钱以塞其口。世济又善偷窃，一行人及骡主多失其物焉。"① 许篈对毕世济厌憎的情绪十分强烈，直斥其"奸狡贪恶无比"，毕世济诬蔑朝鲜使团偷窃其衣，其目的只是多索房钱，况且还偷窃使节团的物品，其人可憎，其行可鄙。从许篈的总体记录来看，许篈对中国是持十分亲善态度的，但是毕世济此举无疑影响了许篈对中国的良好观感。朝鲜使节团出使时，必然要带来大批上贡或个人携带的物品，其中不乏本国的特产，如纸、笔、人参、小银刀等物品。由于这些物品做工精美，质量上乘，往往是中国人所希图得到的，在朝鲜使臣的记录中，有许多沿途人民或购买或交换使节团成员个人携带物品的记录，这无疑增强了朝鲜使臣的民族自豪感。而像毕世济这样的无赖居然采用偷窃的方式来获利，不但损害了中国的形象，而且也伤害了朝鲜使臣的感情，这种行为是应该受到严厉谴责的。许篈先后用"嚣嚣"、"谩言"等词来形容毕世济，可见对其憎恶之深。朝鲜使臣回国后，由于有这样个别的不愉快经历，必定会由个别的事例上升到对辽东人民整体的概括，长此以往，势必会形成朝鲜关于"辽人喜剽窃"这样的集体记忆，从而形成了误读中国的基础。关于辽东人的贪婪和傲慢，赵翊和郑士信也有过记载，如赵翊的《皇华日记》就有这样的记载："初到一处，家主阻搪太甚，先讨银子，且加凌慢，情状可恶，不得已移接他处。"② 从记载中可以看出，在作者眼中，辽东人不仅贪婪，而且对待朝鲜使臣非常不友好，使朝鲜使臣只好移居他处，这无疑给朝鲜使臣造成了心理上的阴影。郑士龙在记载中这样记录："舍主以曾非止宿之所，滥求家钱至于六两。通官忿悯之际，吾辈使取价歇之家会，宿一舍。初言六两者，反乞四五钱而不得，深可笑也。"③ 郑士龙对辽东人的贪婪和狡猾给予了嘲笑，嘲笑的背后，深藏的是对辽东之民"奸恶"行为的鄙视，他为自己没有受到勒索，在智慧上战胜了主人，而感到十分自豪和兴奋。在朝鲜使臣的朝天之路上，明朝有专门的驿站供其休憩，但有时因驿站破败或贪赶路程而错过宿头，使朝鲜使臣只好投宿民家。在朝鲜使臣的记录中，一些民家经常为使臣提供住宿，久

① 许篈：《燕行录全集》卷 6，《朝天记》，第 166 页。
② 赵翊：《燕行录全集》卷 9，《皇华日记》，第 146 页。
③ 郑士信：《燕行录全集》卷 9，《梅窗先生朝天录》，第 264 页。

而久之,就成了使臣们固定的居所。所以在郑士龙的记载中,舍主拒绝朝鲜使臣投宿是有原因的,既然有固定的居所,舍主又何来义务接待呢?这也是人之常情,其索要高价的行径可能也是其逐客的一个表示。毕竟普通人头脑中没有太多的国家形象的概念。

在朝鲜使臣郑士信的《梅窗先生朝天录》中,还记载了发生在宁远卫的一件民间奇案,这更加深了朝鲜使臣对辽东人民奸诈、道德败坏的印象:"宁远卫有美女,一士人(忘其名)预娶为妻,蓄之于家。未及相接而其士人丁父忧,庐于墓侧,一不还家。有一侠士闻其妻之美,乃服麻衣丧带,作士人之样,夜抵其室曰'山居长夜,不堪相思,冒禁而来。'妻信之,开门纳之。及晓而去,告其女曰'为情爱所恼,坏我丧礼,须秘不宣,若母闻之,则宁无愧惧?'女信其言而从之。自是昏入晓出,踪迹频露,母亦以为其子而不疑之。一日,士人自庐所送奴,以粮尽告请益之。母怒曰'宿于家而食于庐,是何礼也?趁早归家,无徒烦裹粮为也。'奴还报,士人大怒,即来讼冤于其母,母不信曰'无多谈累累,然裹杖昏而入晓而出者,非尔耶?证在汝妻。'士人悯然曰'宁有是哉?我行不见信于母,蒙丑莫白,生不如死'。即自经而死。其妻始大惊,知为人所诈,遂痛哭曰'为奸人所污而不自知,乃至于夫死非命,何颜见人',亦自经而死。"① 朝鲜使臣记载了一件令人震惊的人间惨剧,这里所提到的"侠",绝不是中国传统文化中救人危困、锄强扶弱的侠客,而更像是寡廉鲜耻的登徒子和无赖。登徒子的无耻行径,造成了两人丧命的悲惨结局,辽东无赖的邪恶狡猾,似乎进一步验证了朝鲜使臣对辽东人"奸恶"的印象。郑士信出使于1610年(万历三十八年),前人出使文字中所描绘的辽东人民的种种负面形象给他留下了很深的印象,因此,在啧啧叹息的同时,他郑重其事地将此案录入自己的使行日记中,实际上,这个令人扼腕叹息的个案正是朝鲜对辽东人民整体想象的一个投射。

事实上,中国人民对朝鲜使臣还是非常友好的。虽然郑士信记载了发生在广宁的这件奇案,但他在途中的经历却使他扭转了对辽东人民的恶劣印象:"遇醉酒鞑子二者,遮马执鞚,征索钱物,狞恶难状。轿上无钱,极为难离。忽见华人五名,各骑骡马而过者,见余轺马被遮逢窘,即驰来救解,极力抗辩。二人则下马,手解鞑子所执之鞚,扶拥护卫以出,其意气

---

① 郑士信:《燕行录全集》卷9,《梅窗先生朝天录》,第 288 页。

可感。见其华人五名中则衣狐裘，冠派甚盛，盖侠士之徒也。"① 从他记载的内容来看，当时的情况十分危急，醉酒的异族前来抢劫，朝鲜使臣身处险境，惶恐无地，但在危难之中得到辽东侠士的救助。这类侠客与广宁奇案中的所谓"侠客"截然不同，以救人危难为己任，尤其是解救外国人的行径，更是令人感佩，展现了李白诗中所提及的"银鞍照白马，飒沓如流星"、"事了拂衣去，深藏身与名"的侠客的耀人风采。朝鲜使臣郑士信感激莫名，在日记中专门写作七言排律十六韵以表达对辽东人民的感谢："朝天回旆苦迟迟，羯虏无端肆突躏。酗酒赤瞳侔猘犬，索钱狞吼类狂狮。横遮轺马著长剑，诳费辎车使短椎。逢彼诛求曾不意，任他骄横却无辞。翩翩侠客从何所，巍巍雄姿会不期。骏马扬鞭联五骑，狐裘曜日缀双绥。驰来赴救心殊切，喝去叮咛辨亦奇。护卫不辞烦远送，拥扶定惮久移时。解纷释难多公义，结舌缄诚愧我痴。举手频频但称谢，凝睇脉脉只低垂。话言未接情安在，纻缟无凭礼已歝。秦缪出围缘善焉，沛公翼蔽为深□。争如苍卒精神聚，不计丝毫意气随。得丧泛观无可奈，成歝前定有谁知。当时若不蒙奇遇，此日何能脱险危。独倚旅窗追感幸，记行聊复写新诗。"② 字里行间充满了对辽东侠士拯其危难的感谢之情，并将其称为"奇遇"。使臣黄汝一在《银槎录》中有这样的记载："赵大嘴家人自以我国使臣常来往过宿其家，故心亲我国人。来言于李彦华曰'今番过去冬至使，拜揖失仪，以致主事嗔怒。你将此意说与陪臣，不令蹈前失云云。主事之先令人通谕见礼之意，恐亦以此然也。'"③ 赵大嘴家就是经常为朝鲜使臣提供住宿的民家，其家人对朝鲜人十分友好，有深厚的情感。因此，在朝鲜使臣尚未拜见城内主事时，他们就提前来警告朝鲜使臣要注意外交礼仪，这是十分可贵的。赵大嘴一家不是朝鲜人，但在与朝鲜使臣交往的过程中，与他们结下了深厚的友谊，因此他们能来告之一些外交中的注意事项，避免双方在官方交往中出现问题，可以看出他们对朝鲜使臣的友好态度。

那么为什么朝鲜使臣对辽东人民会有如此大的偏见呢？许筠的观点很能说明问题："燕辽之民僻在一隅，久为耶律、铁水、奇渥三虏之所污染，故风俗不美。余所过之地，几四千里，而人皆善偷窃，喜争斗，腥臊之习

---

① 郑士信：《燕行录全集》卷9，《梅窗先生朝天录》，第358页。
② 郑士信：《燕行录全集》卷9，《梅窗先生朝天录》，第359页。
③ 黄汝一：《燕行录全集》卷8，《银槎录》，第298页。

犹在，极可恶。"① 许篈认为，燕辽之地是东北少数民族聚居之地，而少数民族是绝对意义上的"夷"，无论从生活习性，还是文明程度，都是与"华"相去甚远的，因此，辽东地区的恶劣民风，都是因为少数民族杂居而造成的。这反映了许篈思想上的偏见，也反映了朝鲜使臣观察中国时所持的鲜明的"华夷观"，其将东北少数民族称之为"虏"，就是一个最有力的证明。辽东之民，可以称之为朝鲜使臣眼中的"奸恶之民"。

3. 盛世下的贫饥之民

尽管在朝鲜使臣的记录中，处处可见对明经济发达、国富物丰的叙写和赞颂，但是，在他们的笔下对中国一些下层人民的描写，却无意中暴露了当时的社会现实和人民的真实生活状态。明代的苛捐杂税多如牛毛，给人民造成了极大的负担，人民生活十分困苦，形成了严重的社会问题。1574年（万历二年），赵宪和许篈一起出使中国，二人十分关注中国的民生问题。例如赵宪就在行程中与彭文珠讨论过赋税的问题：

> （赵宪）曰："你有许多田，怎么有穷象乎？（主人）曰："这地方都司岁征人银一两，若有十男之家，则岁纳十余两银。如之何不穷也？"曰："这地方御史为谁？"曰："姓郭，名不知。"曰："哪里人耶？"曰："南人也。初来只是瘦蛮子，今作胖蛮子。"②

赵宪并不了解中国的赋税制度。朝鲜 15 世纪末开始的土地兼并，到了16 世纪更为严重，权贵利用职权公然侵占公田，掠夺农民土地，扩大私人地产，疯狂攫取社会财富。根据本国国情的经验，在赵宪的印象中，土地越多应该越富裕才对，因此当他看到主人家有许多田地反而生活贫困时感到十分奇怪，主人告知真正的原因就是赋税沉重。根据史籍记载，明朝万历年间一两银子可以购买二石一般质量的大米，当时的一石约为 94.4 千克，一两银子就可以买 188.8 千克大米，就是 377.6 市斤。而赵宪所行的这个地方是按人头收取赋税，比如四口之家，就要征收四两银子，折算成大米就是 1510.4 市斤，这是个十分惊人的数字，远远超出了四口之家所能承担的程度。《明史》中也提到七品知县一年的正当俸禄只是 45 两白银，由此可

---

① 许篈：《燕行录全集》卷 6，《朝天记》，第 218 页。
② 赵宪：《燕行录全集》卷 5，《朝天日记》，第 149 页。

见此地官吏是多么的贪婪，在这么沉重的赋税下，人民岂能不穷？所以主人讥讽地方官："初来只是瘦蛮子，今作胖蛮子"，这实在是激愤之下的无可奈何之语。对这种地方官搜刮民脂民膏以肥己的丑恶行径，赵宪予以了严厉的批判："以其受天子命为御史，不能弹罢贪残守令，以贻民害，故辱以蛮子，讥其瘠民而自肥，如此可知其尸位也。"① 赵宪见到的只是田税就已如此高昂，而赋税的名目却远远不止这一项。当他行至蓟州时，听到的叙述更令他触目惊心："问田顷产税几何，答曰'好收之年，一顷可出二百担（担当东方之小石云），收税几至六七两。又有丁徭、马牛骡役、车徭、官司酒钱。民不能支，至于典儿卖女云。'"② 这段记载真实地反映了万历初年民生困苦的情景，苛捐杂税多如牛毛，致民不聊生，这也是明代社会下层人民生活的真实写照，反映出了明代黑暗的社会现实。面对如此苛杂的赋税，无路可走的中原人民甚至逃到了"胡地"以躲避沉重的赋税。李恒福在1598年（万历二十六年）出使中国时，路经山海关，遇到了逃到"胡地"求生的中原汉人，汉人对他们逃亡的动机给予了这样的解释："因问颇恋本土否？答云父母妻子皆在中原，岂无思恋之心？但胡地风俗比中国十分醇好，无赋役，无盗贼，外户不闭，朝出暮还，自事而已。其与居辽役役不暇者，苦乐悬殊，苟活目前，不思逃归尔。"③ 这段记载简直是对朝鲜社会集体想象中的富庶天朝的一个绝妙讽刺，在朝鲜使臣笔下，中朝两国皆认为无论从经济还是从文明程度都远逊于中原的"胡地"，竟成了大明治下之民安居的逍遥乐土，因为那里没有赋役、治安良好，其生活状态和质量与中原相比简直是天壤之别。尽管作者对此未作任何评论，但我们依然从文字背后可以窥见作者的震惊与迷惑。暴政只会引起人民的反抗，李恒福还记载了广宁因赋税徭役过重而罢市的情景："时一城商贾皆闭铺不坐市，列肆寂然……怪问其由，广宁人言都御史李植将拓地于辽右，驱出鞑虏，筑城于旧辽阳。发民起城役，加征科外商税，至于人家间架皆有税务，以助其役。辽民仍大怨，一时废肆。"④ 李恒福描写了广宁罢市的原因，御史借筑城为由，大肆横征暴敛，不仅殃及商家，而且将贪婪之手伸向了普通百姓，赋税名目繁多，终于激起民怨。这段记载反映了明朝后期激烈的

---

① 赵宪：《燕行录全集》卷5，《朝天日记》，第149页。
② 赵宪：《燕行录全集》卷5，《朝天日记》，第197页。
③ 李恒福：《燕行录全集》卷8，《朝天记闻》，第457页。
④ 赵宪：《燕行录全集》卷5，《朝天日记》，第460页。

社会矛盾。

赋税沉重，盘剥苛甚，处在痛苦生活中的人民一旦遇到灾年，更是雪上加霜，生活更为凄惨，甚至出现人相食的惨剧："主人云地方数百里连岁饥馑，民不聊生，食人之肉如嚼牛羊。"[1] 苏巡作为带率子弟，其出行时间是 1533 年（嘉靖十二年）。苏巡真实记述了辽东地区的凄惨情景，饥荒不是短期的，而是"连岁"发生，在苛捐杂税重压下本来生活就十分痛苦的人民，在天灾面前束手无措，只能坐以待毙，其"食人之肉如嚼牛羊"的场面何其恐怖！这对朝鲜使臣来说简直是不可想象的事情，他们不会想到明朝的经济是如此繁荣，而人民却生活得如此痛苦。所以苏巡"闻此言，不胜惊叹"。次年，郑士信出使，他在玉田县留下了意味深长的诗篇："比岁燕山闻稍稔，场功随处报陈陈。城中帛米周屠贩，乃有寒饥拾稗人。"[2] 这篇诗歌具有很强的现实主义意味，作为藩属国的臣子，作为肩负政治使命的使臣，他们是不能也不敢直接对明朝的朝政和政策予以批评的。但是，他们却借用诗歌这种艺术形式，隐晦地表达出自己的看法：饥荒刚刚过去，农民刚刚从饥荒的伤痛中解脱出来，辛勤地进行修筑场地和翻晒、脱粒等农事。但社会贫富的差距如此之大，城中灯红酒绿，物产富足，而城外却有拾取稗子以充饥的饥寒交迫的穷人。这一情景又怎么不让人想起杜甫的"朱门酒肉臭，路有冻死骨"这一千古名句呢？李恒福更是在抚宁县留下了大饥荒下人民流离失所的悲惨生活的记载："关内连岁大饥，流民满道。有老妇行乞，过门泣而言：'有子年今十岁，前月卖于城里家，受银一钱半，未过十日已吃尽无余，比后我亦无策。'村氓卖子者在在皆然，多不过三四钱，小或一钱，气象甚惨。"[3] 作者笔下的抚宁简直是一座人间地狱，民无以活，只好卖子求生，但饥民太多，导致一个活生生的人竟以极其低廉的价格被转卖。这种凄惨的景象令朝鲜使臣在报以同情的同时，深切地感受到了抚宁人民的痛苦。

朝鲜使臣黄汝一在途经今河北一带时，看到了这样一幅悲惨景象："自抚宁以西，人民饥困，饿殍载道，持筐器拾草实者相望于野。至榛子则尤甚。有僧日乞钱粮，私赈流民三百余口。盖因关内两年失农，前年大旱大

---

[1] 苏巡：《燕行录全集》卷 3，《葆真堂燕行日记》，第 380 页。
[2] 郑士信：《燕行录全集》卷 3，《朝天录》，"玉田城外见烧草拾稗子"，第 48 页。
[3] 李恒福：《燕行录全集》卷 8，《朝天记闻》，第 499 页。

荒，民无所食。今年若又不稔，则将有人相食之变矣。"① 在大灾之年，人民流离失所，衣食无着，而高处庙堂之上的统治者则饱食终日，酒绿灯红，丝毫不将人民的死活放在心上，不采取任何赈灾措施。朝鲜使臣看在眼中，忧在心里，所以发出了"人相食"的严厉警告。

在前文关于朝鲜使节团的人员构成及使行路线的论述中，我们可以看到朝鲜出使中国时人数众多，且路途十分遥远。为此，明政府在朝鲜使臣使行路线的各地设置驿站，以供使节团休息和补给物资，并指派专人为其提供各种服务。但是，朝鲜的使行行为也给明代的人民造成了深重的灾难，明统治者将接待朝鲜使节团的沉重负担转嫁给了各地的人民。少数具有清醒头脑的朝鲜使臣注意到了这一点，并给予了忠实的描述："辽蓟地方率平原旷野，易致水患，且北边早寒，故罕有丰登之日。关外则达贼年年入抢，恣行杀戮，闾井萧条，皆是兵燹之墟，是以出车极艰。我国人告于卫所等官，欲速发行，则卫所官执车夫，趣指夹棍，备诸恶刑。然后车夫等卖子女脱衣裙以具车辆，惨不可以忍视。以近事验之，则隆庆初，贺节陪臣入归时，其年适凶歉。至十三山驿，人家尽空，只有车夫数三在。通事告于守驿官催车，车夫即卖其十五岁男儿买三辆，其余则计告无所出，自缢而死云。闻其事令人气塞。至山海关以西，则不似关外之疲弊，驾车驴牛壮健，驿马亦不至驽。瘠若关外，则该驿之马厥数不满，虽有之，皆骨立而多疮。广宁以东，盘山、高平、沙岭、牛家庄等站最甚用是，我国人所经之地，人皆怨苦疾，视若仇雠焉。"② 受气候、地理环境的影响，关外各地的生存环境远比关内要艰难许多，辽东人民凭借着自己的勇气和毅力，为了生存与严酷的大自然进行艰苦的斗争，竭力挣扎在死亡线上。在这种情况下，他们还要承担由统治者转嫁的接待国外使节的沉重负担，实在是不堪重负，所以为完成接待任务，卖儿卖女，乃至自杀身亡的惨剧时有发生。应该说，许筠是一个十分有勇气有良知的朝鲜使臣。在其他使臣的记录中，使臣们虽然也关注到了中国普通民众的悲惨生活并加以描述，但大都对本国的使行制度给中国人民造成的沉重负担视而不见，十分漠然。在他们心目中，自己是代表朝鲜来到中国进行外交活动，而自己在朝鲜国内也是身居高位，因此，享受中国提供的各项接待，是一件理所当然的事情。巨大

---

① 黄汝一：《燕行录全集》卷 8，《银槎录》，第 311 页。
② 许筠：《燕行录全集》卷 6，《朝天记》，第 337 页。

的身份差异，使他们对中国派遣的车夫、脚夫所承受的痛苦很难感同身受，一旦服务有所差池，他们就会向地方官抱怨甚至投诉，因此，在他们的记录中，屡屡出现中国的车夫、脚夫被地方官责骂责打的文字记录。在众多朝鲜使臣的记录中，许筠是唯一一个注意到自己的国家行为给中国人民造成巨大痛苦的使臣，他以独特的视角、平等的态度、清醒的头脑，对中国人民寄予了深刻的同情，并对本国的出使制度进行了批判。如前文所述，朝鲜使节团除了要完成国家交办的各项政治任务外，还承担着两国间的贸易任务，因此，有些使节团的成员利用出使之便，除了携带本国的各种贡品之外，还私自携带本国的土特产，在中国对官方和民间出售以谋取钱财，数量庞大的各项物品需要许多车辆加以运送，这就给辽东人民带来了更为沉重的接待负担。许筠对本国出使中的个人私自贸易行为十分愤慨，他大声疾呼："国家废贸易，使臣省路费，如此则百年之弊一朝可去矣！"可以说，许筠这种敢于不为尊者讳的勇气和行为是十分令人赞赏的。此外，文中"我国人所经之地，人皆怨苦疾，视若仇雠焉"一语，倒是能从侧面回答了为什么有些辽东人民对待朝鲜使臣采取十分恶劣和敌视的态度。

朝鲜使臣笔下所描写的中国这些下层人民的痛苦生活，不仅在感官上对他们给予了冲击，更重要的是对他们的心理造成了巨大的震撼。天朝的幻影已经褪去了其炫目的光环，而显露出其残酷的真实，朝鲜传统的社会集体想象物一点点地受到了质疑。这些使臣眼中的平民可称为"贫饥之民"。

4. 中国女性形象

在观察中国平民的时候，朝鲜使臣也留下了一些关于明代女性的宝贵记录。在中国几千年的男权封建社会中，男尊女卑的现象一直存在。作为男性附属物的女性几乎从未有过独立的社会地位，男性视女性为自己的私有财产，要求女性在婚前保持童贞，在婚后守贞，丈夫死后守节。这种"从一而终"的贞节观念在明代随着程朱理学成为官学而被发挥到极致。作为深受程朱理学影响的朝鲜使臣当然也无法避免"男尊女卑"的思想，但就在这种情况下，他们还能保留一些明代女性的记载，这是十分难得的事情。比如郑梦周除创作了《江南曲》、《舟中美人》等诗歌外，还创作了《征妇怨》这样反映社会现实的作品："一别年多消息稀，塞垣存殁有谁知。今朝始寄寒衣去，泣送归时在腹儿。"①郑梦周塑造了一个十分可怜的军人

---

① 郑梦周：《燕行录全集》卷1，《赴南诗》，第103页。

之妻的形象，丈夫从军已经多年，消息稀少，生死未卜，才为远方的丈夫
寄去寒衣，又要含泪送别自己的孩子去从军。这首诗歌反映了明统治下人
民生活的痛苦，即使郑梦周对新兴大明政权充满了感情，但他在无意中也
揭示了盛世之下的阴影。在封建社会中，无论政权性质如何，封建统治和
剥削的本质不会改变，因此人民遭受的痛苦并不会因为政权的更迭而减轻
多少。中朝两国人民反对战争，呼唤和平的立场是一致的。1615 年（万历
四十三年），出使中国的李廷龟也塑造了一个征妇的形象："白髻荆钗不整
鬟，红颜憔悴泪痕斑。郎君二十从征戍，去岁深河战未还。"① 诗人笔下的
这个征妇已经变成了一个寡妇，正处在巨大的悲痛之中，她的丈夫大概是
新婚不久就被征从军，在深河战役中死于非命。作者出使的时间是 1615 年，
此时后金和明已经处于战争状态，而深河正处在战争的最前线，作者对这
个可怜的女人报以了深切的同情。郑梦周和李廷龟笔下的女性形象都表达
了作者对战争的谴责，这是非常值得注意的思想倾向。

　　在中国封建社会中，女性的地位是一部充满血泪的苦难历史。封建社
会统治阶级用贞操观念对女性进行束缚和统治，如《礼记》要求女子应该
"终生侍一夫"；西汉刘向《列女传》的出现，则反映了封建统治阶级衡量
女性行为的标准；宋代强调处女贞操及寡妇不得再嫁，"饿死事小，失节事
大"成了女性最高的道德规范；元明时期，女子还要为未婚夫守节，无意
间被男子戏弄也要以死保全贞节；清朝对女子的束缚达到最高点，寡妇以
再嫁为耻，丈夫或未婚夫去世要终身不嫁或以死殉节。关于中国封建社会
中寡妇这个特殊的女性群体，朝鲜使臣成伣给予了高度的关注：

> 谁家千金子，此成土馒头。一朝撒两手，万事水东流。
> 妇鬖面如玉，哀哀路傍哭。静听哭中语，城中岂无屋。
> 胡为道傍土，使我永抱毒。诉天天苍苍，蹋地且顿足。
> 我亦久茫然，驻马立于独。回头去路长，仰视白日速。
> 百年如过客，何为逐微禄。应须未头白，长斟蟫蚁绿。②

---

① 李廷龟：《燕行录全集》卷 11，《丙辰朝天录》，《征妇词》，第 174 页。
② 成伣：《燕行录全集》卷 1，《辛丑朝天诗》，《渔阳驿西道傍，见丧冠女哭向新塚，颇痛
　　楚，哀之而有作》，第 244 页。

诗人在出使中国的途中,在渔阳驿路旁看到了一个处在极度悲痛之中的寡妇,青春年少的少妇梳着封建统治阶级要求的丧夫时必须要梳理的发型,跪在丈夫坟前,呼天抢地,声声血泪,令人动容。诗人对这个少妇的不幸遭遇十分同情,勒马静听少妇的哭诉:哪里没有居住的场所,丈夫为什么偏偏要到路旁的土包里安身,让我自己一个人孤零零地面对这个冰冷而无情的世界,今后该何去何从,问天天不语,斥地地不应。诗人将这个少妇痛失爱侣的无比悲伤、对无法预知的悲惨未来的迷茫用白描的手法刻画得栩栩如生,极具艺术感染力。少妇的哭诉,不仅仅表露出自身的不幸遭遇,更是对封建社会对女性残酷束缚的强烈控诉。值得注意的是,诗人在诗歌的后半部分抒发了极为复杂的情绪,通过对少妇不幸遭遇的书写,诗人却陷入了深沉的思考,人世间的不幸如影随形,而时间又流逝得如此匆匆,为此,应该抛弃人人为之奔走追逐的"微禄",及时行乐。实际上,作者隐晦地提出了一个十分严肃的问题,即寡妇能否再嫁的问题。在朝鲜时代,随着程朱理学的不断深化,三从四德之道成为朝鲜女性必须要遵守的基本道德规范,女性被完全排除在公共事务之外,在血统承袭中毫无地位,女性不得成为户主且没有祭祀继承权。关于寡妇能否再嫁的问题,编修于世宗,成书于成宗并正式刊行的朝鲜《经国大典》有这样的规定:"再嫁者勿封爵,更适三夫者,同其失行,子孙不得授显官,亦不许赴举。"[1] 这不仅对寡妇再嫁进行了限制,而且阴险地祸及子孙,使再嫁寡妇的后代丧失了读书出仕的权力,实际上断绝了寡妇再嫁的可能。尽管从诗歌的表面上分析,似乎是诗人看到了少妇的不幸,产生了人生苦短,应及时行乐的感触,但"微禄"一词的运用,则直接将批判的矛头指向了封建礼学大力提倡的"贞节烈妇"。封建统治者用树列女传、立贞节牌坊等方式,鼓励妇女守节,使其成为封建礼教和男权的殉道者。许多女性受此毒害,守寡后即不再嫁,让自己在孤独与寂寞中慢慢老去。诗人最后的慨叹,隐含着对寡妇不能再嫁的同情和允许寡妇再嫁、勇敢追求人生幸福的呼吁。

1597 年(万历二十五年),出使中国的李晬光塑造了一个十分可爱的辽东少女形象:"多少青旗出画墙,床头酒滴小槽香。燕姬掩面含羞态,背指

---

① 《朝鲜王朝实录》,成宗82卷,八年,《再嫁女所生子禁锢法》。

银瓶与客尝。"① 诗人将一个羞涩的辽东少女的小女儿情态刻画得活灵活现，朝鲜使臣千里出使，旅途生活十分枯燥寂寞，这时能在路边的酒店里看见一个充满青春活力的少女，精神一定为之一振。美丽和青春都是人类所共同喜爱的，朝鲜使臣当然也不例外。然而这个少女似乎很少见到外人，尤其是外国人。出于少女的矜持和对外国人的陌生，少女羞不可抑，甚至不敢正面看人，只得转过身去指点酒瓶所在。作者描绘的这一场面十分富有生活情趣，为我们描述了一个普通少女温柔可爱的神态，笔力传神，令人感叹。李弘胄在路经北京东岳庙时，毫不掩饰地抒发了对中国女性的赞美之情："都中女流纷集于庙庭，其众如织，几至数千余。顶礼于殿中，或抽签卜其吉凶。举止雍容，礼貌闲雅，有若神仙中人。以小纸与辇载金银纸版烧于殿前，望拜如恐不及前者，往后着来，充满一庭。绮罗飘香，花貌夺目。"② 他对庙中进香的中国女性给予了仔细的观察，给他印象最深的就是"举止雍容，礼貌闲雅"，这个评价是符合他对中国女性的想象的，因为中国就是个礼法完备的社会，中国女性的雍容典雅完全是适合了礼法的要求的，因此他由衷地感叹："有若神仙中人。"另外给他留下深刻印象的就是中国女性容貌的美丽，"花貌夺目"一句可想见诗人应接不暇，满眼都是美女的那种喜悦之情。

在朝鲜使臣留下的女性记录中，最为珍贵的就是黄中允对明代最鼎鼎有名的巾帼英雄秦良玉的记载。秦良玉，字贞素，四川忠州（今属重庆忠县）人，是明朝末期战功卓著的民族英雄、女将军、军事家、抗清名将。《明史》专门为其立传，可见她在明代的重要地位。根据明史籍记载，秦良玉为人智勇双全，志向不凡，以"执干戈以卫社稷"为终生之目标。她自幼就从其父秦葵操练武艺，演习阵法，显露出一般女子难以企及的军事才能。秦良玉 26 岁时开始带兵打仗，一生多次率师远征，历经 44 年戎马生涯，足迹遍及贵州高原，长城内外，大江南北。1592 年（万历二十年），嫁于石柱宣抚使马千乘为妻，并建立了一支"戎伍肃然"，为远近所惮的"白杆兵"③；1599 年（万历二十七年），她到播州（今遵义）参加平定杨应龙

---

① 李晬光：《燕行录全集》卷 10，《朝天录》，"酒店"，第 192 页。
② 李弘胄：《燕行录全集》卷 10，《梨川相公使行日记》，第 70 页。
③ 秦良玉为其丈夫马千乘训练的一支善于山地作战的特殊兵种。此兵种所持的白杆枪是用结实的白木（白蜡树）做成长杆，上配带刃的钩，下配坚硬的铁环，作战时，钩可砍可拉，环则可作锤击武器。

叛乱的战斗，战功第一，然而良玉不言其功。1613年（万历四十一年），马千乘冤死云阳狱，朝廷因秦良玉平贼有功，且子祥麟尚幼，故令其袭其夫职；1620年（万历四十八年），秦良玉派其兄秦邦屏与弟民屏率三千白杆兵赴沈阳，决战浑河（今永定河），并与子祥麟随后北上；1621年（天启元年）三月，秦良玉亲自率兵北上，抵御后金，镇守榆关，"军功第一"；同年九月，她奉诏讨伐奢崇明叛乱，转战重庆、成都和泸州等地。并收复新都，大败奢崇明；1622年（天启二年），白杆兵破奢军解围成都，回师重庆夺二郎关、佛图关，趁夜收复重庆；1623年（天启三年），秦良玉打败永宁奢崇明军，平定全川，同年平定"松藩叛乱"；1630年（崇祯三年），永平四城失守，畿辅震动，诏天下勤王，各方将领自保不暇，逗留不前，独秦良玉慷慨誓众，昼夜兼程，再次驰援京师；1634年（崇祯七年），张献忠入川，秦良玉与其子马祥麟前后夹击，在夔州（奉节）打败张献忠，使之退走湖广；1640年（崇祯十三年），罗汝才犯四川，秦良玉领兵至，汝才不战而逃，秦良玉率白杆兵追击，在巫山和夔州重创罗汝才农民军；1646年（南明隆武二年），清军攻占北京，大举南下之时，秦良玉已年过七十，仍毅然以万寿山的万寿寨为据点，坚持斗争，最终保持了抗清的晚节；1648年（清顺治五年）五月二十一日，秦良玉病卒于大都督府，享年75岁，朝廷谥号"忠贞"。这就是这位巾帼英雄一生传奇的履历表。秦良玉是中国历史上唯一单独载入正史中将相列传（非列女传）的巾帼英雄，唯一凭战功封侯的女将军，是为数不多的文武双全的女性。当然，我们必须看到，这位女英雄传奇履历中有无法抹去的镇压农民起义的污点。

1619年（万历四十七年），女真首领努尔哈赤在萨尔浒大败明军，天下震动，东北告急，明廷在全国范围内征调精兵援辽。秦良玉闻调，于次年派其兄秦邦屏与其弟秦民屏率数千精兵先行，她自己筹马集粮，保障后勤供应。同年，亦与其子北上。1620年（万历四十八年），出使中国的黄中允正是在这个时候于使行路上有幸遇到了这位具有浓郁传奇色彩的大明女将军："是日行至曹庄，遇马门秦氏。体甚肥大，网巾、靴子、袍带一依男子。能文墨，熟兵书。马上用八十斤双剑，年可三十五六许。吹角打鼓乘轿而气势颇壮。厥夫马姓云已死，厥子年十六，其母姊兄弟并领各队。凡女兵四十余名，着战笠，穿战服，黑靴红衣，跨马驰突，不啻男子骁健者。凡战阵器械俱以车运。其初自四川募精兵七千往征辽贼，盖其自奋，非朝廷命也。朝廷壮之，官其子游击云。"① 从他记载的内容来看，四川、马门秦氏、能文墨、熟兵书、"厥子年十六，其母姊兄弟并领各队"、"其初自四川募精兵七千往征辽贼"等信息，完全符合明史的记载，因此我们可以明确地认定黄中允使行途中所遇到的就是明代传奇巾帼秦良玉，因此，这段记载具有十分宝贵的价值。首先，在明代的史籍中，并未对秦良玉的外貌体态进行详细描写，只是含糊地说其"饶胆智、善骑射、熟韬略、工词翰、仪度娴雅、而驭下严峻"。而黄中允则以目击者的身份对其外貌体态进行了详细的描写，"体甚肥大"的细节是明史书中完全没有记载的。秦良玉的身材魁梧也在情理之中，试想如果秦良玉是个娇娇怯怯的南方女子，又如何在"马上用八十斤双剑"？当然，"八十斤双剑"也有很多夸张的成分，但从侧面反映了秦良玉骁勇善战的英姿，一些关于她长得如花似玉的民间传说或记载完全是属于文学上的美化。而她的一身戎装"一依男子"，又表现出其巾帼不让须眉的英武气魄。其次，在秦良玉的"白杆军"中设有女兵建制，黄中允记录了女兵的飒爽英姿，并对其深表钦佩。从描写的内容来看，这些女兵应该是秦良玉的贴身护卫，秦良玉身为女性，用女兵作为护卫合乎女性的心理，而从这些女兵的战斗力来看，也是属于精锐部队。再次，秦良玉的"白杆兵"的战斗力十分强悍，从拥有"战阵器械"这一细节来看，军队的规模也很大，否则难以承担攻城略地的重任。事实也确实如此，沈阳之战中，秦氏兄弟率"白杆兵"率先渡过浑河，血战敌兵，大战中击杀清兵数千人，终于让一直战无不胜的八旗军知晓明军中还有这样勇悍的士兵，并长久为之胆寒。也正是由此开始，秦良玉手下的"白杆兵"名闻天下。最后，秦良玉其兄、其弟、其子、其女纷纷加入援辽大军，充分表现出秦良玉家族慨赴国难，精忠报国，满门忠烈的英雄气概，令人叹服。秦良玉作为一代传奇女将，崛起于女性地位低微的明代，不能不说是个奇迹，黄中允在记载中表现出的对她的钦佩之情以及对其"白杆军"军威之盛的震撼，显然会对其"男尊女卑"思想产生冲击，从而使其对中华人物之盛和军威之强产生由衷的崇拜。

关于秦良玉，1620 年（万历四十八年）出使中国的朝鲜使臣李廷龟在北京使行时也听闻了这名明代传奇巾帼的事迹，并留下了相关记录："四川女将宣抚使司掌印女官秦氏，上本自募领手下兵三千，赴辽讨贼，兵部奖

---

① 黄中允：《燕行录全集》卷 16，《西征日录》，第 43 页。

谕其弟秦明屏、其子马祥麟，并格外加衔，激劝忠勇云。闻秦氏能使五百斤大刀，其子祥麟，年今十六岁，而乃马伏波三十八代之孙，亦有勇力云。"① 李廷龟在出使北京时，经常出入各个部司，因此可以看到各种朝廷奏章和邸报，从而了解明的各种政治动向。辽东军情紧急，秦良玉自告奋勇前去助军，一时在明廷内传为佳话，因此李廷龟描述的秦氏家族的情况都是准确的。但"能使五百斤大刀"的说法则完全是明廷内夸张的说法，毕竟在女性被压抑、被损害的明代，能有这样一个传奇女性横空出世，人们更愿意对她给予各种神化的描述，实际上寄托着对扭转辽东战局的希冀。

5. 明代中国人的文化活动与民风民俗

朝鲜使臣还对使行路上看到的中国民间艺术给予了关注。例如权拨在段家岭就观赏了一场精彩的马戏表演："段家岭铺有二女，年才十五六，被彩衣，骑大马，按辔徐行。行数步，跃马而来，于马上起舞。或以手攀马，横载而驰，倒首于鞍上，两足向上，千变万殊，倏忽如神。观者如堵，争以钱购。"② 女孩子们的表演精彩万分，吸引了许多观众前来观看，"千变万殊，倏忽如神"一语表现出朝鲜使臣对于中国马戏的由衷赞叹。相对于权拨的记录，黄汝一笔下的马戏表演则更为精彩："路见男女一队，各骑骡马，言笑滑谐。令李彦华问之，乃北京俳优人也。问你何之，曰跑鞋云云。忽出一小儿，年仅八九者，即于上使马前，令打跟斗十余度。俄又青衣女二十余岁者，问宰相等看我驰技否，即令为之。优于路头鞭马快走，即从马左镫竦身凝立，良久闪过马右镫立如左。忽又倒立镫上，两足向上如植，忽又翻身横载鞍上如僵尸。倏复据鞍定坐，再次翘右足镫上，举左足空中而行。俄而一跃登鞍。如故三次。抱四五岁儿同骑，及放马之际，优立儿右镫，自立左镫上，以手执儿衣领，儿亦以一手按额巾。使不脱一手，执女襟裾，同时齐驰，望如飞仙骑快鹘。良久，优抱儿坐鞍，如神千百转而钗鬟不乱，渠无变色，而马亦相得。其恍惚捷疾之状，使人骇视耸观，女子之呈技如此！"③

现代马戏是各类驯兽表演的代称，而古代马戏则是指马上的各种技艺并包括驯马表演。战国时期的赵武灵王实施"胡服骑射"之后，中原各地

① 李廷龟：《燕行录全集》卷 11，《戊戌朝天录》，第 48 页。
② 权拨：《燕行录全集》卷 2，《朝天录》，第 289 页。
③ 黄汝一：《燕行录全集》卷 8，《银槎录》，第 313 页。

才逐步有了单骑作战的习惯，形成了马戏起源的重要条件。汉代的官马民养是马戏产生的基础，汉代政府对民间诸技艺的大肆提倡是中国马戏迅速发展的主要推动力量。到了宋代，马戏表演达到了日趋完善的地步，宋代马戏集中了以往各朝代的精华加以提高并有所创新，使马戏有了一套完整的表演体系。① 朝鲜使臣们看到的马戏表演项目就是宋代已经定型的"立马"、"骗马"、"跳马"、"献鞍"、"马上倒立"等高难度的马上技巧。马上技巧是马戏的主要表演形式之一，它取材广泛，造型生动，姿态优美，内容丰富。中国的传统马戏以难度大、动作惊险著称，其特点是险中求稳、动中求静，显示了冷静、巧妙、准确的技巧和千锤百炼的硬功夫，所以人们在观看的时候往往是带着一种恐惧感，而这种恐惧感会带来强烈的感官刺激。二人记录中的马术表演者身手矫健，神奇的技艺让观众眼花缭乱，也令朝鲜使臣叹为观止。

使臣黄中允在北京见到的中国传统杂技和魔术则更为神奇："其中一人置床于厅事上，床高齐人胸肋。遂跳上床，以红毡作枕支臀，仰面而卧，双脚竖空。乃以陶缸可容七八斗者上置足掌，仰空投之，承之以足。缸常浮于空，足常接其缸，或以一足奉缸之腰，或以足指擎缸之本，左之右之，弄足如手。"② 黄中允看到的这个表演是中国传统杂技中的"蹬技"节目，这个节目的特点是轻重并举，通灵入化，软硬功夫相辅相成，而且将古朴的工艺与形体技巧进行了巧妙的结合。面对中国传统杂技的魅力，黄中允发出了"极令人惊骇"的惊呼。而最让黄中允瞠目的是魔术表演："俄又来一人，取钱一钟子、荏一钟子、米一钟子来置床上。先将钱钟口呪数遍出之，则始其钱才四五，忽成剩凸于钟外，其荏与米与钱钟随呪皆剩。又举其钱钟呪之，钱皆成水注于地，其米钟荏钟则呪之无一点一粒，但见异花如莲，红芙绿叶秀出钟中。人皆奇之，或曰彼呪时以一尺布遮其钟不令人见，必于其中弄术。然耳就令如是，渠先脱衣，赤露腰腹，既无藏匿处，虽遮尺布，而四面尽露，又无人近傍相资者。信难知者幻术也。"③ 中国的魔术历史悠久，据考古发现，早在新石器时期，就已有魔术活动的踪迹，而作为具体节目表演，至少在两千多年前就已经出现。按其类型来说，可

① 韩顺发：《中国古代马戏考》，《中原文物》2004 年第 5 期。
② 黄中允：《燕行录全集》卷 16，《西征日录》，第 85 页。
③ 黄中允：《燕行录全集》卷 16，《西征日录》，第 85 页。

以分为手法类，即以手法技术为主，必须勤练才能表演；器械类，即以巧妙设计的机关、器械、道具来进行表演；心理类，根据心理学的原理来进行魔术表演；科技类，即以化学、物理等自然科学知识作为依据来进行表演。这些都涉及许多前沿学科的知识，这也是魔术长久盛行不衰的原因。朝鲜使臣看到的这个魔术，融合了手法技能、机关设计和心理学的原理，从而使整个表演过程奇幻莫测，使黄中允目眩神迷，发"信难知者幻术也"之叹。

中国的猴戏起源甚早，在汉代画像石中就有猴戏形象，到明清时，驯猴者多将其作为谋生之计，在21世纪的今天，中国的偏远地区还有以猴戏谋生的人群存在。驯猴艺人在选好场地后，敲锣吸引旁人的注意。艺人一般令猴子表演翻筋斗、挑水、走索、钻环等项目，或爬高竿，或开箱戴面具，穿戏衣走场。清代的富察敦崇在《燕京岁时记》中记载："耍猴儿者，木箱之内藏有羽帽乌纱，猴手自启箱，戴而坐之，俨如官之排衙。猴人口唱俚歌，抑扬可听。古称沐猴而冠，殆指此也。其余扶犁跑马，均能听人指挥。扶犁者，以犬代牛；跑马者，以羊易马也。"[1] 朝鲜使臣郑士信在使行路上就见到了中国民间的猴戏表演："是夕，有人牵老猿而来，随人指嗾，人立而行，跳跃丈余。主者以鞭索勾作环孔，大如容猿之身，主者手持其环孔高举于空中，使猿跃由其孔，则猿仰视空中之孔，耸身跳穿其环孔，或从左投右，或从右投左，如掷梭出入之状。又柜藏假面十余，而柜畔设踞坐之床，主者嗾猿猴，则猿随主者所命，手自开柜，次第着假面呈戏，每改着之时，必踞坐于床畔，如人据床之状，妙不忍见。又立丈余之木使缘之，则猿猴一手持钲，缘木而升，其捷如飞，上下无数，诸状怖哉！"[2] 从记载中可以看到，朝鲜使臣看到的猴戏表演就是传统的钻环、爬杆、戴面具等表演项目，在朝鲜是没有猴戏表演的，因此，使臣兴致盎然地记录了对他们来说绝对新鲜的民间艺术表演。

明代经济繁荣，社会生活多姿多彩，许多文化活动也应运而生，朝鲜使臣所观看的马戏、杂技、魔术、猴戏等民间艺术，既反映了明代中国人的智慧，又反映了明代中国人丰富多彩的精神世界。社会生活的丰富，反映了社会经济的繁荣和富强，朝鲜使臣在记录中留下了大量中国人社会文

---

① 富察敦崇：《燕京岁时记》，北京古籍出版社，2001。
② 郑士信：《燕行录全集》卷3，《朝天录》，第313页。

化活动的记载，实质上还是出于对中国经济富足的羡慕和对本国经济富强的期望。朝鲜使臣不厌其烦、事无巨细地记载了中国的各种文化活动，在两国民族文化的比较过程中，无意中彰显出了中国文化的丰富性、多样性和独特性。

朝鲜使臣在观察明代中国人时，也将观察的重心放在了中国人的外貌、服饰、举止、生活习惯、价值取向等日常细节上，这些都是构建"他者"形象的最直接的语言。使臣们近距离地观察中国人，将他们的日常细节与本国人民进行对照，从而不断修正和调整本国对中国的社会集体想象，为原有的社会集体想象增加了新鲜的色彩和细节，进一步激发了朝鲜对中国的想象和赞颂，从中追寻自己的渴望和理想，并对本民族的文化进行确认和再构。朝鲜使臣在中国人的日常生活细节上，有十分概括而集中的记录："中原风俗一路同然，大概买卖与利为上，治农业工匠为次。虽文人才子，名公巨卿，无不留意于此。盖中原全盛日久，耕治工业不能自活，故必以买卖为事。买卖果有倍利也。如织布、缲棉、引丝、裁缝、经络、打水、做饭等事率以男子使唤，女子则居内，绝不得出入，只管造鞋、刺绣、胭粉之事。或有相逢于村落者，必以黑缯掩面。且或有立于门外者，见行路人必闭门而入，背面而立。其老婆服役者亦皆脱裙，只着袴子。其所谓养汉者，妆梳插花，服色务必鲜明，虽年近七十，必用脂粉。袜子行缠亦以色缎为之，身长者截无堇有，而身体雅少，衣服称制足，则无少长，而咸小人言大明高皇帝禁制。女子必用布缠足，使不得长大。盖鞑子来，难于行步，使之弃女子而归也云云。似是谎说，设有此制，乃是末务也。且女子以乳大为恶，此则花场事也，别无意思。出空者也，女子例解裳而坐，男子则白昼市上空，然出空不掩阴茎，女子露臀，亦不为难。女子且有左衽者，岂齐鲁遗风，有左衽之俗耶？怖哉怖哉！儿童削发，只留百会之发，以黑缯作帕围颈，女子则以色缎围颈。才步之儿，足必厚裹，作掩胸背之物以负之，其热其胸与足，而冷其头者，乃养儿之方耶？食则朝夕，或有做饭者，或有作粥者，或吃软饼者，或吃面者有之。男子则家食者甚稀，以钱买食于村市而度日。男子则里着袄子，甚短，中着狭衣，亦短，表着道袍。女子则里着胸背，中着短狭衣或襦衣，表着色缎，长衣左右分衽，袖阔尺余。又着色裳必以单袴必以色缎为之。行路美女，衣裳依稀，飘若仙娥，拱手作揖，无异男子家制者。束楷为椽，壁用石灰，半间做堗，前无户，秫秸作篱。或盖屋作瓦，砖瓦作堗易暖，即冷冬日虽寒，衣不多穿，或着狭袴,其耐寒殊常。地虽近北,中土与偏邦不同,暖日常多。且常多且关王庙,无城不立,无村不作。各衙门亦立庙崇奉,小民家亦画像帖壁,朝夕焚香,寺里道观亦不废焉,殊可贵也。车制则自登州至帝都各有不同,有一轮而一人手推者,一轮而两人肩运者,两人肩运而前有一驴引者,两人肩运而前有两驴引者。邹平以西有两轮而十骡齐引者。又有八牛引者,亦有独马引者。汲水者亦有两轮,一人推而使小者矣。"①

赵濈的这段记载包含了极其丰富的内容,值得我们认真去分析。在每一个历史时期内,上层建筑归根到底都应由经济基础来决定。因此,只有首先了解一个时代的社会经济情况,然后才能了解那个时代的政治、军事和文化。朝鲜使臣赵濈有意无意地认识到了这一点,他首先注意到了明代高度发展繁荣的社会经济,在他的眼里,明代社会几乎全民皆商,而且由衷地感叹"买卖果有倍利也"。自明朝建立以来,明太祖朱元璋、明成祖朱棣先后采取了有利于恢复社会稳定,促进经济发展的举措。到了万历中期,社会秩序已渐渐趋向相对稳定,经济形态出现了变化,人们的商品意识增强,商业日趋繁荣,手工业中的某些生产部门隐隐约约地出现了资本主义生产方式的萌芽;农民自发进行农村经济结构调整,或纷纷从农村流入城市,脱离农业生产,从事工商业;或就地迁业,弃粮他种,发展商业性农业,大力发展家庭手工业和各种加工业。家庭手工业和加工业的分工也十分明确,所以朝鲜使臣的记载中会有"如织布、缲棉、引丝、裁缝、经络、打水、做饭等事率以男子使唤,女子则居内,绝不得出入,只管造鞋、刺绣、脂粉之事"之语。商业的高额经济回报也吸引了大量的文人才子、名公巨卿加入其中,他们的社会地位和财富又为明代的社会经济注入了鲜活的因子,促使社会经济形态不断发生变化。朝鲜使臣对明代商业繁荣的经济现象给出了自己的答案:"盖中原全盛日久,耕治工业不能自活,故必以买卖为事",应该说,他的概括是基本正确的,社会的发展,商业的繁荣,使得中国传统的自给自足的自然经济模式已不能适应社会发展的需要,迫使农村的经济结构进行调整,记载中的"男子则家食者甚稀,以钱买食于村市而度日"就是农村人口流入城镇的体现。

"自我"在观察"他者"的时候,往往在寻求共同点的同时,更为注意与自身迥异的细节。朝鲜使臣将观察的视角放在了山东地区的女子身上,

---

① 赵濈:《燕行录全集》卷12,《朝天录》,第328页。

他首先认为明代的女子还是严守礼节大防的："且或有立于门外者，见行路人必闭门而入，背面而立"，这很符合朝鲜崇尚的儒家经典中规定的男女之间要隔离与疏远的要求。但是，中国的老年女子劳作时不穿裙子，只穿裤子，这和朝鲜是完全不同的，朝鲜的女性不论四季，不论忙闲，都是要穿裙子的，这是两国文化中一个比较明显的差别。发达的经济带来的社会副产品——娼妓也进入朝鲜使臣的视野之中，娼妓们浓妆艳抹以招揽生意，甚至还有高龄老妇从事此行业，而娼妓们都以乳房硕大为耻辱，因为这不符合明代男性的审美要求。朝鲜使臣观察到的最为重要的一点就是明代女子的缠足现象。缠足是中国古代的一种对女子自幼儿时期以布紧缠双足，使足骨变形足形尖小，行路只能以足跟勉强行走的摧残女性的残忍做法。关于缠足的起源，目前学术界说法不一，比较流行的说法就是起源于南唐五代的李后主。到了明代，随着社会经济的不断发展，社会世风日下，女性缠足之风大盛，女性的"三寸金莲"成了明代男性社会主流的审美取向。明代男性认为女性最性感的部位在于足部，崇拜和把玩一双三寸金莲，可以获得极大的性满足。在中国名著《金瓶梅》中，主人公西门庆生活中的三位女性都有一双小巧的脚，这充分反映出明代的拜足风尚和习俗。朝鲜女性是不缠足的，因此，朝鲜使臣对明代的缠足风俗表现出了浓厚的兴趣，但是，使臣是不可能直接观察到明代女性缠足后的脚部形状的，因此，他只能从外部进行观察。由于对明代的缠足毫无了解，他误把女性的裹脚布当作袜子或是行路时所用的裹腿布。一般来说，女性的裹脚布颜色都是蓝色或者黑色的，而山东地区女性的裹脚布却采用了彩色的布匹，这倒是可以为研究中国缠足现象的学者提供一些启迪，为什么山东地区女性的裹脚布颜色要反其道而行呢？这是不是出于明代山东地区特殊的审美要求呢？

朝鲜使臣对明代中国人的生活观察得非常细致，甚至注意到了他们上厕所的方式，女子解衣蹲地便溺，而男子则不避旁人，公开在公共场所便溺，甚至赤裸下身而毫不难为情。关于这些不文明的举动，是性喜洁净的朝鲜人所难以容忍的，尽管使行中国的记载回国后要呈国王阅读，朝鲜使臣还是把明人上厕所的方式也加在了记录之中，这再一次印证了"朝天录"直笔直言的特点。在这里，朝鲜使臣还发现了一个令他们十分震惊的现象，明代中国的有些女子居然还穿着左衽的衣服。所谓左衽，指的是中国古代少数民族衣襟向左，即右面衣襟压住左面的服饰文化现象。中国人十分重视衣襟的左右方向，因为这是区分"夏"与"夷"的重要标志，右衽即左面衣襟压住右面是汉族服装始终保留的特点。因此右衽成为汉族的象征符号。明朝的服饰属于汉族传统服饰体系，在经过元代蒙古人统治之后，明朝恢复了汉族的传统，明太祖朱元璋重新制定了服饰制度，明代许多在男性中流行的服饰都是明太祖首创的，如明代男子普遍穿戴的"四方平定巾"。李氏朝鲜建立后，也全面接受了带有鲜明汉族色彩的明代服饰，朝鲜服饰的改变，标志着与代表"夷"的元朝的彻底决裂，全面接受代表汉族正统的明政权，服饰已经成为朝鲜区分"华"与"夷"的一个重要的文化符号。朝鲜使臣对大明治下的中国人民居然还穿着"左衽"这种少数民族特点鲜明的服装感到十分难以理解，认为这是齐鲁遗风，即孔子所说的"管仲相桓公，霸诸侯，一匡天下，民到于今受其赐，微管仲，吾其被发左衽矣"①，这种现象，也与本民族文化格格不入，难怪他发出"怖哉怖哉"的惊呼。

朝鲜使臣还注意到，中国明代儿童普遍留着"锅盖头"式样的头型；中国人的主食丰富多样；明代中国人育儿时要厚厚地包裹儿童的足部，并用能够遮挡前胸后背的器物背负儿童，他对此提出了质疑，认为光温暖脚部和前胸后背，而忽视头部的保暖，这不是正确的育儿之道。实际上，这充分反映出两国间民族文化的差异。中国人在几千年的发展中，逐步总结出丰富的养生经验，如"寒从足起"和"风吹背后寒"等经验之谈，强调对身体各种内脏器官的保护。而朝鲜人则认为人的头部即百会穴才是全身精血的重要来源，一旦保护不利，身体就会有疾病发生。朝鲜使臣对明中国人衣制的描写，反映了明朝恢复唐朝衣冠制度后中国服饰发生的变化，即衣裙比例的明显倒置，由上衣短下裳长，逐渐拉长上装，缩短露裙的长度。不过，由于明代的平民服饰普遍以蓝色或黑色为基调，所以使臣将其误认为道袍，这也从侧面反映出朝鲜使臣观察到的明朝社会佛道信仰盛行的社会状况。在观察中国的房制时，他注意到明中国人用砖瓦做烟囱所产生的良好保暖效果，注意到了在繁荣的社会经济条件下，能缩短运输时间，从而提高效率的先进而完善的车制，而这些，正是本民族文化中所欠缺和应该予以模仿的。在这段记载中，朝鲜使臣还注意到了明代中国的民间信仰，即关羽崇拜。有明一代，统治者出于加强统治、稳定社会秩序的考虑，大力宣传关羽，再加上《三国演义》在民间的广泛流传，明代中国民间对

---

① 《论语·宪问》。

关羽的信仰之盛是之前任何朝代都无法企及的，关羽不仅集忠孝节义为一身，而且是与孔子并肩的"武圣"，还是"行业神"和"财神"。在明代，信众不论官民，祭祀他的庙宇遍布天下，所以"无城不立，无村不作，各衙门亦立庙崇奉，小民家亦画像帖壁，朝夕焚香，寺里道观亦不废焉"。而朝鲜使臣为什么要发出"殊可贵也"的赞叹呢？在朝鲜，随着《三国演义》的传入，深受中国儒家思想影响的朝鲜各阶层立即接纳了关羽这个完美的文学形象，并加以广泛传播。统治者接纳了关羽的"忠"，因为这种思想可以加强对人民的统治，普通民众接纳了关羽的"义"，因为这种思想可以改善人际关系。可以说，关羽在朝鲜是深入人心的。在韩国，笔者曾到朝鲜时期修建的关帝庙参观，这座身处首尔闹市区的古代庙宇被韩国政府保护得十分完好，庙宇周围古树森森，庙前刻着"大小人员皆下马"字样的石碑依然矗立，这种文物保护意识是非常值得我们学习的。《三国演义》在韩国至今一版再版。可见，对于关羽忠孝节义的高度认可是中朝两国共同的民族心理。

6. 朝鲜"华夷观"视野下的"蛮夷"之民

朱元璋起兵反元，明确提出了"驱逐胡虏，恢复中华，立纲陈纪，救济斯民"的口号，得到了民众热烈的拥护，这一口号的提出为明政权打下了浓重的汉族正统的性质，这实际上也是中国儒家传统"华夷观"思想的延续。"华夷"思想，在近代社会仍然占有广阔的市场，如伟大的民主革命先行者孙中山在建立中国第一个资产阶级革命团体——兴中会时就提出了"驱逐鞑虏，恢复中华，创立合众政府"的口号，而后期的同盟会更将其上升为革命纲领，矛头直指腐朽的晚清政府。深受中国儒家思想影响的朝鲜使臣，"华夷"的思想则更为根深蒂固，其执着程度甚至远远超过了中国人。因此，他们在观察明代人民的时候，对中国尤其是东北的少数民族持有浓厚的敌意。在他们的记录中，对东北少数民族一律采用或夷或胡或鞑子或野人等明显带有歧视性的称呼。正由于他们采取了这种歧视和敌意的态度，因此他们在对少数民族的外观观察上就混杂了轻蔑和恐惧的复杂心理："鹿裘才掩骼，毛顶太黏肩。自说休粮久，从人要割鲜。舞回如应节，歌缓不分腔。最怕生狞态，弯弧拟剑撞。"[1] 诗人从衣着装饰、饮食习惯、歌舞习俗和外形禀性等方面对东北少数民族进行了直观的观察。由于东北

---

① 郑士龙：《燕行录全集》卷3，《甲辰朝天录》，《观鞑子》，第61页。

气候寒冷，少数民族大多数是游牧民族，以放牧狩猎为生，文明程度较低，因此他们取材于动物皮毛来御寒是很自然的事情。但是这种生活习惯在来自早已处于文明程度较高的农耕社会中的朝鲜使臣看来，自然而然会产生优越之感。可以说，这种观察视角是由上而下俯视的，是充满优越性的。因此，少数民族不吃米粟而吃动物骨肉的饮食习惯，不依节拍腔调规范、率心而作的歌舞习俗，都使朝鲜使臣在心理上产生了排斥感。

此外，由于人种、民族习惯上的差异，生活在北方的少数民族在外貌、体态和行为上都令人感到"古怪"和"丑陋"，因而使朝鲜使臣产生了极深的恐惧感。可以说，郑士龙的这首诗代表了朝鲜使臣对中国东北少数民族的整体观感。虽然朝鲜在历史上也曾处于"夷"的地位，但是朝鲜民族善于学习和总结，它以中国为样板，不断吸收中华民族的先进思想和先进技术，从而加快了自身的文明进程。在他们的"自身"身份确认中，他们认为，与周边的少数民族相比，他们的文明程度已经远远超过了这些"四夷"，因此，民族自信心高度增强。在历史发展的进程中，他们不断进行自我身份的反复认证。到了明朝，这种认证已经十分明确，即朝鲜是中国文化的一个最重要和最有代表性的分支，已经不再是"四夷"的一部分了，这种情感已经成为深层的民族心理，并影响着对外界事物的道德和价值判断标准。比如尹根寿的《望红螺山》，就体现了与中国人类似的情感："严谷周遭近海滨，碧峰云外更嶙峋。何年鼠窜潜胡种，当日鹰扬尽虎臣。民意久怀华夏愤，天心已属帝王真。自从洗净腥尘后，紫塞耕业二百春。"① 明朝的建立，让朝鲜的有识之士欢欣鼓舞，在这首诗中，"胡种"、"腥尘"都是明对元政权的蔑称，这一蔑称也被朝鲜使臣沿用下来，甚至扩大到所有的少数民族之中。由于少数民族饮食习惯与中原民族不同，大量食用动物肉体等刺激性食品，会使人身上散发出浓重的体味，而这一点也是朝鲜使臣深为厌恶的，他们甚至将这种生理上的厌恶上升到心理上的厌恶："鞑子八十名入来，两街鞑子一时来会，醉噪之声，腥臊之臭，满馆可恶。"② 朝鲜使臣丁焕甚至在记录中抱怨在到达北京玉河馆后，中国将其与蒙古贡人安排在一处居住的行为："余仕本国，粗涉前史，目历代称美之言，常谓中朝之待遇我使臣必加礼貌。到今乃与犬羊共闭一圈，腥膻之气袭体熏肤，

---

① 尹根寿：《燕行录全集》卷3，《朝天录》，第230页。
② 黄中允：《燕行录全集》卷2，《西征日录》，第536页。

所见太乖所闻矣。"①

这些记载充分反映出朝鲜使臣对中国东北少数民族的厌恶和敌意。这实际上是一件非常危险的事情，一个民族以轻蔑和敌对的态度来看待其他民族，不以开放和容纳的胸怀去包容异族，很难想象会得到善意的回应。在朝鲜使臣的记录中，经常出现与其他少数民族发生冲突的记载，如苏世让就记载了使节团人员在抚宁县被"野人"殴打的事件："安自命驰来报云，诸车不得尽倒（到），被达（鞑）子殴打，世礼、宋希良等被伤，走入人家仅免。"② 苏世让的日记叙事风格十分简略，这则记载对发生冲突的原因语焉不详，但推测起来，无非是相互间的敌视所导致。朝鲜与中国山水相连，与中国东北的诸多民族都有密切的联系，而这种彼此敌视的态度是完全不利于本国的发展和对外交流的。在黄士佑的记载中，这种仇恨的情感已到了无法调和的程度："门匾额曰'朝鲜馆'，额板过半揣碎。问其故，则曰鞑子所接处则荒陋极甚，顷年，有朝贡鞑子来见此馆，忽生猜恨，以石打之，为守者所禁止云。"③ 因为朝鲜馆的条件比自己的好，这些少数民族深感明对自己的不公平，但不能也不敢将仇恨直接发泄到明朝身上，因此只能发泄到朝鲜馆上。这说明了朝鲜在明朝的地位一直是高于其他邻国和少数民族的事实，也反映出作者的自豪与骄傲。关于这一点，朝鲜使臣有强烈的民族自尊心，一旦这种自尊心被挑战，他们就会做出激烈的反应："十一日，免朝。遣通事李应星、崔世瀛于礼部誊写宗系复本而来，李应星摘题本内缘系夷人之语，请许郎中曰'本国自用夏变夷，自有来矣。今见题本有夷人之语，窃所未安，望大人酌量何如？'郎中笑而答之。即禀于尚书，改夷人二字为外国云。"④ 这段记载充分表现出朝鲜在中国镜像中对自己身份定位的认知，并表现出朝鲜强烈的民族自信心、自尊心和民族自觉性。

在这部分中，朝鲜使臣塑造的中国东北少数民族形象呈现出与其他中国人迥然不同的形象和精神面貌，其深层原因就是朝鲜使臣坚持用自己固守的"华夷观"视野去塑造明代的中国少数民族，在他们的笔下，中国少数民族的负面形象是极为鲜明和富有个性的。朝鲜使臣这种"华夷观"视

① 丁焕：《燕行录全集》卷3，《朝天录》，第100页。
② 苏世让：《燕行录全集》卷3，《阳谷赴京日记》，第409页。
③ 黄士佑：《燕行录全集》卷2，《朝天录》，第488页。
④ 黄士佑：《燕行录全集》卷2，《朝天录》，第307页。

野下的"中国观"是极为特殊的,他们所观察和塑造的中国人的形象是扭曲变形的,但同时也是符合朝鲜进行自我文化建构需要的。

第二节 "他者"的智库——儒生

朝鲜使臣在观察中国的时候,不仅观察它的外部形象,也把更多的关注放在了对中国内在形象的观察上。朝鲜和中国的关系十分特殊,经过几千年的交往交流,汉学的深刻影响已经深入到了朝鲜社会的方方面面。从中国传来的各种理论学说,经过朝鲜知识分子的选择、吸收,已经成为朝鲜思想理论体系中有机的一部分。正是在这种情况下,朝鲜使臣在观察中国的时候,就不可能不把目光放在中国的读书人身上。中国的儒生正是异国内在形象的代言人,朝鲜使臣渴望用彼此熟习的汉字来与中国的儒生进行文学交流,更渴望在中国儒生的身上窥探他们的精神世界和理论体系,从而来对照自身的理论体系是否完整与科学。

纵观中国古代的人才选拔制度,自魏晋以来,中国官员的选拔对象有严格的门第标准,大多集中在权贵阶级的子弟之中,无论子弟才能优劣都能顺利进入核心管理层,这就为那些出身低微但有真才实学的人关上了到中央和地方担任高官的大门。为了打破这种门第限制,广泛选拔全国各阶级优秀人才,从隋朝大业元年开始实行了科举制度,到光绪三十一年最后一科进士考试为止,科举制度共经历了一千三百多年的历程。科举制度发展到明朝的时候,开国君主朱元璋为了遏制思想活跃的文人,发明了科举八股文制度。从教育的角度而言,作为考试的文体,八股文从内容到形式都很死板,没有自由发挥的余地。这不仅使士人的思想受到极大的束缚,而且败坏了学风。明代的文人被八股取士制度牢牢地束缚在帝国运行的轨道之中,不过,尽管有这些严酷的限制,明代还是涌现了许多优秀的文人。

1. 两国文人的文学唱和

朝鲜深受中国文化的影响,对朝鲜文人来说,这种影响则更深远。在朝鲜社会,如果想要走得更高更远,实现读书人"齐家、治国、平天下"的传统理想,汉文是必须修习的课程。在朝鲜文学史上,汉文学与国语文学双峰并峙,是朝鲜文学的一个突出特点。朝鲜文人以学汉字、读汉文,做汉诗为荣,除了对中国文化的钦慕之外,这也与朝鲜的科举制度有关。受中国的影响,朝鲜的科举制度始于985年(高丽光宗九年),到朝鲜王朝正式予以实施。朝鲜时期的科举制度分为文科、武科及杂科，每三年举行一次"式年试"，此外还举行各种不定期的"别试"。而在文科考试中，中国的儒学经典则是主要的考试内容，如果不通晓汉文，则无从想象文人们的出身之路。因此，在朝鲜两班的文官中，许多都是精通汉文的官吏，他们可以熟练地运用汉字来创作诗歌等文学体裁。如前文所述，朝鲜使臣的另一身份是文人，因此，他们在观察中国人的时候，与知识分子的交流就被提到一个重要的位置上。在"朝天录"中，有大量的中朝两国文人以文会友、互相酬唱的记录。

朝鲜使臣李安讷于1632年（崇祯五年）以奏请副使身份出使北京的时候，遇到了孔子的第六十二代孙孔闻谭以及从曲阜来京朝贺的衍圣公孔胤植。根据他的记载，当时的孔闻谭是："号观生，乃孔子六十二代孙也。曾祖彦龄，祖承寿，万历癸巳十一月十五日生，天启壬戌科进士，时为礼部主事。"① 李安讷与孔子之后颇有缘分，早在1601年（万历二十九年），李安讷任进贺使书状官，进贺明朝讨平贵州杨应龙叛乱，到达北京之后，正好赶上万寿节，因此需要参加庆贺仪式。在朝天宫与诸多明官员共同演礼的时候，他看到了孔闻谭的父亲衍圣公孔尚贤，而且还看到了颜子之后颜伯贞，曾子之后曾承业，孟子之后孟承光，让他感到十分激动。在李安讷于1632年的这次出使中，孔闻谭的身份为礼部主事，直接负责外国使臣的接待和管理事宜，因此李安讷可以名正言顺地与孔闻谭进行交流。中朝文人之间展开了两国文人交流史上的一场重要的唱和活动。

作为深受儒家思想影响的朝鲜文人，孔子的地位是至高无上的，而此次中国之行居然能看到先圣孔子的后人，李安讷的狂喜心情是可想而知的。他首先以书面形式，即以拜帖的方式向孔闻谭进行自我介绍，以便联络感情，加深认识："万历二十八年，皇朝讨平播逆杨应龙，颁诏天下。越明年，辛丑夏，小邦遣陪臣奉表称贺，不佞以下价，来到京师。秋八月，适遇万寿圣节，进诣朝天宫，参行演仪。当其时，衍圣公尚贤，朝衣朝冠，屹然山立于公侯之列。颜子之后伯贞，曾子之后承业，孟子之后承光，亦来与贺班矣。今者，不佞适又充副价以来，而主事大人提督本馆。盛德光辉，得亲见之，其天幸尤万万矣。第未知衍圣公尚贤，今尚无恙否？而颜

① 李安讷：《燕行录全集》卷15，《朝天后录》，《上孔提督帖》，第348页。

公伯贞、曾公承业、孟公承光,亦何如也?冒昧仰禀,惶悚惶悚。"① 李安讷首先回忆了他在万历二十八年出使北京时,见到了以孔尚贤为首的诸多儒家先圣的后人,对于崇尚儒家思想的朝鲜使臣来说,这是何等的幸事!他对孔尚贤的评价是"朝衣朝冠,屹然山立于公侯之列",望之若瑞日祥云。这种印象是因为他发自内心地对孔子的尊崇而产生的,爱屋及乌,在他的心中,孔子的思想照耀后世千秋,其后人也如瑞日祥云一样光彩照人。尽管当时他以外国使臣的身份,在严肃的演礼过程中,不能冒昧而唐突地去结识孔尚贤,但孔子后人的风采给他留下了很深的印象。孔闻謤作为礼部主事,在接到李安讷的拜帖后,亲自到玉河驿馆来看望来自朝鲜的客人,回帖以拜,态度也是十分亲善的:"先圣祖夫子,殷人也,历六十四代以及先宗子衍圣公尚贤。当时获睹光彩,辄怀想箕子之墟。归语族中,以为非常之会,乃今作古人者十年所矣。即颜公伯贞、曾公承业、孟公承光,俱已先后凋谢。盛会不常,可胜悼叹。兹辱念及,高谊薄云,当令九原感激。况不佞躬逢荣戟遥临,接高贤之绪论者哉!但以功令森严,不敢修地主之仪,自惭凉凉耳。欲有俚作呈览,幸赐台号为祷。"② 他在复帖里也提到了其先祖孔尚贤与李安讷在朝天宫相遇的往事,并称其先祖对这次相遇评价极高,认为是"非常之会"。孔闻謤在回帖中告知了朝鲜使臣所关心的衍圣公孔尚贤和颜伯贞、曾承业、孟承光的现状,他们皆已去世。在回帖中,他特意提到了箕子。据司马迁的《史记》记载,商代最后一个国王纣的叔父箕子在周武王伐纣后,带着商代的礼仪和制度到达了朝鲜半岛北部,被那里的人民推举为国君,并得到周朝的承认。史称"箕子朝鲜"。箕子入朝鲜半岛不仅传去了先进的文化以及先进的农耕、养蚕、织作技术,还带入了大量的青铜器,另外还制定了"犯禁八条"这样的法律条文,以致箕子朝鲜被中原誉为"君子之国"。箕子因其品行高尚,与微子、比干一起被孔子誉为殷末"三仁"。大量中国古代典籍和朝鲜史书的记载与朝鲜出土的青铜器、陶器以及朝鲜的地面古迹三方面相互印证,都证实了箕子朝鲜的存在。自古以来,中朝两国人民都珍视这一有据可查的史实。在朝鲜有自己的历史记载以来,或者说直到 20 世纪 60 年代以前,朝鲜、韩国的史书、教科书都沿袭了这一历史事实。孔闻謤在回帖中专门提到了箕子,表现出他

---

① 李安讷:《燕行录全集》卷 15,《朝天后录》,《上孔提督帖》,第 349 页。
② 李安讷:《燕行录全集》卷 15,《朝天后录》,《复帖》,第 350 页。

对朝鲜使臣,特别是"箕子朝鲜"的这段史实十分强烈的认同感。在复帖中,孔闻謤除了解释因为"功令森严,不敢修地主之仪",也就是避免"私交"的嫌疑,请朝鲜使臣予以谅解外,同时又表达了在文学上相互唱和的意愿,这也为双方下一步的交流奠定了坚实的基础。

在朝鲜使臣以汉文造诣颇高的拜帖拉近了彼此间距离,箕子的事迹又加深了彼此的认同之后,二人又开始以汉文为载体,进行深入的文学唱和。李安讷对孔闻謤以孔子之后的尊贵身份,能够折身下交,与其平等唱和的举动十分感激:"自东周迄我皇朝世,相去千有几,自关里至我东土地,相去又几千里也。窃念不佞生于外国,前后朝京师乃得亲见大圣人之后,容色词气皆有与乡党篇中所记相合,馨折下风俨乎?若抠衣于青衿士十子之列,实一生莫大之幸也!不可无一言以志,故于是乎书。时崇祯五年壬申之岁,冬十月初八日壬申也。"[1] 这段记载真切地表达了李安讷能够与孔子之后进行文学唱和,那种不胜荣幸、不胜喜悦的心情。

为进一步表达这种喜悦的心情,应孔闻謤的要求,他特地赋诗以进:

> 辛丑曾瞻衍圣公,长身今又拜南宫。
> 大明周室千年后,曲阜箕封万里中。
> 礼乐诗书传世远,文章道德比天崇。
> 鲤生敢说通家义,独喜朝京每震衷。[2]

作者在诗中对明朝政权给予了高度的评价,认为明是承接周朝的圣治之朝,而在这个圣明的朝代之中,先圣创造的儒家的诗书礼乐、道德文章都升华到了最高点,诗人赞美明朝的情绪是发自内心的。值得注意的是,诗中提及孔闻謤与作者的这次相会,是因为对先圣的崇仰和对儒家思想的一致认同,才能克服空间上的距离。这里的"箕封"二字,再一次表明了朝鲜对自身身份的认同,即朝鲜是中华文化的一个分支,而且保存发展得十分完整。

孔闻謤依照李安讷的韵脚,《次韵》一首回赠:

---

[1] 李安讷:《燕行录全集》卷15,《朝天后录》,第350页。
[2] 李安讷:《燕行录全集》卷15,《朝天后录》,第351页。

马首幸无东，得闻赋八风。

自因骨气别，不止书文同。

午梦生春草，寒冰语夏虫。

君行谁振铎，愁我作龙鞾。①

在这首诗中，孔闻謤以十分谦虚的态度，表达了对朝鲜使臣汉文造诣的赞赏，并再次表达了对朝鲜"书文同"的认可。如果说之前的唱和有出于礼貌的因素，显得有些被动的话，那么孔闻謤在见识到李安讷的汉文造诣后，开始主动题诗赠扇，与朝鲜使臣进行唱和：

万里苍茫阻碧涛，龙门路迥倚天高。

谁知此日朝宗老，犹是当年辑玉豪。

白首不忘寻故献，青眸谬许视闲曹。

直将道德传关尹，岂但区区奏旅獒。②

在这首诗中，孔闻謤再次肯定了朝鲜虽远隔万里，但仍尊崇儒家思想的做法，同时也表达了对朝鲜能够不忘根本，前来中国追根溯源的做法的称赞。

李安讷在《敬次孔提督扇上韵》的序言中，认为孔子后裔能够曲尊折节为之唱和的原因是："此实古圣人心同天地，视天下犹一家之深意尔。"③并盛赞其为"中朝大君子"，可见其对孔子的崇拜及对孔闻謤的推爱之心。他依韵唱和，表达了他的这种心情：

远趋蝘蜓涉鲸涛，紫极红云捧日高。

执礼国朝司礼局，学诗家世出诗豪。

典形髣髴瞻前圣，词语叮咛服下曹。

归播仁风诡箕甸，帝庭今不纳西獒。④

---

① 李安讷：《燕行录全集》卷15，《朝天后录》，第353页。

② 李安讷：《燕行录全集》卷15，《朝天后录》，第356页。

③ 李安讷：《燕行录全集》卷15，《朝天后录》，第354页。

④ 李安讷：《燕行录全集》卷15，《朝天后录》，第355页。

面对朝鲜使臣这种近乎崇拜的颂扬,孔闻谦表现得十分谦虚:"虽有南楼之兴,难开北海之樽。不得已稍赋巴人,奉酬白雪,既冒蛇蚓之讥,亦露足出之丑,第以志遭逢之奇,纪壮游之盛云尔。"①

经过几轮的唱和,两人惺惺相惜,感情不断加深,在冬至贺礼结束后,李安讷再次表达了自己能与圣人之后唱和的荣幸感:

> 子半阳生叶令辰,帝城风候暖如春。
> 扶桑瑞旭升黄道,析木祥云拥紫宸。
> 四海一家周化远,万官三祝汉仪新。
> 青丘白发闻天乐,拜舞龙墀颂圣神。②

李安讷在诗中又一次表达了对明政权正统性质的赞颂,认为是儒家思想的教化才使得四海一家,对此,孔闻谦予以热烈的回应,依韵和诗:

> 峻狼脩景启昌辰,上苑丹枫暗度春。
> 香雾带楼纷宝篆,银潢锦册灿中宸。
> 班严九列嵩山近,光被八荒天表新。
> 共对一阳钦舜历,千秋万祀拱明神。③

根据李安讷的记载,两人一共进行了五轮的唱和,二人惺惺相惜,摒弃了彼此的官员身份,以文学为交流载体,为中朝文人交流史留下了一段佳话。

李安讷在北京期间,又结识了孔子六十五代孙——衍圣公孔胤植,孔胤植当时自曲阜阙里来京,参加正朝贺礼。朝鲜使臣与之相识,并进行了文学上的唱和。李安讷首先在拜帖《上衍圣公》叙述了他与前任衍圣公孔尚贤之交游,与礼部主事、提督玉河馆孔闻谦唱和的事迹,并表达了自己与孔氏唱和之荣遇:"窃念生于外藩,获观上国者,千百世千百人中,仅有十一焉,况其再乎?其到上国,获接大圣人洪胄者,又仅一二焉,况能其

---

① 李安讷:《燕行录全集》卷 15,《朝天后录》,《元韵》,第 356 页。
② 李安讷:《燕行录全集》卷 15,《朝天后录》,第 355 页。
③ 李安讷:《燕行录全集》卷 15,《朝天后录》,第 359 页。

再乎？某生年今六十有三矣，三十年之前，既幸而得人所仅十一者，与夫仅一二者。三十年之后，又得人所仅一二者至再焉，其为幸之又幸，固不可以胜道也。至于迎送拜起、命茶展叙之间，俱执宾主之礼，尤非梦寐所尝及也。欣踊歆欢，无任感悚之至。谨献近体诗一篇，用述盛事。冀露微志，狂僭猥渎，俟罪俟罪。"① 朝鲜使臣以诗相赠：

> 玄胄堂堂系素王，桓圭世爵焕彝章。
> 参三道绍诗书易，主一心传舜禹汤。
> 辛丑年中仰先烈，承天门下接清光。
> 腐儒旷代叨荣遇，归诧东韩激面墙。②

孔胤植也依原韵而次韵和之：

> 翩翩使命识贤王，恪共由来循旧章。
> 曾美真传明禹范，自惭余系接殷汤。
> 海东霁日承春意，燕峤晴云映雪光。
> 微末敢云同祖德，依然三命自循墙。③

从以上记载来看，朝鲜使臣在与孔子后人进行交流时，采用了中国诗歌中难度比较大的依韵唱和的方式，这表现了朝鲜文人高超的诗歌技巧。事实上，如果将一些朝鲜文人创作的汉文诗匿名收入中国的诗集中，无论是诗歌技巧、思想感情，还是是用典用章，都有可能让中国诗评者感受不到这是来自异国的手笔，如崔致远，如李廷龟，如金尚宪。而诗文唱和中两国文人频频提到的箕子、禹范等事迹，又是对目前出于狭隘民族主义情感或其他不可告人的目的，否认箕子朝鲜这段历史存在的极个别朝鲜、韩国学者观点的一个强有力的回击。另一方面，我们不难看出，由于中国与朝鲜半岛特殊的地缘关系和长期的友好往来，朝鲜半岛长期受到以孔子为代表的儒家思想的影响，朝鲜的文人、士大夫对孔子的故里曲阜以及孔子

---

① 李安讷：《燕行录全集》卷 15，《朝天后录》，第 363 页。
② 李安讷：《燕行录全集》卷 15，《朝天后录》，第 364 页。
③ 李安讷：《燕行录全集》卷 15，《朝天后录》，第 364 页。

的后裔真是发自内心的钦敬和仰慕。李安讷作为朝鲜使节曾先后两次来华,更是如此。他与两代衍圣公孔尚贤、孔胤植以及礼部主事——孔子六十二孙孔闻谤的交游、唱和,在中朝友好交流史上留下了一页灿烂的华章,更是在朝鲜士林中被传为盛事。李安讷诗中所言"四海一家周化远,万官三祝汉仪新",这"四海一家"、"周化"、"汉仪"等词语的运用,都让我们深深地感受到中朝两国之间的文化认同。正是这种民族心理的文化认同,才使中国与朝鲜半岛千百年来一直是唇齿相依的友好邻邦。

1644年明朝灭亡后,在清政权与南明政权的战争中,清朝统治者为了达到削弱汉人的民族认同感,以便于维护满族贵族统治的目的,大力推行满族发型和满族服装,并以残酷的手段禁止人民穿戴汉族服饰,史称"剃发易服",使得明代的汉服逐渐消亡。李安讷记载中重点书写的孔闻谤曾上书多尔衮,请求保存孔府家的服饰,但却遭到了多尔衮的拒绝,也被迫改服剃发。孔子之后居然落得这般境遇,这是朝鲜文人难以接受的,这恐怕也是朝鲜对清政权充满恶感的一个原因。事实上,明朝灭亡之后,清朝接替明朝成为朝鲜的宗主国后,尽管朝鲜一如既往地派出各种使节出使清朝,完成各种政治使命,实现各种政治诉求,但是,朝鲜并没有像明初建时主动请服,来从服饰上接受满族的服装,承认其合法性,而是继续沿用明朝的服饰,这也充分说明朝鲜对"华夷观"的执着与固守。而清统治者出于加强边境稳定、深化两国友好关系的角度出发,对朝鲜沿用明服的做法给予了极大的宽容。因此,在朝鲜使臣出使清朝的沿途上,会出现这样的奇异景象:在众多着满族服装、梳满族发型的中国人中,朝鲜使臣宽袍大袖,拖裙盛冠,与衣袖短窄、素朴肃穆的满族旗装形成极其鲜明的对比。许多对明政权有深厚感情的官民,在见到朝鲜使臣所固守的明代服饰后,莫不感触万千,甚至涕泪交流。1649年(顺治六年),朝鲜使臣郑太和出使清朝,留下了这样的记载:"尚书曹姓汉人押宴,见吾冠带,凝泪满框。"[1] 朝鲜麟坪大君于1656年(顺治十三年)途经山海关时:"市肆行人见使行服着,有感于汉朝衣冠,至有垂泪者,此必汉人,诚可惨怜。"[2] 改服易冠是朝鲜对于中国政权认可的一个明显标志,而明亡后,朝鲜仍坚持沿袭明服,充分说明了在清建立初期,朝鲜对于清政权的不信任

---

① 《阳坡朝天日记》,第106页。

② 《燕途记行》,第221页。

和不认可。可悲的是,随着时间的推移,朝鲜使臣所坚持穿戴的明服,却渐渐不为久被清帝国统治的中国人所认识。1765 年(乾隆三十年),朝鲜使臣洪大容出使北京,李姓太常寺少卿前来询问:"贵处衣服是遵何代之制?"而另一个叫周应文的读书人更好奇地问:"贵处衣冠可是箕子遗制否?"① 很明显,清帝国统治下的中国官员和文人对本属于汉民族的衣冠已经不熟悉甚至陌生了。

朝鲜使臣精通汉文,可以用汉文写作并抒发感情,因此,在他们与中国文人进行接触的时候,诗歌以其优美的语言和丰富隐晦的情感等特点,成了两国文人交往的首选体裁。1626 年(天启六年),朝鲜使臣金尚宪出使明朝,此次出使,金尚宪采用了海路的行走方式,其路线为从朝鲜出发,渡海至登州,经山东境内一路北上前往北京。其弃陆路采用海路的原因是中国东北后金势力崛起,阻断了原有的陆地贡道。在山东登州,他结识了中国文人吴大斌,关于二人是如何结识的,在他的记载中并没有予以说明,不过从二人唱和的诗歌内容来看,他们之间有很深厚的友谊。关于吴大斌的相关情况,金尚宪在诗歌的题注中有所透露:"越人吴大斌久居辽东,避乱来住登州,号晴川。"② 从这段记载中,我们可以看出,吴大斌是南方人,曾在辽东地区定居,因战乱而迁往山东。1618 年(万历四十六年)四月起,努尔哈赤指挥后金大军,先后攻克了明朝的辽东要镇抚顺、开原、铁岭,并取得了萨尔浒大捷,歼灭了明朝在辽东地区的有生力量。1622 年(天启二年)正月,努尔哈赤攻克辽东的军事重镇广宁,1625 年(天启五年)迁国都于沈阳。此时,后金领袖努尔哈赤完全扫除了明朝在辽东地区的势力。就是在这样的背景下,吴大斌为躲避战乱而来到了山东登州,他的遭遇也反映了在后金与明的战争中,人民流离失所的悲惨现实。家乡沦陷,家人生死未卜,吴大斌的悲伤与愁苦自是难以言说:"凄凄切切不胜情,恍惚梅花美月明。莫问故乡音信断,东风一夜到边城。"③ 这首诗歌充分反映出战争给人民带来的痛苦,而吴大斌是一个读书人,对这种国破家亡的沉痛感触则尤为深沉。他在诗歌中采用的月亮的意象,充分表达出对家乡的思念和国事的忧心。金尚宪作为一个朝鲜人,对明朝的感情十分深厚,无论在

---

① 《燕记·湛轩书外集》,第 95 页、第 102 页。
② 金尚宪:《燕行录全集》卷 13,《朝天录》,《次吴晴川绝句》,第 280 页。
③ 金尚宪:《燕行录全集》卷 13,《朝天录》,第 281 页。

政治上还是从军事上都站在了明朝的立场上。作为"夷"的女真,文明程度远远低于朝鲜,因此,金尚宪同样对后金入侵辽东充满了仇恨,在这种共同情感的基础上,他对吴大斌的遭遇寄予了深切的同情:"离居悄悄易伤情,更值清秋月正明。何处西风吹玉笛,一时流恨满江城。"① 金尚宪与吴大斌的诗歌酬唱采用了"次韵"的方式,次韵是古文人"和韵"的一种格式,又叫"步韵",它要求作者用所和的诗的原韵原字,其先后次序也与被和的诗相同,是和诗中限制最严格的一种。金尚宪采用"次韵"的方式,其目的一是可以更好地表达对吴大斌的思想感情,二是通过这种方式可以显示自己的才华,从而在文学交往中取得平等的地位。纵观整个"朝天录",在朝鲜使臣与中国文人的唱和交往中,这种"次韵"方式比较普遍,这也可以窥出朝鲜使臣在与中国文人交往过程中微妙的心理。一方面是对中国文人的才华和所学正宗的羡慕;另一方面则是朝鲜虽为汉学的后学,但采用诗歌中这种难度较高的"次韵"方式,可以显示本国汉学的水平,从而拉近彼此的心理距离,不让对方产生轻视的心理。金尚宪在为吴大斌的著作《辽海遗踪》做后序时,明确表明了自己对明朝的态度和自己的立场:"辽之与鲜,隔一衣带,同仁之内,四海兄弟。今睹吴晴川先生辽海遗踪一编,抚迹起兴,增豪剧俊,咏其诗,想其境,感慨怀旧,自不觉潸焉泣涕。"② 金尚宪充分表明了自己对明的认同感,在儒家思想的维系下,无论明朝还是朝鲜,都是一家人,都是兄弟手足。在这样的感情基础上,他自然而然会对吴大斌的悲惨遭遇而"心有戚戚焉"。他还对未来的军事发展充满了乐观的态度:"方今圣德日新,群贤辅佐,殊方不庭,自格于两阶之下,彼蕞尔丑虏,假气游魂,可不月而扫除矣。"③ 金尚宪的这种态度实际上代表了朝鲜整体的观点,即胡运不能长久,在明强大的军事力量的打击下,一时作乱的"蕞尔丑虏"只会落个可耻的失败立场。实际上,这种对当前局势盲目乐观的态度也影响了朝鲜对国际形势的判断。通过与吴大斌的交往,金尚宪认为他是一个会取得成就的人,绝不会久居人下:"虽然登高能赋可以为大夫,岂有有才如晴川而终屈于圣明之世者乎?将见朝廷举宾王,幕府采柏耆,以裨庙算而替武功。献平辽之雅,配诗人之美,丹青

---

① 金尚宪:《燕行录全集》卷13,《朝天录》,第280页。
② 金尚宪:《燕行录全集》卷13,《朝天录》,第282页。
③ 金尚宪:《燕行录全集》卷13,《朝天录》,第283页。

竹帛，永图不朽，故里遗踪又奚暇寻也？此则天下之同庆，非不佞所独私贺者，斯拱以矣之耳！"① 金尚宪对吴大斌进行了热情的鼓励，为他绘制了美好的前景，并劝诫他应该以自己的才华为自己谋取报效国家的出身之路，确实有手足之间对话的温馨气氛。

在分别时，金尚宪的诗歌充分反映了两人之间深厚的友谊：

会稽山水秀而清，清淑之气中豪英。
中有玉立晴川翁，长身白眉仍青瞳。
意气峥嵘隘区宇，才华俊逸凌徐庾。
汉代相如差可伍，燕家郭隗何须数。
金台已墟梁苑空，万里飘飘客辽东。
辽东城入犬羊天，避地东牟又三年。
他乡为客风俗薄，故国思归音信隔。
箧里诗篇富恒溢，床头酒钱贫屡缺。
世上不乏有心人，一朝契合如有神。
三韩使节蓬莱岛，倾盖论交一倾倒。
把君之袂执君手，为君沽酒向君寿。
君不见东京名士梁伯鸾，栖栖庑下饥且寒。
君不见四海文章李谪仙，白首长歌行路难。
当时富贵谁记某，独有斯人名不朽。
请君尽醉扫苛礼，人生落地皆兄弟。
明朝别后燕山道，黄筑白云愁欲老。②

金尚宪熟知中国的历史典故，这首诗先后用倾盖论交、梁伯鸾、李白的故事来鼓励这个异国的知己奋发图强，并表达了自己依依不舍的情感。他的诗歌意境高远，语词优美，诗中流露出的真挚感情令人感动。

金尚宪此次出使北京，途经济南，还与御史张延登一家结下文缘，二人相见恨晚，张延登还特地为他序刻了《朝天录》一卷。张延登是清代名士王士祯的妻祖，王士祯格外珍视妻祖与朝鲜文坛的这段文缘，张延登和

---

① 金尚宪：《燕行录全集》卷13，《朝天录》，第283页。
② 金尚宪：《燕行录全集》卷13，《朝天录》，第290页。

金尚宪之间相互交往的记载,对他了解朝鲜文坛的情况起到了很大的作用。朝鲜使臣也留下了二人交往的记录:"张延登,齐人,明之宰相。而王阮亭士禛之妻祖也。清阴先生水路朝京时,与张甚好,张为刻《朝天录》而序之,清阴集亦载之。"① 名重当代的王士禛对金尚宪的诗颇为推重,并在评论其诗学成就的论诗绝句中加以引用:"澹云微雨小姑祠,菊秀兰衰八月时。记得朝鲜使臣语,果然东国解声诗。"② 绝句中的前两句引用的是金尚宪的诗句,王士禛在引用时对原诗的词句做了进一步的推敲和润色,将金尚宪原诗中的"轻雨"改为"微雨",将"佳菊衰兰"改为"菊秀兰衰"。由此可以看出,金尚宪的诗给王士禛留下了深刻的印象。王士禛在《论诗绝句三十二首》中收入了金尚宪的诗歌,他在《池北偶谈》和《渔洋诗话》等著作中多次评论金尚宪的诗歌和其著作《朝天录》,给予了高度的重视:"阮亭《池北偶谈》详言之。且抄载清阴佳句数十,盛言格品之矣。阮亭又晚年,辑明末清初故老诗,为《感旧集》八卷,起虞山钱谦益,止其兄考工郎王士禄,清阴诗亦入。"③

朝鲜使臣亲近中国文人,目的当然是彼此间切磋文学,检验自己的汉学水平,共同印证汉文学的博大精深,他们采用诗歌酬唱的方式,互相探讨诗歌技法,抒发内心情感,并结下了深厚的友谊。朝鲜使臣还着重于挖掘中国文人的精神世界。中朝两国文人同受汉文学的熏陶,在汉文化圈的大环境下,两国知识分子也有相通或类似的内心世界,一旦彼此的内心世界产生共鸣,朝鲜使臣就会予以高度的关注。朝鲜使臣李安讷甚至演绎了一段与中国文人世代交好的佳话。1601 年(万历二十一年),李安讷出使中国,在山海关,他结识了赵鹗,在他的记载中,赵鹗是这样进行自我介绍的:"鄙人姓赵,名鹗,字子荐,号云野,山海人。由岁贡第一,万历四年,除授曲阳县儒学训导,七年,升山东招远县教谕,十二年,升真定府深州学正,十五年,升登州府教授,十七年,移阜平县知县。仆性秉质实,不会逢迎,且仁慈宽厚,刑罚不敢烂施,以致朝觐大查,谓仆才力不及。至万历十九年,致仕旋家,今归田园十载余矣。幸有两子在学继业,长名以旌,年三十九,次子以旅,年二十七。孙五人,国璧、国玺、国雍、国

---

① 李德懋:《青庄馆全书》卷 63,《天涯知己书》。
② 李德懋:《青庄馆全书》卷 34,《清脾录》,王阮亭。
③ 李德懋:《青庄馆全书》卷 63,《天涯知己书》。

鎏、国璺，上二人，生员，下三人，尚幼。重孙一，今岁正月念九日生。仆今岁七十三，乙丑六月初十日生，因问及，不敢不书，亦不敢妄言。仆素不能诗，姑书此以赠，幸收执，以为后日之念也。"① 从这段记载来看，赵鹦是一个不得志的小官员，关于不得志的原因，赵鹦将其归结为自己秉性忠厚，不擅长可能也不愿意进行官场上的迎来送往，再加上不敢乱施刑罚以伤害百姓，最终只好辞职回家。至于他说自己"素不能诗"，很可能是他的自谦，因为中国的知识分子多以谦虚内敛为修身立世的美德，否则很难解释他怎么能在岁贡中，即地方贡入国子监的生员中排名第一。那为什么朝鲜使臣对他要加以特别的关注呢？李安讷的这首诗很能解释这个问题："赵公年七十，白发面如丹。笔下前人曲，胸中万卷蟠。吏材居贡首，儒术擅朝端。国宝仍藏椟，名程早挂冠。后身彭泽令，当日广文官。种菊开三径，鸣琴乐一箪。骨清仙鹤瘦，心洁一壶寒。一识真知幸，重逢得尽欢。松醪频凸斝，山果正堆盘。摇落燕霜冷，淹留蓟月圆。弊袍愁岁晏，羸马切途难。雅论烦相慰，羁怀赖自宽。塞烟衰草暗，戍角晓星残。信宿情偏重，离违涕欲汍。东来有使节，时来报平安"。②

诗歌中，李安讷先后使用了"彭泽令"、"种菊"等两国文人熟知的典故，暗示了赵鹦辞官归隐田园的真正原因，赵鹦就像朝鲜文人所崇敬的陶渊明一样，不为五斗米折腰，归隐是追求心灵的真正自由。陶渊明直到二十九岁才出仕为官，但终其一生，他所做的也不过是祭酒、参军、县丞一类的芝麻小官，不仅壮志无法施展，而且不得不在苟合取安中降志辱身，和一些官场人物虚与委蛇。而赵鹦的经历与陶渊明相仿佛，也是一生官职低微，不擅官场上的迎来送往，最后毅然回归田园。陶渊明是备受朝鲜文人推崇的中国文人之一，在朝鲜文坛有巨大的影响，其作品集《陶渊明集》在高丽时期传入朝鲜半岛，"在《归去来辞》的流传史上，海东之人所表现出的崇仰之情甚为浓烈，从高丽中期到李朝之末，赞评之语与拟效之篇源源不断。"③ 许多朝鲜文人也创作和陶诗，寄托自己对陶渊明高洁人品的敬慕和对其归隐自然的选择、归隐生活方式、追求心灵自由精神的向往。这不仅说明了陶渊明诗歌的艺术魅力和诗歌价值，也说明了朝鲜诗人对陶诗

---

① 李安讷：《燕行录全集》卷 15，《朝天录》，第 169 页。

② 李安讷：《燕行录全集》卷 15，《朝天录》，《书赠赵云野五言长诗十五韵》，第 169 页。

③ 曹虹：《陶渊明〈归去来辞〉与韩国汉文学》，《南京大学学报（哲学·人文科学·社会科学版）》2001 年第 6 期。

中所透溢的隐德、隐趣、诗艺、诗风及其诗歌艺术精神的尊崇和肯定。李安讷出仕期间，耳闻目睹了太多的官场沉浮，伴君如伴虎的战兢心情始终伴其左右，在这种心态之下，陶渊明回归田园，追求精神自由的思想和举动对他有很大的影响。因此，当他结识赵崿，并了解其仕途经历后，发现自身的遭遇与赵崿有相似之处，而赵崿"采菊东篱下"的做法又契合了陶渊明的思想境界，因此，他既对赵崿的遭遇报以同情，发出"国宝仍藏椟，名程早挂冠"的怀才不遇的浩叹，又对赵崿"种菊开三径，鸣琴乐一箪"飘逸出尘的思想境界十分羡慕。赵崿的思想境界与他产生了共鸣，使其将赵引为知音。他先后用"摇落"、"淹留"、"弊袍"、"嬴马"、"衰草"、"晓星"等隐晦的诗歌意象表达了自己的复杂心情，并表达了对赵崿的无比关心："东来有使节，时来报平安"。

李安讷十分重视与赵崿的忘年友谊，赠诗以表达自己依依不舍的感情："邂逅前后定有期，异乡颜面莫相疑。从来四海皆兄弟，况复三韩自父师。逸气飘然倾盖地，奇游况若泛槎时。明朝一别还千里，愿得新诗慰所思"[1]，诗人借用"倾盖如故"的典故来表达自己两人之间的深厚友情。值得注意的是，他在诗中提到了"三韩自父师"，"三韩"是朝鲜的代称，诗人将中国比作父亲和师傅，是对中国文化正统性的认可，联系上文所论述的诗人与孔闻谍的唱和，可以看出，明代时出使中国的朝鲜使臣既承认明政权的正统性，又认可汉文化圈中中国文化的宗主性。这是朝鲜使臣与中国儒生交流中一个比较明显的特征。令人遗憾的是，如果这种传统能够延续到今日，中韩之间也就不会出现一些文化冲突的事件。赵崿归隐田园后，大概是道家清静无为的思想对他的影响，他甚至信奉了道教，崇尚儒家思想的李安讷对此似乎也并不反感，这也说明了李朝时代朝鲜知识分子思想的复杂性："山海城西店，重来似旧邻。道人偏爱士，高榻惯迎宾。屋角霜华重，墙根菊药新。烧香三夜话，临别各伤神。"[2] 这是诗人在完成了北京使行的政治任务后，返程途中路过山海关而作。诗人化用了"海内存知己，天涯若比邻"的诗句，意味深长，赵崿热情地接待了这位异国忘年小友，联席夜话，友谊在畅谈中不断升华，也为中朝文人交流史留下了充满温馨的一笔。

---

① 李安讷：《燕行录全集》卷15，《朝天录》，第 169 页。
② 李安讷：《燕行录全集》卷15，《朝天录》，《重赠赵云野先生》，第 213 页。

　　时间在不停地流逝，1632年（崇祯五年），李安讷再次出使中国，当年的翩翩少年已经变成了白发老翁："三十年前鬓如漆，走马九月朝天回。三十年后鬓如雪，乘槎九月朝天来。"① 三十多年的光阴流转让诗人心中充满了感慨，山海关景物依旧，只是当年的故人早已经驾鹤西游。但令他感动的是，赵鹦的后人仍然记得自己的祖先与朝鲜使臣交好的事迹，特地前来探望，也让他对好友赵鹦的后人情况有所了解："山海关内，云野赵公鹦，乃旧时主人翁也。云野暨其子以旃、以旂，孙国璧、国瑿、国璺，皆已殁。国璧，乃以旃长男也，生一男调元，字显吾，年今三十二岁，系武生。以旃次男壅，今改名锦，字德恒，年今三十三岁，系庠生。生二男，长曰世涧，次曰世法。以旂之子国玺，今改名钺，字德溥，年今三十五岁，系廪生，生二男，长曰世泽，次曰世沛。时在云野所居之里，钺闻余至，辄来相仿，因折其庐旧种菊花，见慰旅次，意甚勤款，聊题近体诗一首以谢之。"② 令诗人欣慰的是，赵鹦的后代人丁兴旺，其孙子赵钺特意来访，并带上赵鹦最喜欢的菊花相赠故人，这一细节实在是读懂了自己祖父和朝鲜使臣的深厚友谊。诗人称赞赵鹦后人的知书达礼，并题诗以赠，将两国文人的友谊延续到了后代："执玉西来入帝州，东庄下榻许淹留。一家父子今三世，万历山河又九秋。独客形骸元土木，诸孙诗礼是箕裘。逢君最喜高风在，手把黄花慰白头。"③

　　故人仙去，物是人非，李安讷的心情无比悲伤，他踯躅在赵家的旧宅中，回想着与赵鹦交往的种种往事，睹物思人，倍感黯然神伤："老郎曾入汉关初，云野先生此接裾。黄卷圣贤承世业，青衿子弟冠乡间。清樽送客求新句，远路逢人寄异书。三十二年身再到，菊花依旧照空庐。"④ 诗人以深沉的情感，回顾了他与赵鹦的深厚友情，这种友情并没有因为国别、地理等因素的限制而淡化，而是历久弥新，赵鹦"远路逢人寄异书"的举动更是令人感动不已，这种跨越年龄、民族、地域的异国间的文人友谊，这种跨越三世的文人情谊，堪称中朝文人交流史上的一段佳话。在诗的最后，"菊花依旧照空庐"一句颇有"桃花依旧笑春风"的神韵，充分显示了诗人悲伤、惆怅的复杂情感。

---

①　李安讷：《燕行录全集》卷15，《朝天录》，《二十二日丁巳如山海关》，第213页。
②　李安讷：《燕行录全集》卷15，《朝天后录》，《题赵秀才钺》，第301页。
③　李安讷：《燕行录全集》卷15，《朝天后录》，《题赵秀才钺》，第301页。
④　李安讷：《燕行录全集》卷15，《朝天后录》，《题赵云野旧宅》，第303页。

2. 两国文人的"心学"之辩及国子监儒生

除了文学上的交流与切磋之外,在朝鲜使臣与中国文人的接触中,最值得注意的是彼此间思想上的碰撞,这些与朝鲜使臣进行思想交流的中国文人呈现出与其他中国文人截然不同的精神面貌和鲜明的个性特征。如前所述,程朱理学在传入朝鲜之后,经过许多宏学大儒不遗余力的传播弘扬,在朝鲜朝时期,已经成为朝鲜绝对的统治思想,朝鲜朝统治者利用程朱理学来巩固其统治。因此,朝鲜朝的知识分子无不奉程朱理学为圭臬,在他们心中,学自中国的程朱理学是最科学、最完美的思想,任何对其的怀疑和叛逆都属于大逆不道的行为。因此,他们的思想日趋僵化与保守。而在明朝,学术思想的发展却远远超过了朝鲜。明朝初年,宋时盛极一时的程朱理学由于明朝统治者采取八股取士和出版《性理大全》,而一度停滞不前。宣德以降,明朝政治中衰,吏治、士风渐颓,士大夫迂腐庸俗,因循守旧而无所作为。思想界更是陈陈相因,犹如一潭死水,作为官方正统思想的程朱理学已经日益衰落。于是一些清醒的士人开始进行各种新的探索,王守仁就是其中重要的代表人物。王守仁世称阳明先生,故其学说为"阳明学"。他继承了陆九渊"心即理也"的学说,并且受到佛教禅宗的影响。他反对当时时已被看作封建道德准则的"心外之理",认为理不是客观存在的东西,也不是圣人能制造出来的。他主张心是万物之主,"心外无物,心外无事,心外无理,心外无义,心外无善"[1],理存在于每个人的心中。因此"阳明学"又被称为"心学"。在认识论上,王阳明坚持了孟子不虑而知、不学而能的良知良能学说,并进一步用"致良知"的观点来加以阐述。他认为,我心的良知,就是天理;把我心的良知所构成的天理加在一切事物上,一切事物都得到其理。王阳明批评宗法程朱理学的士人"从册子上钻研,名物上考索,形迹上比拟"、即使"知愈广,而人欲愈滋,才力愈多,而天理愈蔽"[2]。王阳明以格竹子为例,指出朱学的烦琐。他认为,有限的人生,如何能尽格天下之物?即使格尽天下之物,又如何能与心中之"理"统一呢?圣人的仁、义、礼、智、信,又如何与一草一木之理同步呢?王阳明摒弃了格物中之"理"的做法,只格心中之"理",在内心用功夫。他强调用切实的身心修养替代风行已久的虚伪说教。针对明代士大夫言行不

---

① 《王文成公全书》卷4。

② 王守仁:《传习录》(上),中华书局,1977。

一的风气,王阳明还提出了"知行合一"学说,反对当时时髦的理学家只把程朱语录、名言、格言挂在口头而不身体力行的做法。王阳明的批判矛头直接指向程朱理学,在反对程朱理学的传统束缚和启发人进行大胆思考等方面,起到了积极的作用。正德、嘉靖以后,阳明心学广泛传播,弟子遍布天下,逐渐形成浙中、南中、楚中、北方、粤、闽等流派,对当时的读书人产生了极大的影响,也对程朱理学产生了巨大的冲击。可以想见,笃信程朱理学的朝鲜使臣对王阳明的思想该有多大的抵触,而中朝两国儒生的思想碰撞又该有多么的激烈!

由于王守仁学术上的巨大成就,在王阳明逝后,隆庆元年,王学门人徐阶任首辅,御史耿定向等人请以王守仁从祀孔庙。对读书人来说,死后能够从祀孔庙,是最高的荣誉,是多少人梦寐以求的。但是,由于王阳明的学说撼动了程朱理学的正统地位,也招致了许多读书人的批评和反对,因此,此次议阳明从祀无疾而终。神宋即位后,都御史徐轼、给事中赵参鲁等人,各疏言王守仁宜于从祀,但仍然遭到了一些士大夫的反对,双方进行了激烈的辩论。但在明神宗的首肯之下,王阳明最终还是得以从祀文庙。

正是在王守仁从祀之事被哄传天下的背景之下,1574 年(万历二年),朝鲜使臣许篈出使中国,对程朱理学十分尊崇的他,自然也听说了此事。因此,与中国的儒生进行近距离的接触,共同探讨王阳明心学的真伪就成了他此行最大的目的。他在游览国子监时,在乐育堂中,结识了贺盛时、贺盛寿、魏自强、吕冲和等四名生员,于是,一场激烈的思想交锋随之展开。简短寒暄之后,许篈率先发难:"仆窃闻今日王守仁之邪说盛行,孔孟之道忧而不明云,岂道之将亡而然耶?愿核其异同明示可否?四人答曰:本朝阳明老先生学宗孔孟,非邪说害道者。比且文章、功业俱有可观,为近世所宗,已从祀孔庙矣。公之所闻意者,伪学之说惑之也。"[1] 许篈的态度可谓咄咄逼人,他直接将阳明学说定位为"邪说",并指出其巨大的危害性,认为如果纵容其继续发展,孔孟之道会走向灭亡。但是四名生员毫不示弱,用王阳明学宗孔孟来驳斥许篈的"邪说"论,并对许篈的说法表示怀疑,认为他才是受了"伪说"的迷惑。许篈在历数许鲁斋、薛文清、贺钦等理学大家以力证程朱理学的正确后,直接对王阳明进行了批判:"独王

---

① 许篈:《燕行录全集》卷 6,《朝天记》,第 120 页。

守仁者掇拾陆氏之余，公肆谤诋，更定大学章句，其言至曰：'苟不合于吾，则虽其言之出于孔子，吾不敢以为信然也。'推得此心，何所不至？王守仁若生于三代之前，则必服造言乱民之诛矣。孔子曰：'小人者侮大人之言'，其守仁之谓欤？"① 言谈中，许篈流露出对王守仁浓厚的敌意，对王守仁的学说直接否定朱子理学的行径，甚至可以说是产生了刻骨的仇恨。他引用孔子的话来对王阳明予以定性，也是对生员们的回击。这段记载还流露出他对明学风的失望：王阳明的学说竟然得到官方的支持，可见此时明的学风已经彻底堕落。他针对生员们所崇尚的王阳明的文章和功业从理论上给予了批判："夫守仁之学本出于释，改头换面以文其诈，明者见之，当自败露，诸君子特未深考之耳。守仁之所论著，仆皆一一精察而细核，非泛然传闻之比也。公所谓文章事业，仆亦未之闻也。其事业指破灭宸濠一事乎？此战之捷亦守仁仗皇灵而能胜之耳。"② 应该说，许篈对王阳明的思想还是有所了解的，他看出了王阳明思想中佛教思想的痕迹，但他据此判定阳明思想为佛学，未免偏颇。在这种偏颇的思想指引下，他将王守仁曾讨灭朱宸濠叛乱的功绩也一概抹杀，认为是皇灵庇护才使之成功。他对中国居然要将王守仁配享文庙感到痛心疾首："若使夫子有灵，必羞于与之同食矣。且吕先生乃东莱贤孙，东莱平日与朱子共排，子静无遗力。而为子孙者乃不能仰体祖先之意，其可谓无忝乎哉？噫！守仁之从祀与王安石、王雱之配享何以异乎？行当毁撤，必不能久于天地间也。"③ 许篈不仅对欲将王阳明配享文庙的行为予以斥责，甚至对吕冲和身为理学名家之后而居然笃信阳明心学给予批评，认为这是最大的不孝之举。但是，四名生员对许篈的激烈言辞不以为然："从祀孔庙，乃在朝诸君子与议，非山林僻见也。且学以良知良能为说，非有心德者孰能知之？所闻不若所见之为真，诸君特未之察耳。"④ 生员们的回答隐约流露出对许篈等人的轻蔑，他们认为王阳明配享是经过国家慎重考虑和研究的，而良知良能的提法，对解放被拘泥于理学束缚的读书人的思想有巨大的作用。虽然朝鲜秉承中国文化，但仅凭传闻就轻易地将王阳明及其学说予以定性，实在属于"非有心德者"的愚蠢行为。双方的观点根本就是针锋相对的，话不投机，不欢而散。中

---

① 许篈：《燕行录全集》卷6，《朝天记》，第122页。

② 许篈：《燕行录全集》卷6，《朝天记》，第122页。

③ 许篈：《燕行录全集》卷6，《朝天记》，第123页。

④ 许篈：《燕行录全集》卷6，《朝天记》，第124页。

国古人云"道不同不相为谋",而这个"道",是中朝两国文人非常看重的,甚至可以牺牲生命来予以捍卫,因此这场交锋十分激烈。关于这场思想上的碰撞,许篈感到十分失落,并初步感觉到了自己信奉的程朱理学与心学之间的不可调和:"古云道不同不相与谋,我宗朱门,君耽王学,尔月斯迈,我日斯征,终无可望于必同也。"①

第二次关于心学的论辩发生在他与国子监监生叶本之间。许篈对国子监的那场辩论耿耿于怀,因此,在与叶本相识之后,许篈首先试探性地询问了他最关心的王阳明从祀文庙一事,笃信心学的叶本对王阳明的成就给予了高度评价:"天赋挺秀,学识深纯,阐明良知圣学,又有攘外安内之功。"② 在得知叶本对王阳明从祀的肯定态度后,许篈立即开诚布公,表明了明确的反对态度:"阳明之所论著,篈尝略窥一二矣,千言万语,无非玄妙奇怖之谈,张皇震耀之辨,自以为独得焉。至曰如其不合吾意,则虽其言之出于孔子,则吾不敢以为信然,此其猝迫强戾之态极矣。"③ 许篈再次向叶本阐明了自己对阳明心学的看法:"且世所推阳明者,以其良知一说也,而愚窃惑焉。夫所谓良知者云,乃天理本然之妙,而人皆知爱其亲,敬其长,则凡为学舍良知,别无寻讨处矣。但人之生也,气质物语,渊薮交攻,而天理之本然者晦。故圣贤教人,必也居敬以立其本,格物以致其知,然后可以明人伦,而成圣学也。今如阳明之说,则是弃事物,废书册,兀然独坐,祈其有得于万一也。焉是有理哉?此阳明所以为释氏之流,而不得可以训者也。吾子其思之。"④ 许篈以程朱理学中的"居敬以立其本"、"格物以致其知"等观点针锋相对地来批判王阳明心学中的"致良知"、"知行合一"的观点,并表示王守仁对朱子的怀疑态度是他无法容忍的。但叶本并不同意他把心学比作释学,向他指出了认识上的错误:"阳明之学为近于禅者,以其独言良知而未及于良能,故也。良知即体良,能即用岂不以体而未及于良能而用自行乎?若禅则外身心事物而流于空寂矣。阳明亦建有许多事功,可见要职,阳明须于其似禅而非禅者求之,若中庸所谓诚则明矣。此言何谓也?惟其高出于人一步,就以禅拟之耳。至若不合吾意者,虽以孔子之言不信此,亦自信以理之意而极言之,非自外与孔子也。若孟

---

① 许篈:《燕行录全集》卷6,《朝天记》,第124页。
② 许篈:《燕行录全集》卷6,《朝天记》,第202页。
③ 许篈:《燕行录全集》卷6,《朝天记》,第203页。
④ 许篈:《燕行录全集》卷6,《朝天记》,第204页。

子所谓复起，必从吾言，则孟子之心亦未始平矣。故当以意逆志，不可以以文害辞也。"① 在这段叙述中，叶本向许筬阐述了王阳明理论中良知与良能的关系，用孟子的思想来反驳朝鲜使臣的论证，并指出研究王阳明不能望文生义，以文害辞。然而许筬并未被叶本说服，继续阐述自己对王阳明心学的看法："筬窃闻，孔子曰'博学于文，约之以礼'；孟子曰'博学而详说之，将以反说约也'，则居敬观理二者，其不可偏废也，明矣。夫阳明倡良知之说，凡日用应接之事，古今圣贤之书一概放置，不入思虑，只要想象，一介良知，使之忽然有觉于霎尔之顷，此非释氏之远事绝物，而何摈之？孔孟之训同耶？异耶？昔者江西陆子静曾有顿悟径约之说，朱子深排之，不遗余力。若阳明之论，则本诸江西而文之以经书，又加奇险者也。恭惟我朱子，扩前圣未发之道，其所论著盛水不漏，无毫发之遗恨。而大学章句尤其所吃紧着力者也，阳明则乃敢辄以私意改定章句，妄肆诋诃，无所不至。且刻朱子像置诸左右，读朱子书一有不合，则起而杖之云，此何等气象，而何等举措乎？此其为学，固不必深辩，而可见其心术也。吾子乃引孟子之言，以饰阳明之谬，不亦误乎？筬平生所愿，欲学朱子而未之有得，独于背朱子而妄出他意者，则言之及此，不觉痛心，此所以斥阳明为异端，而不容有小避。"② 在这段记录中，许筬首先用孔孟儒家经典的理论证明理学居敬观理的正确性，他认为陆九渊的顿悟之说曾被朱熹严厉批判过，而王阳明师从陆九渊，其理论自然也就是错误的。最令许筬愤慨的是，王阳明居然敢肆意篡改朝鲜使臣奉之神明的儒家经典，并对他们最为尊崇的朱熹有大不敬的行为，所以攻击的矛头直接指向了王阳明的心术和人品。

应该说，叶本与许筬的这场争论是非常有深度的，实际上，这充分暴露了两国哲学思想的巨大差异。朱元璋建立明朝之后，继续将程朱理学奉为官方哲学，读朱子之学成了明初大多数文人走向仕途的必经之路。到了明代中叶，理学内部的反对派异军突起，王阳明的"心学"很快风靡思想界和学术界，其流韵一直延续到明朝末年。到了明末清初，新的资本主义经济萌芽已在东南沿海地区出现，反映新兴市民阶层的早期启蒙思想也随之产生，以李贽的"是非无定质，无定论"和黄宗羲的重校理气为代表的

① 许筬：《燕行录全集》卷 6，《朝天记》，第 204 页。
② 许筬：《燕行录全集》卷 6，《朝天记》，第 205 页。

早期启蒙思潮，对近代资产阶级启蒙运动和五四新文化运动产生了积极的广泛影响。而在朝鲜，程朱理学的地位却是岿然不动，众多学者浸淫其中，并发展出具有朝鲜特色的性理学说，很少有人敢对它的地位提出挑战。实际上，任何一种思想都不是一成不变的，需要根据形势的发展和社会要求予以不断变革，才能保持鲜活的生命力。程朱理学思想的内核包含着保守的因素，它在朝鲜占据着绝对主流的地位，这实际上导致了朝鲜社会的日趋保守和僵化，尽管后期出现了进步的实学思想，但并未对程朱理学形成颠覆性的冲击。所以当西方思想和外来势力进入朝鲜之后，由于没有更为先进的思想作为理论指导，朝鲜的溃败"其亡也忽焉"。

叶本没有像国子监那四名生员那样盛气凌人，而是以平等的态度进行交流，并且也表示出愿意与同学儒学的朝鲜使臣进行更深入的探讨和交流。不过这两次交流也让许筠感觉到理学的衰落和心学的兴起在中国是不可阻挡的潮流。

第三次关于心学的交流发生在他与陕西举人王之符之间。八月初三，许筠路遇王之符，与之探讨心学问题。接受了前两次的教训，他首先对王之符的学术思想进行了试探："陕西大地而长安周汉旧都，其流风余韵想未斩焉。感发而兴起者必有其人。尊崇古昔何圣？"①，应该说，许筠这个投石问路是十分具有技巧性的，他对陕西历史的回顾一下子就拉近了与王之符之间的距离，同时，也对王之符赋予了能够承接陕西圣地流韵的心理期望。王之符的回答令他十分欣喜："皆尊孔孟程朱之道"②，王之符的回答符合了许筠的心理期待，因此也就直接问及了对方对阳明心学的看法："近世有为陆子静、王阳明之学者，异于程朱所为说，后生莫不推以为理学之宗，先生其亦闻之否？陕西之人亦有慕仰者乎？"③ 许筠之前结识的四名生员和叶本都是南方人，也是心学发展最为繁荣的地方，许筠此问，意在了解中国北方士人对心学的看法。王之符鲜明地表明了自己的态度："陆子静是禅教，王阳明是伪学，吾地方人则皆辟之矣。"④ 这也充分反映出当时心学在中国的流传状况，南方皆易心学，而北方则坚持自己的固有观念。王之符阐明了对阳明之学的看法，并对其大行其道的原因做了分析："良知之说，

---

① 许筠：《燕行录全集》卷6，《朝天记》，第210页。
② 许筠：《燕行录全集》卷6，《朝天记》，第210页。
③ 许筠：《燕行录全集》卷6，《朝天记》，第210页。
④ 许筠：《燕行录全集》卷6，《朝天记》，第210页。

倚于一偏，非伪而何？闻阳明聚徒讲学于家，一日，阳明之妻出外，垢其门第曰：'你何敢相率而师，矫伪者乎？'门弟由是多散去。若圣贤则岂有不能刑家致有此事之理乎？然则阳明之学，决知其文稀于外者多矣。迩来请从祀者，徒以阳明之弟子多在朝著故，欲尊其师而廷议或不直之。是以巡按御史上本已久而礼部尚未定夺矣。"① 这段记载反映了王之符对王阳明的偏见，他认为良知说的立论发源地是中国的江西南昌，南昌是历来流放贬谪之地，在这样的地方创造出的学说就是伪学，这种以地域论理论真伪的观点是应该给予批判的。他讲述了阳明之妻的辱夫故事，认为王阳明连理学的基本立论都没有实践好，谈何真知？而这个故事显然是世人出于丑化王阳明形象的目的而捏造出来的，也反映出中国那些死守理学的读书人对王阳明的敌意。他将王阳明从祀的原因归结为其弟子尊师的行为，这当然是其中一个原因，他这样分析显然回避了王阳明的学术成就。二人对王阳明及心学的立场一致，交流自然也就融洽了许多。此次交流终于找到了知音，使许篈大感安慰，并对王给予了高度评价："方今之人皆推王氏之学，以为得千古之秘，而之符独排之，可谓狂流砥柱也。余行数千里始得此人，岂非幸哉？"② 王阳明心学在中国传播的南北对峙情况，在许篈与国子监监生杨守中的交流中也有反映，北人杨守中也同样对阳明心学持排斥态度："阳明单说良知，正是伪学。"③ 这种观点自然大获许篈欢迎，在王阳明配享一事上，杨守中这样认为："此亦非天下之通论，南人皆尊阳明，而北人则排斥之，故从祀之议今尚未定也。"④

通过许篈此行与中国文人关于心学的论辩和交流，我们可以看出许篈对阳明心学所持的激烈态度。在他的心目中，王阳明心学属于"释氏之流"，是对正宗孔孟学说的大逆不道的离经叛道，是对儒家所倡导的理欲观的逆行万里。然而，许篈并没有看到阳明心学对历史发展的进步作用，而只是单纯地从自身情感来对待心学。应该说，王守仁针对当时思想领域言必程朱理学，学术僵化，学术界死气沉沉的情况，针对一般读书人都把程朱学说当作获取功名利禄的敲门砖，知和行完全脱节的流弊，提出了"知行合一"的"致良知"新学说，一下子打破了学术界的僵化局面，的确使

① 许篈：《燕行录全集》卷6，《朝天记》，第210页。
② 许篈：《燕行录全集》卷6，《朝天记》，第214页。
③ 许篈：《燕行录全集》卷6，《朝天记》，第255页。
④ 许篈：《燕行录全集》卷6，《朝天记》，第255页。

人耳目一新。因此，他的思想在历史发展中是有功绩的。但出于对程朱理学的极端崇拜心理，许筹无法用理性的头脑去冷静分析心学的实质，先入为主地予以批判，而且对其思想的判读多为断章取义。这种对任何有违于朱子学要义的思想学说不加分析地全盘否定的做法，反映了许筹思想上的局限性和保守性。

随着许筹的行程渐远，所到之处皆是心学的拥护者，这使他倍感失望。他痛心地感慨道："由此观之，则今天下不复知有朱子矣，邪说横流，禽兽逼人，彝伦将至于灭绝，国家将至于沦亡。"① 许筹此来，本希望到朱子学的故乡得到真谛，却没有想到他奉为圭臬的思想在中国的地位已经一落千丈，其困惑、失望和落寞的心情是可想而知的。从另一方面来看，许筹详细地记述与中国文人的心学之辩，这也充分反映了这一时期朝鲜文人的恐慌心理，既然学自中国的程朱理学在中国思想界的地位已经急剧衰落，那么朝鲜朱子学赖以生存和发展的来源和坚强后盾何在？朝鲜理论界日后将何去何从？

明中叶以后，出现了王艮、颜钧、李贽等王学左派，他们不仅更加反对程朱理学，而且对君主专制政体和封建礼教也给予了尖锐的抨击，因而被统治者视为洪水猛兽般的异端。李贽就是其中的杰出代表，他被称为"异端之尤"。李贽虽然师从王学，但其思想中已包含了唯物主义的因素，他对"理能生气"的学说予以批判，认为"穿衣吃饭，即是人伦物理，除却穿衣吃饭，无伦物矣"。他一反儒家的正统观念，尊崇秦始皇，对孔子和其后历代大儒持否定态度，尤其对宋代的儒者批评更甚，他认为朱熹不学无术，理学害人误国。他还对儒家经典表示质疑，认为学者不应该以孔子的是非作为标准。他这种反对传统束缚和封建礼教的力度已经远远超出了王阳明学说的体系，引起了封建统治阶级的恐惧和厌恶，后将其逮捕入狱。李贽在狱中自杀以示抗议。李贽的一生充满着对传统和历史的重新思考，这也是明朝后期社会思想变革的一个聚焦式的体现。李贽是中国历史上反封建传统、反封建礼教、反权威主义，主张个性解放、思想自由的思想先驱，他的思想对后人反传统权威、反君主专制、反封建礼教思想的形成具有重要的启蒙作用。朝鲜使臣在中国期间，也对李贽予以了关注。金中清在北京玉河馆中见到了李贽的著作，并予以了评论："偶见李氏藏书，李氏

---

① 许筹：《燕行录全集》卷6，《朝天记》，第259页。

所谓卓吾先生名贽者也。其书自执妄见，句断是非与古今君臣圣贤者，而以伊川、晦庵列于申屠嘉、萧望之下，目之以行恭儒臣。其曰德业儒臣则首荀卿，次孟子，继以乐克、马融、郑玄、王通，明道先生在下，与陆象山并列，而以王陵、赵苞、温峤为杀母逆贼，其他种种是非，黜涉大毕儒家已定之论。夷考其人，始以山僧有名，五十后冠颠中进士知府，递不复仕。其学始为佛，中为仙，终为陆。能文章，言语惑诬一世。其徒数千人，散处西南，以攻朱学为事云。"① 金中清对李贽《藏书》的内容进行了记载，并简述了李贽的生平。值得注意的是，对于这个敢于大胆蔑视程朱理学的"异人"，金中清并没有表现出像许篈那样激烈的情感，语气也比较平淡，完全是一种置身事外的态度。金中清出使的时间是 1614 年（万历四十二年），时明已到晚期，金中清的态度变化，也反映了程朱理学在朝鲜的危机，朝鲜许多知识分子感觉到了程朱理学的束缚，从而渴求寻找其他更科学的理论来适应时代的发展变化，可惜由于整个社会的保守和僵化，朝鲜的哲学思想理论体系没有及时实现进一步的突破。

朝鲜使臣在游览国子监时，最希望与国子监内传道授业的儒生、寒窗苦读的监生进行思想上和学术上的交流。这种交流是至关重要的，他们可以从中把握中国儒学的最新动态，检讨自己学术上的过失，提升自己思想的高度。不过，在他们探访儒生的时候，结果却是大失所望。

"将及门，忽有儒生数十来揖。以笔百余柄给之，争相攫取，至有蹴踏仆地者。"② 这是 1533 年（嘉靖十二年）苏巡留下的记载。在他的记录中，儒生全然没有了仁义礼智信的儒家道德准则，为一点蝇头小利而丑态百出。儒生的这种举动一定让对中国国子监充满了美好想象的苏巡吃惊不已，但是他没有对这种行为做出自己的评价，而是用简洁的笔触勾勒出一幅讽刺画面。而 1537 年出使中国的丁焕则对国子监中的学风的散漫、学习环境的恶劣感到十分痛心："师生案榻纷乱移置，封尘一尺，不见人影……唯闾里无赖之徒远近追随，到处成众，蜂午殿堂，莫有呵禁，喧聒不堪留也。"③ 在丁焕的心中，国子监应该是书声琅琅，沉默进退的地方，但是这里的儒生们却不知去向，而且这么庄严的地方无人管理，一些无赖之徒在此流连，

---

① 金中清：《燕行录全集》卷 11，《朝天录》，第 504 页。
② 苏巡：《燕行录全集》卷 3，《葆真堂燕行日记》，第 404 页。
③ 丁焕：《燕行录全集》卷 3，《朝天录》，第 124 页。

严重污染了清静的学堂环境。从他的记载来看,师生居住的地方已经很久没有人居住了,这也反映出明中期学风日益恶化的现实。1572 年(隆庆六年)出使中国的许震童则对国子监的儒生表达了极度失望的情绪:"儒生口茸,不足以与谈论矣。问其一代宗儒,则以罗一峰、河镗对,一峰已逝,河镗退休云。问当代所崇,则以王阳明对。阳明则守仁也,宗象山而背晦翁者也,今代儒业之未得其正可知矣。竟赠扇子笔墨,皆欲多得,无谦让之志,中朝士习之偷微亦可知矣。"① 许震童的失望情绪是显而易见的,中国最高学府的儒生,竟然不能与后学朝鲜的文人进行思想与学术的探讨,这实在让朝鲜使臣难以接受。最为重要的一点是,在这段记录中,折射出了中朝两国知识分子在思想上的强烈碰撞,如前所述,程朱理学已经在朝鲜树立了绝对的权威,朝鲜文人学朱子,拜朱子,处处以程朱理学的理论为指导来看待客观事物。但是在中国,知识分子们居然以背离朱子思想的阳明学说为尊,程朱理学在其发源地已经不被中国人所尊崇,这一发现对朝鲜文人的心理是一个极大的打击。但是,他们还是坚持自己的理论学说,这是原则问题,丝毫动摇不得,所以,在许震童的眼中,中国的儒家思想已经走向了异端邪说,背离了儒教的本源。因此,许震童在记载中充满了失望的情绪。1587 年(万历十五年),出使中国的裴三益这样记载:"而恨无师生之讲业,鞠为茂草,间阎下贱阑入其中,圣庙卓(桌)上,或有超乘踞坐者。所谓冠儒冠者皆贸贸无知,有欲得笔墨者,行囊才解而争乞不休。既或得之而犹求无厌,殊非所望于中华礼仪相先之地也。"② 在裴三益的笔下,被他视若神明的国子监竟然成了无知下贱之人随便出入的场所,监内杂草丛生,可见很长时间疏于管理。而在国子监求学的儒生也与许震童笔下的儒生一样毫无谦让精神,这种士风堕落的情形让作者十分失望。这种状况一直持续到了明朝晚期还没有丝毫改变。1610 年(万历三十八年),黄士佑游览国子监:"又有粉袍二十余人来聚,给纸墨,纷纷争取,乱无伦序,中国士风亦不古耶。"③ 行文中充满了鄙夷和失望之情。可以说,在国子监中,朝鲜使臣对中国儒生毫无礼节,荒废学业的行径是十分失望的。

---

① 许震童:《燕行录全集》卷 3,《朝天录》,第 293 页。
② 裴三益:《燕行录全集》卷 4,《裴三益日记》,第 38 页。
③ 黄士佑:《燕行录全集》卷 2,《朝天录》,第 529 页。

第三节　"他者"的支柱——官员

朝鲜使臣来到中国，最重要的使命就是完成本国的外交任务，因此，观察中国的视角无法避开他们频繁接触的官员。官员作为明朝国家意志的制定者和执行者，正是中国外在形象的最直接表现，他们的一言一行，一举一动，都会被视为国家意志的流露。因此，他们是国家形象的最好体现者。

大明肇建以后，明统治者为了维护和加强其统治，设置了许多政治制度，其目的都是加强皇权，加强专制。朱元璋登基后，首先改变了中央和地方的政权机构，废除中书省和丞相，将职权分与六部，六部直属皇帝管理，一切兵刑大权也被皇帝所总揽。在地方机构中，废除了行中书省制度，在全国设置十三布政使司，中央设置监察御史以加强监察机构的职能。明太祖还和其臣下制定"大明律"，完善和充实了以前的法规内容，并于律外颁布《大诰》三编，使专制主义中央集权政治更加强化。靖难之役后，朱棣在政治制度上进行了重大的改革，一是以史为鉴，继续执行建文朝的削藩制度，使军政大权高度集中于皇帝。二是正式设立内阁，内阁成员由皇帝亲自挑选，以顾问的身份协助皇帝决策，并重用宦官以制衡内阁的权力，皇帝拥有最后决策权。三是设立锦衣卫和东厂，以皇帝宠信的宦官统领，实行国家恐怖主义，进一步加强君主专制统治，同时也埋下了宦官专权的祸根。经过历次改革，明的政治制度和结构趋于稳定，但官僚体系也不断膨胀扩大。

1. 政治标准衡量下的明代官员

朝鲜使臣出使中国进行外交活动时，必然要与中国的官员产生联系。他们对明代官员的看法，往往与本次使行的目的、明官员所持的政治立场及官员对朝鲜的态度密切相关。可以说，他们在观察明代的官员时，使用的是政治上的衡量标准，也就是采用是否有利于本国国家利益和安全的标准。这些官员中有许多直接参与对朝决策，因此其决策倾向是否有利于朝鲜的国家利益，其是否明朗的政治态度成了朝鲜衡量明官员正与邪的标准。纵观整个朝鲜使臣关于明朝的使行记录，我们会发现，许多使臣在到达北京玉河馆后，并不是直接去相关部门从事公务活动，而是首先去拜访相关的官员，对于曾经去过朝鲜的官员，更是他们拜访对象中的重中之重，这也折射出朝鲜对明外交的一个特点，即官员"私交"。朝鲜使臣通过对这些官员的拜访，不断拉近彼此间的感情，从而利用这些官员在明官场的影响力来达到本国使行的目的。

朝鲜使臣使行中国，往往肩负着重要的政治任务，如为开国君主李成桂宗系辩诬一事，就从1394年（洪武二十七年）开始交涉，一直到万历十七年（1589年）才得以解决，其过程之复杂，时间跨度之久，堪称朝鲜历史上最艰难的外交活动。几乎贯穿有明一代的朝鲜宗系辩诬的外交活动，涉及了明代的许多官员，因此我们有必要对其进行介绍和梳理。

首先我们来看宗系辩诬的起因：

1392年（洪武二十七年）八月，李成桂驱逐高丽的最后一个国王恭让王，建立李氏朝鲜。为了获取明朝对新政权的支持，朝鲜李成桂以"权知高丽国事"的头衔向明朝上表，称高丽国王昏乱，自己受推戴不得不即位。明朝予以回旨："覆载之间，主生民者，巨微莫知其几何，或废或兴，岂偶然哉！其三韩自王氏亡，李氏运谋，千姿万状，已有年矣。今确然为之，乃王氏昔有三韩之报亦然矣。此岂王氏昔年之良能，李氏今之善计？非帝不可！其三韩臣民，既尊李氏，民无兵祸，人各乐天之天，乃帝命也。虽然，自今以后，慎守封疆，毋生谲诈，福逾增焉。尔礼部以示朕意。钦此。"[①] 这段圣旨中"李氏运谋，千姿万状，已有年矣"一语值得特别注意。高丽第三十一代国王恭愍王，晚年私生活混乱不堪，大兴土木，导致民怨沸腾，朝内纷争不已，终于于1374年（洪武七年）被宦官崔万生等弑杀身亡。在王位继承问题上，把持高丽朝政的权臣李仁任否决了太后"欲立宗亲"的提议，力主让年仅十岁的恭愍王养子辛禑继位。李仁任这一举措，给明与高丽关系的健康发展带来了巨大的不利影响，它改变了恭愍王所执行的事明政策，恢复了同残元势力的传统关系。1377年（洪武十年），北元册封辛禑为国王，高丽始行北元"宣光"年号。北元和高丽复交，严重损害了大明同高丽的关系，导致高丽在后来恢复同明朝关系的过程中付出了较大的代价，而两国之间，关于铁岭卫的设置争端，又险些燃起战火。应该说，李仁任作为高丽权倾一时的重臣，其种种反常举动早已经进入到朱元璋的视野之中，高丽与北元政权的亲密关系，引起了朱元璋的高度警惕，使朱元璋对李仁任充满了恶感。由于两国之间复杂的外交关系，再加上李

----

① 《李朝太祖实录》，元年条。

成桂的篡位之举,使朱元璋先入为主地认定李成桂是李仁任的后代。实际上,李成桂是元朝斡东千户所千户兼达鲁花赤吾鲁思不花的嫡长子,吾鲁思不花本是高丽人,名李子春。1356年,李成桂与其父帮助高丽恭愍王收复双城总管府后归附高丽,李成桂父亲的敏感身份,更容易给明朝造成误会。为了进一步取得大明政权对自己的支持,李成桂向朱元璋提出更改国号的请求,这次朱元璋的语气变得十分严厉:"尔恭愍王死,称其有子,请立之,后来又说不是。又以王瑶为王孙正派,请立之,今又去了。再三差人来,大概要自作王。我不问,教他自作,自要抚绥百姓,相通来往。"①实际上,在朱元璋心中,始终对李仁任的种种倒行逆施的行径难以释怀,再加上两国外交不算通畅的特殊环境,朱元璋对李成桂的篡权之举又心存警惕,所以就形成了李成桂是高丽权臣李仁任后代的误会,这一误会百年之后才算彻底解开。客观地讲,这一误会的造成是高丽后期所执行的不同的对元对明政策造成的,同时,朱元璋这一误解是朝鲜宗系辩诬难度重重的重要原因。纵观"朝天录"的使臣记载,使臣在进行宗系辩诬时,两国所遭遇的第一个难题就是《明高祖实录》中已经有了明确的关于李成桂是李仁任后代的记载。如果朝鲜要辩明出身,对明朝来说,首先要面临的就是祖制是否可改这一天大的问题,再加上朱元璋于李氏朝鲜立国几年后便去世,所以明代的官员在处理朝鲜关于宗系辩诬的请求时,本能的反应就是"祖制不可改",这导致了这场辩诬活动长达百年之久。

其次,我们来看一下这场宗系辩诬活动的全过程:

1394年(洪武二十七年)四月,明派遣使臣黄永奇前往朝鲜祭祀山川,这实际上是对李氏朝鲜政权的再次认可②,在《告祭海狱山川等神祝文》中,赫然有"高丽陪臣李仁任之嗣(李)成桂"的字样,这立即引起了李成桂的强烈不安,"名不正则言不顺",李成桂自然深深明白这个中国奉为圭臬的儒家思想的理论,如果连自己的出身都不清不白的话,那么李氏朝鲜政权的正统性则更无从谈起。因此,在黄永奇即将返回京城时,李成桂立即撰写一道奏本,对自己的出身进行了辩白:"臣于仁任,本非一李。自臣与闻国政,将仁任所为不法,一皆正之,反为其党所恶。至有尹彝、李初逃赴上国,妄构是非,尚赖陛下之明,已伏厥罪。然其党羽潜中外,忌

---

① 《李朝太祖实录》,元年条。
② 《李朝太祖实录》,太祖三年六月甲申。

臣所为,至今纷纷不已。伏望圣慈,俯加哀矜。"① 李成桂在废掉辛昌,立高丽神宗七世孙王瑶为王之后,1390 年(洪武二十三年)五月,高丽大臣尹彝、李初前往明朝向朱元璋告状,称王瑶并非其宗系,"乃其姻亲也",并言之凿凿地说王瑶与李成桂正预谋攻打明朝,此事虽经查清系诬告,明将二人流放,但这毕竟给明廷上下蒙上了一层迷雾,再加上两国外交不畅,使明朝对李成桂的宗系更加摸不着头脑。李成桂奏章中所提到的"羽潜中外,忌臣所为,至今纷纷不已",这也是明对李成桂宗系记载错误的重要原因之一。

朱元璋去世后,1402 年(永乐二年),朝鲜使臣赵温出使明朝,他在由朱元璋主持修撰的《皇明祖训》中发现了"朝鲜国"条目下对李成桂宗系的记载:"其李仁人(任),及子李成桂今名旦者。"② 于是,朝鲜国王太宗于 1403 年(永乐三年)遣使李彬、闵无恤赴明,进行宗系辨明奏本,请求改正错误记载,称:"今听知《祖训条章》内仍然记录,兢惶无已。切念臣父先世本朝鲜种,至臣二十三代祖翰,仕新罗为司空。及新罗亡,翰六代孙兢休人高丽,兢休十三代孙安社,仕于前元,是臣父旦古名成桂之高祖。及元季兵兴,臣祖子春还至高丽。其后国人推戴臣父权知国事,即具奏闻。伏望圣慈垂察,令臣宗系得蒙改录,一国幸甚。"③ 对于朝鲜的这一请求,明成祖朱棣回应朝鲜,准许改正:"朝鲜国王奏,既不系李仁任之后,想是此先传说差了。准他改正。"④ 但实际上,明朝并未真正更正。1511 年(正德六年),《大明会典》刊行于世,1518 年(正德十三年),朝鲜赴明使臣李继孟在《大明会典》一书中发现,关于其太祖李成桂的宗系仍然沿用了《皇明祖训》中的记录,朝鲜国王闻讯后,遂遣奏请使南寝、李籽赴明,奏请宗系辩诬之事,对此明朝回应,《皇明祖训》乃朱元璋御制,绝不可改变,但《大明会典》却可以随时增删内容,答应在日后修订会典加以改正。1529 年(嘉靖八年)、1537 年(嘉靖十六年)、1539 年(嘉靖十八年),一直到 1562 年(嘉靖四十一年),虽然其间宗系辩诬工作不断取得新进展,但由于会典修订工作进程缓慢,朝鲜的这一愿望始终没有得到实现。直到 1588 年(万历十六年),朝鲜谢恩使俞泓向礼部呈文乞求颁赐《会典》成

① 《李朝太祖实录》,元年条。
② 朱元璋:《皇明祖训·首章》,四库全书存目丛书本,齐鲁出版社,1996。
③ 《李朝太宗实录》,太宗三年十一月乙丑。
④ 《李朝太宗实录》,太宗三年十一月乙丑。

书，礼部认为"未经御览，难于先赐"①。于是，俞泓率一行人"泣血跪请之"。礼部尚书"感其诚，即具题本奏请顺付，蒙天子准可，特赐本国付卷"②。至此，朝鲜君臣长期高度关注的宗系辩诬问题终于获得解决。朝鲜称这件事为"彝伦攸叙，东韩再造"③。

　　1539 年（嘉靖十八年），丁焕出使中国，本次出使的目的就是奏请改正明典籍中关于李成桂的宗系错误，其身份为奏请使。朝鲜使臣来到北京向礼部呈交表文之后，立即寻找明相关官员予以帮助，开展了一系列的政治活动。在明朝统治的 277 年中，明朝向朝鲜王朝派遣使臣 153 次，平均每年0.6 次。④ 虽然这一数字远远低于朝鲜出使中国的次数，但朝鲜对明朝派来的使臣极为重视，称其为"天使"，除给予最高礼仪接待外，还派遣能善诗文的大臣与其文字相交，相互酬唱，力图以文学为媒介拉近与明使节的距离，从而为开展政治活动打下重要的基础。而明代出使朝鲜的使臣中有很多高官名臣或文学之士，到后期多以文学名士出使朝鲜，主要是为了营造明朝和朝鲜文化意义上的认同感，进而增进两国关系。丁焕此行，就找到了曾经出使朝鲜的"龚天使"、"华天使"和"薛天使"，即龚用卿、华察和薛廷宠等三位官员进行疏通。现将几位官员的生平及使行情况简述如下：

　　龚用卿，生于 1500 年（弘治十三年），卒于 1563 年（嘉靖四十二年），字鸣治，号云冈，福建怀安（今福州）人。龚用卿幼年时，"性温恭，容貌端庄，质美而好古，经史车舆西计"。⑤ 十八岁入怀安县学，1522 年（嘉靖元年），"以三礼领乡荐五名"，1526 年（嘉靖五年），会试列六十九名，殿试时，龚用卿"对策三千余字，凡帝王治统，圣贤心学，无不发挥中的"。⑥极获嘉靖帝的赞许，故钦点为殿试第一，以状元及第，授翰林院修撰，时年仅 26 岁。其后，龚用卿曾任东宫太子老师、左眷坊、左谕德兼翰林侍读、值经筵讲官、南京国子监祭酒等职，并参与编撰《明伦大典》、《大明会典》等明代重要典籍。嘉靖中叶以降，权臣严嵩专政，龚用卿"恶严嵩父子专柄，绝不与通。又以议下其党二十余人，见忤于嵩"。⑦ 从而受到严氏父子

　　① 《李朝宣祖实录》，宣祖二十一年五月甲申。
　　② 《李朝宣祖实录》，宣祖二十一年五月甲申。
　　③ 《李朝宣祖实录》，宣祖二十一年三月辛亥。
　　④ 高艳林：《明代中朝使臣往来研究》，《南开学报（哲学社会科学版）》，2005 年第 5 期。
　　⑤ 徐阶：《龚用卿墓志铭记》，《云冈文集》卷首，福建师范大学古籍部藏清课本。
　　⑥ 徐阶：《龚用卿墓志铭记》，《云冈文集》卷首，福建师范大学古籍部藏清课本。
　　⑦ 徐阶：《龚用卿墓志铭记》，《云冈文集》卷首，福建师范大学古籍部藏清课本。

的排挤。1546 年（嘉靖二十五年），龚用卿以朝政不可为，称病乞休返乡。
1563 年（嘉靖四十二年），龚用卿在福州逝世，终年 64 岁。龚用卿擅于诗
词，对三礼之学有一定研究，其著述行于世的主要有《玉堂讲义》、《效庙
礼文》、《使朝鲜录》、《云冈诗文集》等数种。

华察，生于 1497 年（弘治十年），卒于 1574 年（万历二年），字子潜，
号鸿山。无锡（今属江苏省无锡市）人，1526 年（嘉靖五年）进士，选为
庶吉士、后调户部主事，又迁兵部郎中。后任翰林院修撰，参与校录各朝
实录。曾出使朝鲜。后任应天府会试主官，拜侍读学士。因拒绝奸相严嵩
结纳，告老还乡。工诗，著有《岩居稿》、《碧山堂集》、《知退轩集》、《东
行纪兴》等行世。

薛廷宠（生卒年不详），字汝承，号莘轩，福清人（今属福建省福清
市）。明 1532 年（嘉靖十一年）进士，以行人选吏科给事中，奉使朝鲜，
还擢都给事中，慷慨直言无所讳避，尝疏劾诸大臣，皆当时用事者，有旨
留用数人，诸大臣以廷宠言直俱不敢辩。工诗，行朝鲜诗收于《皇华集》，
有《谏垣奏议集》行世。

1537 年（嘉靖十六年），明世宗的第三个儿子朱载垕出生，按惯例，明
朝廷要派人将皇子出生之事宣告周围藩属，由于龚用卿在殿前的良好表现，
加之其人富于文才而又容貌俊伟，嘉靖皇帝特意派其为出使朝鲜使团的正
使，"得赐一品玉带麒麟服"，出使朝鲜。使行期间，撰有《使朝鲜录》，这
是龚用卿记载此次出使李氏朝鲜的经过并编撰成文的一部出使日记，《使朝
鲜录》是一部研究明代中朝关系史的重要典籍。在《使朝鲜录》中，龚用
卿记载了朝鲜对自己本次使行的高度重视："诏使初至义州馆，国王遣判书
（或用议政府议政等官）为远迎使，谓之馆伴。别遣判尹（或承旨）为迎慰
使问起居外，又追司成司艺等官二人谓之都监，通事四名，医官一名，各
供使令传言之役。以后每遇接诏之处（义顺、新安、安兴、平壤、黄州、
开城、碧蹄凡七处），俱别遣议政、参赞、判书、判尹、承旨等官充迎慰
世，问起居。惟碧蹄馆差官倍于前，多至六七员。"① 从记载中可见，朝鲜
为了展示其对明使臣的高度重视，使用了最高规格的国家接待礼仪，从义
州开始，在沿途设立了义顺、新安、安兴、平壤、黄州、开城、碧蹄等七
处接诏地点，而且派遣了众多的迎接官员，为明朝使臣提供各种方便。每

---

① 龚用卿：《使朝鲜录》，第一册。

行一地，朝鲜政府都要用最高礼节进行宴请："凡诏使至馆，各官参拜毕，每日皆有宴礼。诏使坐于堂北面南，远迎使在西傍近南，或遇观察使、留守等官皆在坐（节制使以下不得与）。外如有别遣、迎慰使等官亦同坐。其宴礼至碧蹄馆颇盛，往与迎皆同，诸官进酒，每员不过三巡而止。"① 这么高规格的接待标准，固然有朝鲜尊重明朝的重要原因。另外，值得我们注意的是，在龚用卿的官职履历中，其参与《大明会典》修撰工作的特殊身份也引起了朝鲜的高度重视，因此，朝鲜国王在接见龚用卿时直接提到了朝鲜一直为之努力的目标："十五年，皇子诞生，命修撰龚用卿、给事中吴希孟颁诏。朝鲜国王率文武百官儒生郊迎至勤政殿，行开读礼讫，宴于太平馆。国王执礼甚恭，因言及其祖非系李仁人之后，《会典》所书弑王氏四君之事，已经累次奏准改正，迄今尚未改，朝夕营心，未尝忘也。用卿等曰：'此子孙不敢诬其祖父之心，不失为孝。若果非其后，礼当奏闻。'酒数行别去。已而连日筵宴，致词敬劳，俱感天朝厚恩，无敢颠越之意，多不能载。其王之贤而有礼如此。"② 从这段记载来看，朝鲜国王在宴请中言语谦恭，刻意接纳，而且针对龚用卿的特殊身份，直接提出了要予以斡旋的要求，以一国之主之尊，直接提出宗系辩诬的要求，这也打破了国与国之间外交的惯例，可见朝鲜对于李成桂的宗系事情的重视程度，也可见朝鲜君臣对于宗系辩诬的焦急与迫切之情。从另一个方面来看，这段记载是从明人严从简《殊域周咨录》中引用的，《殊域周咨录》成书于1574年，即万历二年，书中关于"弑王氏四君"、"李仁人"等错误的记载，说明一直到万历年间，明人对李成桂宗系的认识还是模糊的，朱元璋所造成的误会随着时间的流逝并未揭开，依然根深蒂固，这也再次说明朝鲜宗系辩诬的艰巨性。

龚用卿出使朝鲜时，朝鲜世宗派来迎接伴送的官员具有很高的儒学修养，如郑士龙、朴忠元、洪春卿等，皆是李朝著名文人，双方通过交往，增进了彼此之间的友谊。龚用卿《使朝鲜录》中，就记载了他与当时的朝鲜远接使、官居刑曹判书的郑士龙的交往。郑士龙是李氏朝鲜世宗时的名臣，他精通儒家典籍，对汉文化有很高的造诣，也曾出使过明代中国，著有《朝天日录》、《湖阴杂稿》等。龚用卿此次出使李氏朝鲜，郑士龙以远

---

① 龚用卿：《龚用卿序》，《使朝鲜录》卷首。
② 严从简：《殊域周咨录》。

接使的身份一直随伴左右，双方情投意合，交情日深。《使朝鲜录》中就存有多首答郑士龙的诗作，如龚用卿曾在一首诗序中自叙他与郑士龙的交往及深厚之谊："予有朝鲜之役，刑曹郑判书迎送往来已逾月矣，追随左右，日益亲厚，行立游燕，无不与俱。且诗歌篇什，有唱则和，不忝斯文气味之雅。渡江西还，匆匆之时，殊不胜怅惘，聊作江之水以别之。情浮于言，不能道也。"① 从上引记载中，我们不难看出龚用卿与郑士龙两人之间是一见如故，双方之间的那种深厚情谊跃然诗间。龚用卿很赞赏郑士龙的才华，推崇其德行文章，他还曾为郑士龙所著《朝天日录》作序，称赞郑士龙"傅雅有支，言动详慎，不愆于礼……为一国之彦。"② 龚、郑二人的交往记录，实际上是明代中国士人与友邻友好往来的一个历史见证。

1539 年（嘉靖十八年），华察、薛廷宠"以恭上皇天上帝大号，加上皇祖谥号及册立皇太子、册封二王礼成"事，奉诏出使朝鲜，"诏谕朝鲜国王李怿，赐王以彩币、文锦。察等以开读事竣，或国王援往例请留诏敕，从否？惟命。诏从其请。"③ 华察、薛廷宠到达汉城后，受到了当时朝鲜国王和大臣们的热烈欢迎："王乃亲率邦大夫士肃诚郊迓，拥诏入勤政殿，宣读拜舞，礼成而退。"④ 和龚用卿、吴希孟出使朝鲜一样，华察、薛廷宠在朝鲜期间也留下了大量的诗歌，朝鲜国王将他们的诗刻入《皇华集》中，并对他们的诗给予了超乎寻常的赞美："二公当气化之盛，禀山岳之英，得学问博雅之美，发而为诗。顷刻数千言，而无不典雅，自中规矱，可以笙镛乎治道，可以黼黻乎皇猷，可以列于皇朝制作之盛，而周家之风雅，不独专美于往古也。"⑤《皇华集》是朝鲜刊行的记录明代出使朝鲜的中国使臣所做诗歌及与朝鲜士大夫相互酬唱的作品集，共收录有倪谦、龚用卿、华察等人出使朝鲜时的作品，在朝鲜使臣的使行记录中，明官员向他们索取《皇华集》的记载比比皆是，由此可见，在明朝官场世界中，官员的诗歌能被外国诗集收录，是一件无比光荣的事情。《皇华集》是古代中国与朝鲜文学交流史上的典范，也是中朝这两个文明古国文化交流史上的一件盛事。那为什么朝鲜国王要他们给予这么高的评价，并将他们的诗收入到《皇华

---

① 龚用卿：《使朝鲜录》第二册，《谒孔子庙记》。
② 龚用卿：《使朝鲜录》第二册，《题郑判书朝天日录》。
③ 《明实录》，《嘉靖实录》。
④ 严从简：《殊域周咨录》。
⑤ 《皇华集》，四库全书存目丛书。

集》中呢？我们不能忽视的是华察与龚用卿共同的特殊身份，即参与校录各朝实录工作，这对朝鲜开展宗系辩诬工作来说是非常重要的。

由于朝鲜对龚用卿、华察、薛廷宠的使行给予了高规格的接待，文人间高层次的诗歌酬唱又拉近了彼此的心理距离，因此丁焕使行的这场外交活动就蒙上了一层以私人感情为基调的面纱。

丁焕到北京后，立即派使节团的通事李应星前去拜访龚用卿，龚用卿热情地接待了通事："龚天使出见忻然，因问主上及世子起居，答曰康宁，次问郑士龙为何职，答云为刑曹判书，又问苏世让，答以好在。历问金谨思、金安老、许洽、许沆好在否，答云谨思、安老、许沆已死，洽则窜外矣，曰何罪，答曰应星适丁忧在外，似闻以不谨获罪。有问曰汝是御前通事，何来此耶？答曰我殿下为缘宗系奏辩重事，特差陪臣，又差臣来耳。"① 从记载来看，龚用卿对当年出使朝鲜所遇到的礼遇还是记忆犹新的，特别让他念念不忘的，还是那些与他进行酬唱的郑士龙、苏世让、金谨思、金安老、许洽、许沆等朝鲜名士，因此他一见通事，就立即打听这些人的现状，可见龚用卿对他们的关心程度。龚用卿在言语中毫不掩饰对朝鲜的好感："自余奉使而还，将汝国礼乐文物与中华毫无二之意已奏达朝廷。每与士大夫语及朝鲜，则吾未尝不称欢，传播士林，使中国之人皆知汝国之美耳。"② 从这段记载来看，朝鲜给予龚用卿的隆重接待收到了良好的效果，不仅使明朝廷深化了对朝鲜事大之诚的了解，而且将朝鲜的礼乐文物繁荣的情况也扩大到了明士林之中，这无疑为朝鲜开展政治活动提供了一个良好的舆论环境。事实上，朝鲜对龚用卿用尽心机的接待，也收到了丰厚的回报，龚用卿等回国后，对朝鲜及国王给予了高度的评价："翰林院修撰龚用卿、户科给事中吴希孟使朝鲜还。言朝鲜素称恭顺，较之诸夷不同。而国家礼遇其国，亦未尝以夷礼待之。迩者赍诏至彼，其王李怿又能恪遵典礼，敬事不违，良可嘉尚。请自今凡诏告敕谕，事关体制者，宜使之一体知悉，不必遣官，但因其朝贡陪臣即令赍回，庶以见朝廷殖有礼、怀远人之意，礼部覆其议。诏可。"③ 龚用卿等的评价不仅进一步提高了朝鲜的政治地位："事关体制者，宜使之一体知悉"，同时也减轻了朝鲜朝贡的负担：

① 丁焕：《燕行录全集》卷2，《朝天录》，第293页。
② 丁焕：《燕行录全集》卷2，《朝天录》，第294页。
③ 《明实录》，《嘉靖实录》。

"但因其朝贡陪臣即令赍回",由此可见龚用卿等的良苦用心,朝鲜外交中的"私交"策略收到了良好的效果。

朝鲜通事直接向龚用卿提出了请求:"前日大人之奉使小邦,殿下已将此意面语之矣,伏望大人照顾,以副我国王之望。"① 龚用卿面对朝鲜的请求,直接表明了自己的态度:"已详知矣。但朝廷多事,会典纂修停住久矣,奈何。然奏本已达,比好为之,吾亦见礼部堂上言之,其奏本誊写送来。"② 从这段记载来看,很难看出龚用卿像有些学者论述的那样对朝鲜的请求有推脱之意,大明会典的修撰是一个国家行为,需要明朝这个巨大的国家机器的层层决策,像龚用卿这些参与修撰的官员,是无权决定立即开始修撰会典的,但是,他可以利用自己的特殊身份施加一定影响。尽管此事难度很大,但龚天使表示将尽力而为,发挥自己的作用。实际上,在国与国之间的外交中,龚用卿的这种表态已经是冒了一定的"私交外国"的风险。在朝鲜使臣眼中,龚天使在此事中是有发表自己见解,并能对明决策产生一定影响的官员,由于出使朝鲜给龚天使留下了美好的印象,所以从情感上会对朝鲜予以倾斜,事实也证明朝鲜的判断是准确的。薛廷宠在邀见朝鲜使臣的时候,同样表现了极大的热情:"礼部必善为之,但会典之设停之已久,然见礼部堂上,当为恳说。"③ 并于第二天亲自到会馆与朝鲜使臣讨论辩诬一事:"前往尔国时,国王书给宗系事,吾常置几案,为贤王何忘焉?习仪时见尚书,已悉言之。且朝廷礼重,必有天恩,终当辩白,勿疑。"④ 当通事进一步阐明辩诬的必要性的时候,他耐心地进行了解释:"其他纂录事多,故会典纂修以圣旨缄封已久,今难考索,然当次次纂修,其时尔国纂修项下事例,可以分明载录,勿疑。"⑤ 从这段记载来看,薛廷宠在出使朝鲜时,朝鲜国王同样以"私交"的方式向他提出了宗系辩诬的要求,在接受朝鲜国王的请求之后,他回国后利用机会,已经向更高级的官员说明了此事。两位官员的话语可以说是给朝鲜使臣吃下了一颗定心丸,而他们也确实做了许多工作,如:"三十日,晴。龚天使使人言曰'敕书

---

① 丁焕:《燕行录全集》卷2,《朝天录》,第295页。
② 丁焕:《燕行录全集》卷2,《朝天录》,第295页。
③ 丁焕:《燕行录全集》卷2,《朝天录》,第296页。
④ 丁焕:《燕行录全集》卷2,《朝天录》,第298页。
⑤ 丁焕:《燕行录全集》卷2,《朝天录》,第298页。

事，吾今日入内阁，言于张少卿。'"① 正是龚用卿的不遗余力，因此此次外交的每个环节完结后，朝鲜使臣都要上门拜访，探听意见："即跪进复本圣旨，天使读罢，喜曰'今见圣旨，视前尤加郑重，可见皇上向汝国王之意非常矣。纂修之事虽寸刻何忘焉，非徒我耳，当嘱同僚，勤力为之。'"② 这次外交活动取得了一定的进展，在朝鲜使臣向龚天使告辞时，龚用卿向他们通报了进展的情况："宗系事已抄奏本，置诸内阁，但竢刊行耳。此吾亲自抄书者，汝还本国，启达国王为可。"③ 在朝鲜使臣的外交活动中，龚用卿确实为他们出了许多力，给予了很大的帮助，虽然宗系辩诬问题十分复杂，此次外交朝鲜并未达到最终的目的，但龚用卿和薛廷宠的帮助令朝鲜使臣感动不已，在他们心目中，二人是十分正面的形象，因为他们的举措契合了朝鲜的国家利益。由此推彼，从而对明代的官员形成了良好的印象。因此，他们在使行中国时，一旦听说对曾经帮助过他们的这些官员不利的言论时，马上会竭尽全力地予以解释并予以保护："又曰，龚吴两天使东行时，荒醉流连，程卢诸公谓二人无行检，出使外国必亏朝廷之体貌而归云。使臣曰'二学士在本国不受一物，殿下力挽一日不得，至今为恨。二公之简洁我国人皆思慕也。'"④ 朝鲜使臣听到出使朝鲜的明官员受到"荒醉连连"、"无行检"的质疑，处于高度的政治敏感，立即予以反驳，从本国利益的角度出发保护这些明朝官员，这段记载也反映了当时明朝内部激烈的政治斗争。

朝鲜使臣对待明朝官员的态度是泾渭分明的，如果明朝官员提出不利于朝鲜利益的意见，那么，这些官员在朝鲜使臣眼中几乎成为"乱臣贼子"，对其抱有深深的敌意。如 1604 年（万历三十二年）出使的闵仁伯，不但没有完成使命，而且被明朝官员凌辱得几欲自杀，自然可以想见这些官员在其心中的形象。闵仁伯此次使行的背景十分复杂：1592 年（万历二十一年），"壬辰倭乱"爆发后，日寇一路势如破竹，俘虏王子临海君李珒，宣祖仓皇出奔平壤，命令十七岁的王子光海君李珲暂摄国事。李珲收集流散的军队和义兵，号召通国勤王，以图恢复。李珲的这个举措振奋了朝鲜民心军心，对全国团结一致打击倭寇很有作用。1593 年（万历二十二年），

① 丁焕：《燕行录全集》卷2，《朝天录》，第 318 页。
② 丁焕：《燕行录全集》卷2，《朝天录》，第 309 页。
③ 丁焕：《燕行录全集》卷2，《朝天录》，第 322 页。
④ 丁焕：《燕行录全集》卷2，《朝天录》，第 141 页。

日本撤出汉城，退守釜山，并将虏获的临海君和顺和君两位王子送还，倭乱暂时告一段落。由于在倭乱中出色的表现，再加上临海君曾经被倭寇所俘，宣祖于1595年（万历二十三年）册封光海君为世子，并上表明朝请求批准。但是由于临海君是哥哥，而光海君是弟弟，立储涉及长幼之序，所以明朝没有允许。1604年（万历三十二年），朝鲜再次上表请求易储，闵仁伯就是为了完成这个政治使命而来到北京的。在北京，他见到了对朝鲜废长立幼之事持坚决否定态度的提督主事聂云翰，这个官员给他留下了非常恶劣的印象："当礼部相议，诸议皆好，而提督主事聂云翰，号化南，直隶曲周人。独主张发论曰'立次子非礼，方物不可受云云。'"① 这段记载表明了朝鲜使臣在完成政治使命之前，是非常注意收集明的相关情报的，哪些官员可以帮助他们完成任务，哪些官员又是完成任务的阻碍，这些是他们必须了然在胸的，这也是一个外交家和政治家的素质之一。明朝不接受朝鲜送来的礼物，对朝鲜来说，则是一个非常严重的事件，严重到甚至会导致国家关系破裂的后果，这也是朝鲜不愿意看到的。因此朝鲜使臣拜见聂云翰，想试图说明原委。但是，聂云翰这个官员对于朝鲜使臣的厌恶是毫不掩饰的："我等就行见礼，则盛怒之色见于颜色，令译官林堂呈礼单，则即挥手曰'岂有此理'，亟令拿去。仍曰'汝国王昏乱，壬辰弃城，长子安得不见拘于贼乎？反以贼所俘为罪，立其次子。我在兵部，心甚恶之，及其守制，亦甚恶之。今岂听汝言，汝等乱臣贼子辈，来此要大功，我非主张之人，决不可为也。'其千言万语，虽难尽解，而口角流沫，愤懑之气，溢于辞色。"② 应该说，聂云翰这篇指责是十分激烈的，而且也是严重伤害朝鲜使臣感情的。聂云翰直斥朝鲜国王昏乱，这是笃遵君臣之礼的朝鲜使臣无法接受的，这番言辞无疑是侮辱了整个朝鲜和朝鲜人民，聂云翰在朝鲜使臣心目中是什么形象也就可想而知的。因此朝鲜使臣采用了丑化的描写手法，"口角流沫"一词显露了朝鲜使臣对其无比厌恶之情。至于聂云翰大骂朝鲜使臣"乱臣贼子"、"来此要大功"，倒是从另一侧面展示了朝鲜立储之争时政治的混乱情况。宣祖末年，朝鲜国内在立储问题上也发生了激烈的争吵，因为当时宣祖仁穆王后已经生有一子（永昌大君，1606年生），弃嫡立庶，与儒家宗法观念不合。朝廷中的北人党因此分裂为以李尔瞻为

---

① 闵仁伯：《燕行录全集》卷8，《朝天录》，第44页。
② 闵仁伯：《燕行录全集》卷8，《朝天录》，第44页。

首、主张拥立光海君的大北派和以柳永庆为首、主张拥立嫡子的小北派。小北派在光海君即位后受到打击，柳永庆被赐死，小北派分裂成清小北和浊小北，而大北派则又分裂成骨北、肉北和中北三派。由此可见，朝鲜的党争激烈到了什么程度。从闵仁伯的记载来看，他是支持册封光海君的，这是他的政治倾向，但是在笃信儒家长幼之序的聂云翰眼中，他自然是背弃长幼伦常的"乱臣贼子"，其"来此要大功"之责倒是切中了一部分朝鲜官僚的心理。作为明朝一个资深的官僚，聂云翰深知皇家建储之争的惨烈，因此一语道出未来的发展趋势："禽兽之事，吾何忍言，汝等回国，必杀长子。"[①] 事实倒是被聂云翰所料中，光海君即位后，于1609年（万历三十七年）即杀了对他王权产生威胁的临海君。聂云翰一口一个"昏乱之君"，一口一个"奸臣贼子"，这种侮辱对朝鲜使臣来说简直无以复加，因此朝鲜使臣反应十分激烈："前日丁应泰诬陷我邦，而其言则不如此聂之甚，其为辱国如何，即欲刎颈于其前，以示罔极之情。"[②] 如果闵仁伯真的血溅当场，那肯定会为两国关系的发展蒙上巨大的阴影，但是为了完成使命，朝鲜使臣只好忍气吞声，但仍然遭到聂云翰的斥骂："又呈书册药材许贸单子于提督，则聂大怒曰'汝等奸臣，岂读书者乎？'裂其两单，又呈观国子监天坛单子，则曰'天朝国子监，非汝等奸臣所可观处。'终始听其言语修为，其为丁应泰之党无疑矣。"[③] 在众多的朝天录的记载中，像聂云翰这样声色俱厉对待朝鲜使臣的明代官员实属凤毛麟角。

与聂云翰持相同反对态度的还有礼部左侍郎李廷机。李廷机，字尔张，号九我，明代晋江新门外浮桥（今属泉州市鲤城区）人。1542年（嘉靖二十一年）生，1616年（万历四十四年）卒。李廷机为人一向以严为主，为政以"清、慎、勤"著称，明史对他的评价是"遇事有执，尤廉洁，然性刻深，亦颇偏愎，不谙大体"。[④] 李廷机于1570年（隆庆四年）参加顺天府乡试，中解元，1583年（万历十一年）会试第一名，殿试第二，授翰林编修，并为侍读中允；累迁太子洗马兼修撰，左庶子、直讲经筵少詹事，兼侍讲学士、少詹事，兼侍讲学士、礼部左侍郎，代视部事、礼部尚书兼东阁大学士等职，值得注意的是，为节约国本，李廷机还实行了革除外国贡

---

① 闵仁伯：《燕行录全集》卷8，《朝天录》，第45页。
② 闵仁伯：《燕行录全集》卷8，《朝天录》，第45页。
③ 闵仁伯：《燕行录全集》卷8，《朝天录》，第46页。
④ 《明史》，《李廷机传》。

使的车马费，停发朝鲜的戍饷等举措。这恐怕也是朝鲜使臣对其予以高度关注的原因。闵仁伯拜见李廷机并提出易储的请求时，李廷机表现得十分冷淡："往礼部，则尚书及右侍郎缺员，惟左侍郎李廷机坐堂，即呈文，且诉其闷迫之由。则曰'此事不便，非我独为。'"① 实际上，李廷机已经很明确地表明了自己不赞同的态度，一个月后，朝鲜使臣见到了李廷机的奏本："九月七日，得见礼部奏本，则首云礼部署部事左侍郎李廷机一本，为朝鲜储议断不可从，恳乞圣明持立长之常经，以安夷藩，以杜后患事。本年本月初七日，内府抄出朝鲜国王姓讳一本，为储嗣已定，册命久稽，恳乞圣明极加恩典，以镇人心事等因。奉圣旨礼部知道，钦此该科参看得云云，抄出酌之等因到部。臣看得长幼之序，礼莫大焉，储嗣之立，礼莫重焉，舍长立幼，于理不顺，若令之自中国，是非礼令也，若徇之自臣部，是以非礼徇也。况历查数年以来，并无许者，臣安敢当臣之身，为乱常拂经之事，生历阶为戒首乎？查得万历二十一年请封云云，是初不许也，二十三年请封云云，是再请不许也，二十四年请封云云，是三请不许也，三十一年请封云云，是四请不许也。臣仰稽历年之明旨，深惟万世之大经，惟有立长之说确乎不易。夫有国者，惟嫡长是立，则生尔人皆曰是，为异日国主矣，人心正矣。若立不以长而以贤，则权将不在上而在下，一世作俑，后世效尤。如逐鹿，如瞻乌，如举棋不定，非乱道乎？况子之贤庸，国所代有，天之生人，中下最多。据国王初疏，止言其次子颇聪敏，堪托付耳，及见部覆，有未会开载长子有何失德之语。而国王再疏，始以长子凡近，久陷贼中，惊忧成病之说来矣。事重初情，临海君不过平庸，无失德耳，且倭奴之遁，朝鲜将全以为光海君功乎？即今岁尚请将乞兵为戍守，无事而周章如此，则光海之才可知，而往者之功又可知。光海无季历武王之贤，而欲其父用太王文王之权，其兄为泰伯伯邑考之让，臣以为过矣。据姓讳疏，但撮节次部覆末端，姑俟之缓词，而删去参驳百千言之争论，盖彼见吾未有斩钉截铁之意，辄生观望觊觎之心。臣以为此事已十余年，持疑已久，今兹之请，不可不断。惟有立长子临海君珒，则名正言顺而事成，在今日立之为据经，即他日助之，亦为助顺，大抵事惟顾何如，他不必问也。臣愚见如此，伏乞圣明裁查。如臣言不谬，特赐乾断，勅谕朝鲜国王，以伦序不可紊，常经不可变，国本不可轻动，一心属意临海君而训诲之，令

① 闵仁伯：《燕行录全集》卷8，《朝天录》，第42页。

临海君以德自砺，光海君以分自安，该国臣民无有携贰，然后许其请封，则祸乱不生，夷藩永固。不然，如国王所引永乐年间二百年前一见之事，则陛下可方成祖，而臣驽下，远不逮永乐诸臣，臣且恐自今后，该国之费天朝处分不止此一代也。"①

从奏章内容上看，李廷机对朝鲜的要求是持坚决反对态度的，他认为，朝鲜舍长子临海君而立次子光海君，已经严重挑战了中国固守的"长幼有序"的理念。中国在长时间的封建社会中，逐渐形成了"三纲五常"的基本道德原则和规范，"君为臣纲，父为子纲，夫为妻纲"反映了封建社会中君臣、父子、夫妇之间的一种特殊的道德关系。"仁、义、礼、智、信"，是用以调整、规范君臣、父子、兄弟、夫妇、朋友等人伦关系的行为准则。"三纲五常"已经成为封建社会的最高道德原则和观念。所以李廷机指出"舍长立幼，于理不顺"，这个"理"，就是明政权所崇尚的伦理纲常。作为深受中国文化影响的藩属国，朝鲜居然做出如此大逆不道的举动，这也是李廷机反应如此激烈的一个重要原因。李廷机对朝鲜列出的临海君"惊忧成病"的废黜理由嗤之以鼻，并指出光海君的一个令明不满之处，即"壬辰倭乱"结束之后，明朝的国民经济已经受到了严重的影响，而光海君仍然请求明派兵戍卫，以防倭寇卷土重来，这又给本来就千疮百孔的明朝经济造成了巨大的压力。奏章中，李廷机还严厉地批评了朝鲜在上疏中玩弄的障眼法，即将光海君的情况写在疏中不易为人注意的末尾部位，又删去了朝鲜国内的众多争论之词，以期达到目的。实际上，为了达到外交目的不择手段，也是朝鲜外交的一个重要特点，朝鲜人从来不认为采用阴谋诡计有什么不光彩之处，而更崇尚目的的实现，他们是采用一种实用主义来制定外交策略的。所以李廷机主张快刀斩乱麻，用严厉的态度来回应朝鲜的请求。在奏章中我们可以看出，万历二十一年、万历二十三年、万历二十四年、万历三十一年，朝鲜四次请求册封均被明拒绝。一直到1608年（万历三十六年），东北亚的国际形势发生了变化，明朝才于是年十月册封李珲为朝鲜国王。

由于朝鲜的政治诉求被李廷机强有力地予以反击，严重损害了朝鲜的国家利益，因此，朝鲜使臣以政治标准衡量，得出了"辞语之间，其为人可知矣"的政治鉴定。很显然，李廷机也被朝鲜使臣划归到聂云翰之类的

---

① 闵仁伯：《燕行录全集》卷8，《朝天录》，第46页。

"乱臣贼子"，从而列入朝鲜的黑名单之上。由于李廷机在明廷中深远的政治影响，朝鲜此次使行没有达到目的。实际上，这反映了"朝天录"中朝鲜使臣对明代官员形象塑造的过程，也是对自身形象的塑造过程。宣祖末年，朝鲜国内在立储问题上发生了激烈的争吵，朝鲜出现了十分混乱的党争，也正是明党争的一个映射。闵仁伯出使中国的时期，也正是首辅沈一贯和内阁大学士沈鲤进行激烈党争的时期，而聂云翰、李廷机正是党争旋涡中的重要人物。所以说，在朝鲜的政治标准衡量下，明代官员的形象，在一定程度也是14世纪到17世纪朝鲜官员的域外镜像，不过这种镜像是朝鲜进行过滤后的变形镜像。

1623年（天启三年）三月十二日，朝鲜西人党的李贵、李适、金自点等人在仁穆王后和新崛起的南人党势力的协助下发动宫廷政变。大北派的李尔瞻、郑仁弘等被赐死，光海君的侄子，二十八岁的绫阳君李倧即位。被废黜的光海君则被带到仁穆王后面前接受斥责，然后用石灰烧瞎双目，流放于江华岛，朝鲜史称"仁祖反正"。光海君的册封尽管经过了许多波折，但他毕竟是经过明册封合法的君主，朝鲜擅自发动政变废除一个合法的君主，绝对是一件忤逆不道的大事，是中国所不能接受的。

同年，朝鲜使臣从水路从登州上岸，前往北京请求册封绫阳君李倧。正在登州操练水军节制后金的军门袁可立立即率先表明了明确的反对态度。朝鲜使臣一上岸，袁可立就给了他们一个下马威："军门按察吩咐云，朝鲜来者勿许入水城门。"① 在接见朝鲜使臣时，袁可立貌似不经意地询问了朝鲜国内情况："抚院立语曰'你国旧王在否？'，答曰'在矣。'曰：'有子否？'答曰'有一子'，军门曰'在哪里？'答曰'同在一处'。曰'闻旧王三月十三日已死云，是乎？'答曰："无此理"。军门曰'十三日动兵云是耶，抑旧君自退耶？'答曰'其失德，详在申文中，老爷见之则可以详悉矣。一国大小臣民，不谋而同，推戴新君。昭敬王妃令权署国事，天命人归，从容正位，岂有动兵之事乎？'军门曰'然则烧宫室云者，何故耶？'答曰'宫妾所居之处，点灯失火，而正殿则依旧矣。'军门曰'你国定乎？'答曰'反正之日，市不易肆，朝野晏然，有何不定之事乎？且总镇毛驻扎敝邦，如有可疑之端，则岂有掩护小邦，欺瞒朝廷之理哉！'军门曰'晓

① 李民宬：《燕行录全集》卷14，《癸亥朝天录》，第313页。

得'仍命茶,谢拜而退。"① 从这段记载可以看出,因袁可立负有节制后金、监视朝鲜的重任,因此十分注重搜集朝鲜的各种情况,朝鲜政变这样重大的事件自然也逃不脱他的耳目。他对朝鲜使臣开门见山地询问光海君和他儿子的下落,其用意十分深远。如果光海君非正常死亡,那新政权的合法性非常值得怀疑,如果光海君正常死亡,但其子尚在,那应该子承父位,方为合法。实际上,袁可立已经非常隐晦地表明了自己的态度,即朝鲜的这次政治举动是不合法的,是非正常的,它颠覆了"三纲五常"的封建秩序。袁可立又意味深长地询问光海君是正常退位,还是内部采用武力进行政变,这个询问使朝鲜使臣有些惊慌,只好用朝鲜非正常更替君主的理由"失德"予以搪塞,又掩盖了焚烧宫殿的事实,最后,又抬出了毛文龙来反击袁可立。关于节制毛文龙,明朝廷对袁可立是有明确授权的:"牵制奴酋者,朝鲜也;联属朝鲜者,毛镇也;驾驭毛镇者,登抚也。"② 因为事涉国家安全机密,袁可立立即奉茶送客,不再深谈。实际上,袁可立通过此番试探,再加上与情报的印证,他已经完全明白了朝鲜到底发生了什么事情。

在弄清楚了朝鲜政变的详情之后,袁可立马上向朝鲜表明了自己的态度:"看得废立之事,二百年来所未有者,一朝传闻,岂不骇异"③,不仅如此,袁可立还几百里加急向北京呈送奏章:"李珲袭爵外藩已十五年,于兹矣,倧即系亲派,则该国之臣也。君臣既有定分,冠履岂容倒置。即珲果不道,亦宜听大妃具奏,待中国更置。奚至以臣篡君,以侄废伯,李倧之心不但无珲,且无中国,所当声罪致讨,以振王纲。"④ 朝鲜事态变得如此严重,袁可立向朝廷建议立即讨伐朝鲜,这对朝鲜来说简直是一个太坏的消息,朝鲜使臣在北京看到了袁可立的奏章后,采用贿赂的手段疏通相关官员,并采用秘密状启的方式直接将工作做到了首辅叶向高那里,最终达到了目的。尽管如此,朝鲜却仍然对主张"声罪致讨"的袁可立耿耿于怀,这种仇恨甚至延续到了明灭亡之后的清朝前期,1678年(康熙十七年),清开馆延修《明史》,朝鲜专门派遣使节前来奏"史诬",在康熙面前对袁可立口诛笔伐,将明朝保留的关于"仁祖反正"的相关记录归罪于袁可立的奏本,诬其道听途说,颠倒黑白,强调说当时袁可立等明朝官员所看到的

---

① 李民宬:《燕行录全集》卷14,《癸亥朝天录》,第320页。
② 《明实录·熹宗实录》,《兵部疏》。
③ 李民宬:《燕行录全集》卷14,《癸亥朝天录》,第322页。
④ 《明实录·熹宗实录》,《兵部疏》。

情况不全面，朝鲜所发动的政变是光明正大的，并没有阴谋在里面，并疏通说服清朝高官对明代的这一记录进行了改写，替自己的祖先"正名"，并宣示天下。尽管明史中关于这一段史实被清改写，但中国清朝的《永宪录》和《池北偶谈·朝鲜疏》等书对这件事情都留下了详细的记录，这是不容抹杀的。朝鲜对袁可立的偏见延续了这么长的时间，实属罕见，归根结底，是朝鲜在观察明代官员时所持的政治衡量标准所致。

如前所述，闵仁伯在记录中两次提到了一个明朝的官员——丁应泰，并将聂云翰归入丁应泰一类，可知丁应泰亦是朝鲜使臣政治视野中所厌恶的对象。

丁应泰是有明一代中朝关系史上的一个重要人物，同时也是朝鲜眼中的一个眼中钉。"壬辰倭乱"结束之后，总结战争的得失成了首要的问题。1597 年（万历二十五年），日本撕毁和谈协议，再次入侵朝鲜，即朝鲜史称的"丁酉再乱"，明朝任命当时的辽东布政使参政杨镐为都察院右金都御史，掌管经理朝鲜军务。在同年 12 月的蔚山之战中，明军损失惨重，但杨镐却和总督邢玠联名向明廷奏报此役大获全胜。杨镐曾是明朝的东征官员，同时也是对日本主战派中的一员。在明军南原战斗失败后，杨镐兵援王京汉阳，最终率领军队获得了稷山之战的胜利，使朝鲜首都脱离危险，因此，他在朝鲜的整体表现获得了朝鲜君臣的信任。丁应泰在"丁酉再乱"时为明朝兵部主事，"赞画朝鲜军前事务"，蔚山之战后，他上疏弹劾杨镐和麻贵、李如梅等明将领，他认为杨镐在蔚山之战中指挥失误，给明军造成了重大损失；隐瞒战败事实，欺骗朝廷；贿赂次辅张位谋取经理一职，结党营私；伙同李如梅等与倭将加藤正清议和，即"当罪者二十八事，可羞者十事"①，如此严重的指控使得杨镐被万历皇帝撤职。丁应泰弹劾杨镐在朝鲜引起了巨大的波澜，朝鲜国王宣祖李昖亲自向明陈奏，为杨镐辩护，领议政柳成龙率朝鲜百官市民亦呈文于总理衙门，挽留杨镐。朝鲜的激烈反应更加剧了丁应泰的不满，于是，丁应泰转而弹劾朝鲜及朝鲜国王，其理由一是朝鲜国王勾结日本，以图恢复旧高句丽之地；二是朝鲜有《海东纪略》一书，表明了其背明而与日本交好的事实；三是朝鲜书籍中也尊称本朝诸王为太祖、世祖等，与天朝同列；四是朝鲜一贯轻视中国，招倭构衅，移祸天朝，并与杨镐结党营私。他将刑玠、麻贵、陈璘等将领也划入其中。

---

① 《皇明实录》，万历二十六年六月。

丁应泰的指控十分严重,在朝鲜朝野间引起轩然大波。应该说,丁应泰的指控牵扯了更多的私人恩怨,否定了基本的事实,否定了中朝联军抗倭过程中取得的成绩,是站不住脚的。在众多大臣的反对下,明神宗最后下诏肯定朝鲜的忠诚,才使这段外交风波得以终结,丁应泰也成了众多朝鲜官员心目中的死敌。因此,闵仁伯将聂云翰归入丁应泰一党,也充分表达了对其深深的厌恶和痛恨。

如果以今天的眼光来看待前文所述聂云翰的举动,当然是十足十地干涉他国内政的举动。但是在当时的情况下,朝鲜作为明朝忠诚的藩属国,其违背长幼之序的易储之举受到明朝的反对,也是在情理之中的。儒家讲究伦常,讲究长幼,这种观念深深地植入了皇家的理念之中,因此在选择皇帝继承人的时候,是否为嫡长子直接成了衡量皇家血统是否纯正的标准,备受统治者重视。朝鲜废长而立幼,受到明朝的反对是自然的。此外,聂云翰说自己曾在兵部任职,那时就对朝鲜深深厌恶,因此闵仁伯将其归为丁应泰同党,也是一个合理的推断,因此才能解释他在礼部其他人都同意朝鲜请求的情况下,"攘臂大言于诸司及堂上"的反常举动。如果聂云翰真的是丁应泰的同党,这么这种举动显然是对当年丁应泰弹劾朝鲜失败的一个报复。聂云翰事件也从侧面反映了朝鲜人思想上的一个矛盾性,一方面笃信程朱理学,对儒家的"礼"要求十分森严,甚至达到了形而上学的程度,并处处用"礼"的要求来观察中国,塑造中国;但另一方面,在本国事务尤其是王权交替涉及"礼"的长幼之序时,却又含混不清,丧失了以往的坚定,最后只能用激烈的党争来掩盖这种矛盾性,这倒是很值得研究的一个现象。

2. 徐光启与监护朝鲜

徐光启是明末著名的科学家、农学家、天文家和中西文化交流的先驱,同时他也是著名的三大天主教徒之一。我国的近代科学、历法、农业、水利、军事等的发展,都跟徐光启有密切的关系。明初开始使用的《大统历》到了明朝后期误差累积,差错频发,徐光启吸取了欧洲先进方法,准确预报,因而名声大振。此后他参与和负责了艰苦的"改历"工作,编译成46种137卷的《崇祯历书》,为我国天文历法学做出了重大贡献。徐光启出身农家,对农事极为关心。他重视救灾救荒,讲究水利建设,亲自进行各种农业技术实验。他的《农政全书》成了农业方面的经典之作。徐光启还与意大利传教士利玛窦合作翻译了《几何原本》,为改变中国人的传统思维方式开辟了一条新路。现在以《几何原本》为主要内容的初等几何早就成为我国中学的必修课,实现了他 300 年前"无一人不当学"的预言。可以说,徐光启是中国明朝历史上一个十分重要的人物,他为推动当时的社会科学发展做出了重要的贡献。但是,就是这样一个天资聪颖的先驱人物,在明代的朝鲜,却被他们视为威胁国家安全的头号敌人。

1618 年,(万历四十六年),后金与明朝决裂。明廷以杨镐为兵部左侍郎兼金都御使经略辽东。翌年(1619 年)二月,杨镐率兵七万,兵分四路,对后金发动围攻。朝鲜助兵一万三千人,由都元帅姜弘立率领。结果,明军三路丧师,精锐损伤殆尽。东路主帅刘綎阵亡,朝鲜军队不战而降。六月十六日开原陷落。开原不守,则北关隔绝。北关是海西女真四部之一的叶赫部,其与建州女真世代有仇。明朝一直对女真族采取以夷制夷的政策,拉拢叶赫部遏制建州势力的发展。开原在北关迤南,与北关相倚存。北关一旦陷于后金之手,则满洲和蒙古得以东西联合,辽东数百里边墙就会处处受敌。北关与朝鲜同为大明的藩屏,恰好对后金构成了南北夹攻之势,起到共同牵制后金的作用。北关一旦陷落,则后金可以专意南下,朝鲜则岌岌可危矣。在这种微妙的形势下,朝鲜的态度就显得至关重要,因此朝鲜的政治取向就成了明有识之士关注的焦点。

面对开原已失的新局势,明臣纷纷献计献策。兵部尚书黄嘉善上《亟图守御疏》,主张发兵辽东,守护朝鲜,并给予朝鲜弓角、焰硝等军事物资①,熊廷弼上《河东诸城溃陷疏》,请求出兵,建议首先恢复开原。徐光启上《辽左阽危已甚疏》,其中《监护朝鲜疏》是属于此疏中的第三部分,也就是此疏引起了朝鲜朝野的极大震撼,先后派遣数使前来明朝辩诬。《辽左阽危已甚疏》的原文,《明神宗实录》无载,连《神庙留中奏疏汇要》中也没有任何痕迹,成书于万历末年的《筹辽硕画》也仅存前四款。但刻成于天启末崇祯初、由徐光启亲自编定的《徐氏庖言》和定稿于崇祯十一年的《明经世文编》却全文收录此五款。朝鲜的《光海君日记》和《梨川相公使行日记》中则单独刊载了"亟遣使臣监护朝鲜,以联外势"一款,这充分显示了朝鲜对明廷政治动向的注意。关于《监护朝鲜疏》,遍查明代官方典籍均无记载,而在 1619 年(万历四十七年)出使中国的李弘胄的《梨川相公使行日记》中的末尾,却记载了此疏的内容:"臣窃惟逆贼累胜未

---

① 《明实录·神宗实录》,《筹辽硕画》。

遂，深入者后有北关，前有朝鲜，非彼觜首之譬。今开原不守，北关隔绝，鞭长不及马腹，必且抵入于奴。朝鲜则师徒丧败，魄悸魂摇。昨传谩书，恐喝挑激鲜之君臣，事势狼狈。既为逊词复之，继以败将俘军羁留为质；且怵且诱，遂入牢笼，赍币饩牵，交酬还往。鲜、奴之交已合，荡然无复东方之虑矣。从此安心西路，奚止唾手全辽。射天逆途，殊未可量。即使辽左尚存，而镇江、宽甸再有一失，朝鲜又为异域，后来合小攻大，鲜或不从；胁求假道，易于反掌。况奴之狼戾无亲，鲸吞莫厌，弟婿至亲，皆杀而并之，何有鲜哉？二者居一焉，即我水陆万里，皆为寇场矣。晋楚争郑，终春秋之世者，为其左投左重，右投右重也。今结好朝鲜，既是奴之狡谋，则联属朝鲜，即为我之胜算。臣考古制，天子使大夫监方伯之国，汉开河西四郡，通西域，置护羌、戍己校尉，都护、长使、司马，以控制诸国，断匈奴右臂。监者，察其情形；护者，扶其颠危。朝鲜形势略似西域，寇氛之恶，亟于匈奴，安可置之度外乎？皇上数年宵旰，殚才竭力，争灭国于强倭之手，挈而与之。今者不赖其用，而弃以资敌，失策之甚者也。经臣杨镐咨行该国，激以大义，勉以自强，是矣。大义彼所熟谙，其如强威狡计，诱胁百出，宜须日夕提撕。至于自强之策，则该国素习文弱，岂能勉强？臣之愚计，谓宜仿周汉古事，遣使宣谕，因以监护其国。时与阐明华夏君臣天经地义，加以日逐警醒，使念皇上复国洪恩，无忘报答。再与点破：奴贼之巧图恶并，是其故智；要盟伪约，岂足依凭。鲜之君臣，明理蹈义，如此面命耳提，宁无感动发愤？察彼心神无二，就与商略戎机，令其渐强，可战可守。彼若诱胁，情形变动，便当责以大义，一面密切奏闻，以便措置防范。大都出疆机事难可预拟，总大指不出"监护"二端。倘合济师及他申索，亦宜随时度势，斟酌听许。如此即狂谋无厌，可以犄角成功；若暂守封疆，亦是辅车相依。譬之奕棋，虽布闲着，实得外势，必胜之术也。此项差遣宜用大臣，但恐事机难料，仍须回顾国体。若选取名将，乃是战守急需。使事所重又非全在武力。泛遣弁流冗职，祇以辱国偾事而已。窃考词臣奉使该国，自有成规；臣今自荐，愿当此任。辽事急切，不必多抽士众，只须议定饷给听臣选择参佐义从，中带巧工教师，以便相机应用。臣本儒臣，未习军旅，封胥禅衍之功，何敢遽而自许；至于古之良使，传其信辞，士之有耻，不辱君命，臣虽不敏，窃有庶几之心。但此举兵家奇道，虽事等班超，而势非强汉。机欲潜深，法应秘密。出疆之日，深入羊群，实垂虎口，安危呼吸，宜资权变，事情迁贸，难拘一律。

如蒙圣命，特遣受命，以后仍望稍假便宜，以求克济。伏乞圣裁。"① 尽管此疏内容相对完整，但原文多有语意不通和涂抹之处，笔者怀疑其中脱漏处为后人出于政治考虑而涂抹所致。

据李弘胄抄录的《监护朝鲜疏》，我们可以大致看出徐光启上奏的内容，徐光启在分析了朝鲜在整个辽东战局中的重要性后，提出："今结好朝鲜，既是奴之狡谋，则联属朝鲜，即为我之胜算。"② 也就是说，在当时的形势下，徐光启看到了后金拉拢朝鲜的企图和争取朝鲜的必要性。最好的办法就是依照古制，"天子使大夫监方伯之国。"③ 徐光启在这里运用了"三监"的典故。武王灭商后，把商的旧都封给了纣王的儿子武庚，令其统治殷的遗民，但惧其有异心，乃以殷都以东为卫国，由其弟管叔监之；殷都以西为鄘国，由其弟蔡叔监之；殷都以北为邶国，由其弟霍叔监之。徐光启还引用了汉代的历史对自己的观点加以论证："汉开河西四郡，通西域，置护羌、戊己校尉、都护、长使、司马，以控制诸国，断匈奴右臂。"汉代是通过设立行政建置来达到"控制"的目的，"三监"典故的运用是朝鲜为之惶恐不安的重要原因，熟知中国文化的朝鲜深知"古昔变乱之国，始有监护之设"的典故，因此对徐光启的奏折内容十分恐慌。徐光启自荐前往朝鲜完成"监护"的任务，他请求万历皇帝"不必多抽士众，只须议定饷给，给臣选择义从二百余人，中带巧工，以便相机应用"。④

徐光启一生从未踏上辽东的土地，那为什么在《辽左阽危已甚疏》中提出了"监护朝鲜"这样激烈的建议呢？1619 年（万历四十七年），萨尔浒大战之前，辽东巡抚李维翰、蓟辽总督汪可受、新任经略杨镐曾经先后咨文朝鲜，要求出兵"助剿"后金。但由于光海君在册封问题上曾对明心存怨恨，再加上后金势力不断扩大，不断对朝鲜施加心理压力，因此面对明朝的这一请求，光海君态度消极："我三边防备自守不暇，举单弱之卒入援，天朝有何所益？愿老爷深思小邦情事，许令固守藩篱，则非但自守弊疆，其于助势犄角之策，或有补益。"⑤ 双方几经交涉，朝鲜才勉强答应出

---

① 李弘胄：《燕行录全集》卷 10，《梨川相公使行日记》，第 110 页，据《明经世文编》补全脱字。

② 李弘胄：《燕行录全集》卷 10，《梨川相公使行日记》，第 111 页。

③ 李弘胄：《燕行录全集》卷 10，《梨川相公使行日记》，第 111 页。

④ 李弘胄：《燕行录全集》卷 10，《梨川相公使行日记》，第 114 页。

⑤ 《李朝光海君日记》，十年闰四月条。

兵:"都元帅姜弘立、副元帅金景瑞领三营兵马一万三千人,自昌城渡江,会天将于大瓦洞,即华夷界也。"① 但是,值得注意的是,在这种严峻的选择面前,朝鲜政治中特有的游移性再一次显现出来,为了保持实力,避免遭受更大的军事和政治损失,光海君密嘱都元帅姜弘立"观势向北"、"见机行事"、"毋徒一从天将之言,而唯以自立于不败之地为务"。② 朝鲜赵庆男在《乱中杂录》中,刊有姜弘立投降后金后报启光海君的密函:"小酋自咸镜受禄俸而来,言于满住曰:会宁府使言,我国为中朝所迫,发兵而送,当在唐阵之后,须知此意。"③ 这说明了战前明军的军事情报已经被朝鲜泄露。更令人惊讶的是,姜弘立在密函中也承认了战前与后金议和的事实:"详度事势,则彼中情形全然不知,轻易进兵,必有意外之患,不可不预通。故密议于诸将,令通事金彦春、河世国、河龙入往胡城,传言我国自来无怨,今者出兵,迫不得已云云。"④

萨尔浒一役,明朝三路联军大败,元帅姜弘立被俘,朝鲜军队投降。导致明"流言载路,内而科部、外而辽省,莫不畜疑藏惑。"⑤ 明官员相继上本,提出自己对朝鲜的怀疑和忧虑,云南御使张至发上本:"今奴酋又胁结朝鲜,朝鲜君臣惴惴自保,能必其不阳衡而阴顺乎?阴顺则舻舸南至,进而窥登莱,深而窥徐、兖。"⑥ 兵科给事中薛凤翔上疏:"朝鲜畏惧之深,隐为输献。称报之音译,乍阴乍阳,侦探之伏请,倏此倏彼。"⑦ 这些都显示了明对这次战败原因疑窦重重。徐光启等人对朝鲜在历史的紧要关头、战役前后反常表现的怀疑,并非空穴来风。值得注意的是,围绕着监护朝鲜一事,明朝廷内部也掀起了一场政治斗争,徐光启上《监护朝鲜疏》后,得到众多臣僚的拥护,以徐光启、熊廷弼为代表形成一派。他们与阁老方从哲、兵部尚书黄嘉善、礼部侍郎孙如游等另一派人物尖锐对立,因为在萨尔浒战前,方从哲、黄嘉善等不待刚到辽阳的大军休息,就多次催促杨镐发兵,萨尔浒兵败,他们也是有责任的。而辽东经略熊廷弼又与黄嘉善不合,两派围绕着"监护朝鲜"一事展开了斗争。

① 《李朝光海君日记》,十一年二月条。
② 吴晗:《朝鲜李朝实录中的中国史料》,万历四十七年二月丁巳。
③ 《乱中杂录》卷五,姜弘立在赫图阿拉致努尔哈赤书。
④ 吴晗:《朝鲜李朝实录中的中国史料》,"姜弘立上光海君状启"。
⑤ 吴晗:《朝鲜李朝实录中的中国史料》,泰昌元年三月甲辰。
⑥ 吴晗:《朝鲜李朝实录中的中国史料》万历四十七年十月壬子。
⑦ 李廷龟:《燕行录全集》卷11,《庚申朝天录》,第41页。

在徐光启的奏折中，"亟遣使臣监护朝鲜以联外势"① 一句是朝鲜最为恐慌之处，因为此句十分具有矛盾性，朝鲜对明"事大以诚"，成为明诸藩属国中最受特殊优待的国家，但既已成为"外势"而又要实施"监护"，那朝鲜的主权何在？主权不在又谈何国家的独立呢？虽然在对待后金的态度上，朝鲜与明朝处在同样的利益立场上，但如果为此而丧失了国家的主权和独立，朝鲜是无法接受这一事实的。继徐光启上疏自请前往监护朝鲜后，七月二十四日，六卿科道齐请差送。两天之后，吏部尚书赵焕等再次题请差遣徐光启"募兵训练，带往朝鲜，监护该国，就便练兵"。② 万历皇帝下旨："光启晓畅兵事，不依远差，着在京用。"③ 算是对徐光启建议的回复。

"若不积极处置，则光启虽曰不来，又安知复有如光启者乎？"④ 出于这样的长远考虑，朝鲜派遣富有外交经验，且为戴罪之身的李廷龟前往中国交涉此事。

李廷龟受命后，于1620年（万历四十八年）三月初六渡过鸭绿江。在他的记录中，朝鲜对徐光启是充满仇恨的："今见千秋使先来，赍来徐光启自荐出来上疏，不觉骨痛气塞，直欲蹈海钻地而未由也。我国与此贼，其果有如光启疏中所构之辞乎？此人诬陷之惨，甚于丁应泰之变矣。"⑤ 面临着被监护的危局，朝鲜直接将"罪魁祸首"徐光启称之为贼，并称其之举措远远比丁应泰给予朝鲜的损害更大，可见其怨毒之深。李廷龟于十二日抵达辽阳，在辽阳，他们听到了促使徐光启提出监护朝鲜建议的另一原因："初到辽东，衙门下人等盛言盐布遗贼之说……说称降胡供辞，有朝鲜以盐百石，牛三百头及船百只，棉布无算，送遣奴寨"、"标下将官五六人争来见，问贵国以盐酱牛只，多遗奴贼，贼中饥荒，赖以生活云"。⑥ 由此可见，萨尔浒战败后，关于朝鲜资敌的说法已经遍布朝野，从而形成了对朝鲜极度不利的舆论环境。熊廷弼在接见朝鲜使臣时，对朝鲜进行了安抚，并解释了"监护朝鲜"的含义："顷间虽有流言，俺及部院都不信他。所谓宣谕监护等事，京里果有此议。其意不过贵国与上年折了万余兵马，故欲遣使

① 李弘胄：《燕行录全集》卷10，《梨川相公使行日记》，第110页。
② 《明实录》，《神宗实录》，万历四十七年七月丁未。
③ 徐光启：《徐文定公集》，"恭承新命谨陈急切事宜疏"。
④ 李廷龟：《燕行录全集》卷11，《庚申朝天录》，第12页。
⑤ 李廷龟：《燕行录全集》卷11，《庚申朝天录》，第12页。
⑥ 李廷龟：《燕行录全集》卷11，《庚申朝天录》，第22页。

宣谕，钦赐银两，仍留义州团练兵马，脱有缓急，使之救护，本非察其情形之谓也。"① 那为什么熊廷弼的态度有了如此转变呢？应该说，在后金虎视眈眈之际，朝鲜的地位又微妙之极，熊廷弼作为辽东的最高军事长官，是不能轻易因为自己的言行而影响朝鲜的对华决策的，所以他出言稳定朝鲜使臣的情绪，并鲜明表明自己的态度，这是一个成熟的政治家的表现。但是，熊廷弼对朝鲜使臣提出一个他百思不得其解的疑问："科阁此说，上年冬末俺始得闻，贵国此咨，发于腊月十一日，何以听得如此之速也？"② 对此，李廷龟回答得含糊其辞："上年冬初，千秋陪臣在北京驰启者也"。③ 这个千秋陪臣是谁呢？《光海君日记》给出了答案："万历四十七年十月壬子，千秋使李弘胄、圣节使南拨等在燕京，以徐光启、张至发等奏本驰叩"④，那么李弘胄是如何得到这一消息呢？他的使行记录《梨川相公使行日记》中这样记载："臣等因序班辈闻中朝依赞善徐光启自荐之疏，将差送我国有监护宣谕之举，即求见通报，则果有六卿科道齐请差送之奏。臣等未知监护宣谕之为何事。求得原疏，多般访问，事系极秘，讨得无路，极以为闷。"⑤ 也就是说，李弘胄是在北京玉河馆中，偶然听得鸿胪寺的官员说的此事，但具体详情未知。于是，"令译官辈约以重价，使之秘密购得，适于提督外郎处得一印本，则乃徐光启前后筹疏奏合而印出者也。"⑥ 至此，熊廷弼的疑惑已经迎刃而解，消息的来源是李弘胄以重金贿赂明官员得到并加急秘密送回国内的。李弘胄还特地告诫国内："天朝衙门若诘得闻，因则非但无辞可答，觅给原疏之人，若因此重被透漏之罪，则此后虽有我国紧关之事，则得闻无踪。"⑦ 由此，我们可以看出，贿赂明官员以求得本国情报，是明后期朝鲜所采用的普遍做法，而这次本国政治机密的泄露，给明朝的对朝鲜外交带来了极大的被动，直接导致徐光启"监护朝鲜"政策的流产，明朝的官场混乱可见一斑。此外，我们也可以看出，后金崛起后，面对着后金的强势压力，朝鲜对明已经开始出现一定程度的疏离，离心离德的征兆已经出现，其外交政策发生了隐蔽的转变。

---

① 李廷龟：《燕行录全集》卷 11，《庚申朝天录》，第 25 页。
② 李廷龟：《燕行录全集》卷 11，《庚申朝天录》，第 24 页。
③ 李廷龟：《燕行录全集》卷 11，《庚申朝天录》，第 26 页。
④ 吴晗：《朝鲜李朝实录中的中国史料》。
⑤ 李弘胄：《燕行录全集》卷 10，《梨川相公使行日记》，第 115 页。
⑥ 李弘胄：《燕行录全集》卷 10，《梨川相公使行日记》，第 117 页。
⑦ 李弘胄：《燕行录全集》卷 10，《梨川相公使行日记》，第 117 页。

　　朝鲜使臣在与熊廷弼会见时，以本国国王的名义探问明朝的军事部署：
"即今布置方略，专在于老爷，未知老爷作何处置，事系军纪，寡君切欲知
之。"① 对此询问，熊廷弼保持了高度的警惕："军机重事，不好烦说"②。
李廷龟于四月十四日到达北京。十六、十九两日连续呈文于礼部与兵部：
"夫所谓折入阴顺者，未知何事？所谓监护察情者，未知何意欤？岂凶贼之
奸谋，阁下不信而信者或有之。小邦实情，阁下不疑而疑者或有之。誓心
讨贼，竭力征缮，抗议绝，具奏毕陈，是果折入乎？是果阴顺乎？古昔者，
变乱之国，始有监护之设。小邦则仰天朝如父母，而今忽待之以变乱之国，
二百年冠裳之域，无故而变为禽兽。疏揭一播，嗃矢万国。"③ 从呈文内容
可以看出，朝鲜对本次外交极为重视，十分讲究策略和技巧，出于政治上
的考量，呈文并未直接将矛头指向徐光启，但处处与徐光启的观点针锋相
对。因为他们深知明代这些高官之间错综复杂的关系，他们既不想赤裸裸
地与徐光启反目成仇，为本国树立一个强敌，又要充分利用这些官员之间
的矛盾："只将光启疏辞陈辩，有若专攻其说，则光启便为我敌，科道诸官
之右光启者，必纷然而起，攘臂而攻我不遗余力矣。"④ 在兵部，兵部尚书
黄嘉善接见了他们："则尚书黄嘉善坐堂，举手答揖，再三批读点头，良
久，招表廷老等进前而言曰'贵国忠顺天朝二百余年，虽有行言，岂有致
疑之理。顷者这边果有一种之议，而圣旨时未批发，你国若有疑虑之意，
则亦当议而寝之。今见咨文及陪臣呈文，向来流言，果是凶贼离间之计。
天朝虽不信之，而大义所在，不得不办云。'"⑤ 如前所述，黄嘉善与方从哲
都是反对徐光启"监护朝鲜"的建议的，因此，他以兵部尚书的身份表明
态度，并鼓励朝鲜进行辩白，这恐怕也是从当时明内部的政治斗争的需要
出发的。"再三批读点头"再一次印证了朝鲜呈文高超的技巧性，比较符合
黄嘉善的政治诉求。可以说，朝鲜的这次外交，已经得到了黄嘉善的强有
力支持，这也为朝鲜外交的成功增加了砝码。

　　在北京期间，李廷龟了解到，解决问题的关键在兵科给事中薛凤翔的
态度上："因序班叶世贤及礼兵部老吏等，闻兵科给事中薛凤翔为人多气，

---

① 李廷龟：《燕行录全集》卷11，《庚申朝天录》，第27页。
② 李廷龟：《燕行录全集》卷11，《庚申朝天录》，第28页。
③ 李廷龟：《燕行录全集》卷11，《庚申朝天录》，第62页。
④ 吴晗：《朝鲜李朝实录中的中国史料》，万历四十七年十月壬子。
⑤ 李廷龟：《燕行录全集》卷11，《庚申朝天录》，第40页。

与徐光启、张至发等一队名官，主张东事，向来之齮齕本国，参劾兵部和阁老，皆此人等所为。又与熊经略相为表里，凡干东议，必攘臂当之。顷又因他事上本，语侵本国之事。洪命元出去时暂言之，到此首先求见其稿，而事系军纪，多给银钱于科吏，始为得见。则其曰朝鲜畏惧之深，隐为输献称报之音译，乍阴乍阳之伏请，候此候彼。及初议朝鲜之役，宣慰为名，监护为实，彼中情形叵测，万一察知而问与不问，报与不报之间，更有难之难者等语，极为阴惨。序班等皆言此人若不回心，则贵国之诬，兵部及阁老，虽欲许辩，此人必为沮挠，况望降敕快释乎？此人以署印给事，独在兵科，专掌兵务，风力甚峻，朝廷皆受其口气云。"① 从这段记载来看，朝鲜对明关于"监护朝鲜"而形成的截然对立的两派人员身份已经了如指掌，并且十分清楚地认识到，要解决"监护朝鲜"的问题，关键在于令内阁都十分忌惮的、握有兵部大权的薛凤翔的态度。此外，我们可以根据这段记录再次印证出"监护朝鲜"的机密泄露，是朝鲜用重金贿赂明官员而得来的。在这里，我们要对序班这个官职给予高度的重视，明代，开始设置鸿胪寺，主要掌朝会仪节，主外宾之事，其地位虽然不是十分尊崇，但是其职责却是非常重要。封建君主专制的礼教纲常和威福四夷的大国气量都要由鸿胪寺来执掌，它的存在对维护明王朝的封建统治有重要作用。鸿胪寺的官员设置中，序班为九品官，虽然官职不太，但是身份特殊，他们可以游走于外国使臣和礼部、兵部的重要部门之间，因而可以获得许多重要的情报，所以在朝鲜使臣的各种记录中，都对前来照顾生活起居，协调各项外交活动的序班给予重点叙写，并刻意接纳。从李弘胄和李廷龟的记录来看，我们可以推测，"监护朝鲜"这个政治机密的泄露应该是从序班这个渠道实现的。

尽管此行困难重重，但是李廷龟富有政治经验，又对明内部的斗争了如指掌，他知道阁老方从哲的态度与薛凤翔的态度截然相反，是回护朝鲜的。因此李廷龟前往西长安门外，趁方从哲入阙之时，呈文于路上，方从哲表态："候部题旨下，另议处置，呈文则当从容看了。"② 实际上并没有给朝鲜使臣明确的信息，薛凤翔继方从哲之后也见到了朝鲜使臣，态度暧昧："则给事举手请立，接受呈文曰'俺当留览'，更无所言，揖之而去。是则

---

① 李廷龟：《燕行录全集》卷11，《庚申朝天录》，第41页。
② 李廷龟：《燕行录全集》卷11，《庚申朝天录》，第41页。

似以风宪体面，不肯开说也，未知意向如何。"① 摸不着头脑的李廷龟又如法炮制，在礼部和兵部科吏那里探问消息，收集情报："则部科吏等曰'原奏初下，给事全不可否，及见呈文之后，始令抄送于该部，似有开释之意。虽不至开释，此爷性（原文注缺），今既无事开抄，不为参论，此是你国之幸也。但虽已抄送，而兵部黄尚书屡被参论于此人，必畏而不即题覆，虽或题覆，不至于请敕矣。詹事徐、御史张，方在言论重地，岂肯以自家所论为非，而循贵国之请乎？前日陪臣等虽或呈辩，不过泛然以不信不疑之语，随例答之而已，今亦必如是善答。至于攻破科臣之说，痛辩流言之诬，降敕快释，则元只在傍，岂不难哉？'"② 从这段记载来看，薛凤翔的态度已经发生了微妙的变化，已经同意将朝鲜的呈文抄送到兵部，至于为什么发生这样的变化，我们暂时不得而知。但是，由于兵部尚书黄嘉善曾被薛凤翔参劾，二人已势成政敌，黄嘉善必然要考虑到方方面面，而不能立即题覆，更不至于请求皇帝颁发敕书。再加上徐光启、张至发都身居高位，在"监护朝鲜"问题有至关重要的发言权，因此，朝鲜要想达到目的，实在是非常困难。

果不其然，五月初六日，李廷龟再次呈文兵部，恳求明廷下敕书昭雪朝鲜的冤屈。兵部尚书黄嘉善透露了自己的苦衷："尚书曰'此意亦是，而议论琐琐，俺亦不得自由，当会阁议处'。"③ 黄嘉善也清楚，在会阁会议上，因为有掌握兵部实权的薛凤翔的反对，朝鲜的请求实在难以实现。

五月初八日，事情突然发生意外的变化，薛凤翔竟然大反前态："翌日，科吏五六人驰来，持示薛给事小稿，题曰'奖朝鲜君臣稿'，非但措语极其奖慰，至于催兵部使之速覆，前后议论似出二人，未知其由。"④ 大惑不解的朝鲜使臣照例询问科吏，科吏的解释是："薛爷前者曾持臣呈文，往见阁老，回家数日，草出此稿，是必顿然回心也。"⑤ 由此看来，是阁老方从哲从中起到了主导作用，在他的努力下，薛凤翔改变了其政治观点，站到了方从哲的一边。那么薛凤翔为什么发生这么大的转变呢？朝鲜外交成功之后，薛凤翔的表现值得注意："薛给事人来，又致谢意，则薛给事喜动

---

① 李廷龟：《燕行录全集》卷11，《庚申朝天录》，第43页。
② 李廷龟：《燕行录全集》卷11，《庚申朝天录》，第43页。
③ 李廷龟：《燕行录全集》卷11，《庚申朝天录》，第46页。
④ 李廷龟：《燕行录全集》卷11，《庚申朝天录》，第45页。
⑤ 李廷龟：《燕行录全集》卷11，《庚申朝天录》，第47页。

颜色，作揖而言曰：'国王奏稿及陪臣呈揭，讲的明白，贵国情实，今始洞悉矣，此是公事，何必私谢，俺之另草奖稿得见否？'对曰：'得睹其稿，小邦冤枉之情，似已快释无蕴，尤感老爷恩典云。'则给事连揖，各各致礼而去。"① 此为一喜。"翌日，科吏来言薛科甚喜，陪臣委往致谢，谓其同僚曰：'朝鲜忠顺礼义之邦，顷以流言污蔑其君，臣冤愤欲死，竭诚呼吁，此亦礼义之风，诚可贵也。'"② 此为二喜。薛凤翔态度何以前倨后恭，在朝鲜使臣面前都掩饰不住自己的喜悦，大讲特讲朝鲜的好话呢？限于史料所限，我们只能推测，在"监护朝鲜"问题上，方从哲同薛凤翔进行了政治交易，而薛凤祥在这笔政治交易中获得了极大的好处。

六月十七日，李廷龟终于领到敕书，胜利返朝。李廷龟任务的完成，标志着光海君中立外交的胜利，也标志着以徐光启为代表的监护派在万历朝的失败。从整个辩诬过程上来看，徐光启自然被朝鲜视为头号敌人，在李廷龟的记录后附了许多呈文，其中很多语言直接驳斥徐光启的"监护"说。这次外交的复杂性实际上反映了明朝内部的一场激烈的政治斗争，即以熊廷弼和徐光启为代表的监护派和以方从哲为代表的反监护派之间的斗争，斗争的结果以方从哲的胜利而告终。朝鲜人自然对徐光启评价不佳，因为他几乎使朝鲜丧失了主权。但是，从历史的角度看，徐光启提出的"监护朝鲜"说，是具有远见卓识的。明末，关内、辽东的形势错综复杂，朝鲜所在地理位置十分特殊，徐光启在《监护朝鲜疏》中把朝鲜比作一颗棋子，他说"譬之弈棋，虽布闲着，实得外势，必胜之术也。"实际上他已经深刻地认识到了朝鲜所面临的尴尬和危险的局面，既要避免明清交战的池鱼之祸，又要保有国家绝对的独立性，这是朝鲜君臣面对时局的矛盾。光海君与徐光启关于"监护朝鲜"的斗争，尽管表现出了极强的国家意识，但是，他没有认识到，在当时明朝尚有可为之势的情况下，只有解决了辽东的问题，才能解决朝鲜自身的问题。朝鲜保持了国家的独立，但是却遭受到清的两次进攻，损失惨重。在"丁卯胡变"之后。徐光启曾感慨道："若果此行，鲜国君臣必相允从，练得鲜兵二万，可以坐制奴贼，而鲜国亦无他日之祸矣。"③ 这也充分反映出了徐光启对朝鲜问题的深刻认识。

---

① 李廷龟：《燕行录全集》卷11，《庚申朝天录》，第47页。
② 李廷龟：《燕行录全集》卷11，《庚申朝天录》，第47页。
③ 徐光启：《徐文定公集》卷3，第101页。

3. 民族英雄袁崇焕

在中国历史的长河中，涌现出来的民族英雄不计其数，灿若群星，为中国历史增添了无数可歌可泣的事迹。明朝末年，一位民族英雄的出现却让整个中华民族直到今天心头仍隐隐作痛，促使人们不断对自身的民族性和劣根性进行深刻的反思。英雄保家卫国，却冤死在自己人的虐杀之中，背负骂名难以洗清，这是何等的悲惨，又是何等的凄凉！割在这位英雄身上的3000多刀，使整个民族都背负上剧痛，英雄冤死的委屈与愤懑，古往今来又有几人能了解？谁又能想到，在当时的明朝，在国人皆曰可杀的舆论环境下，却有一位朝鲜人对这位英雄表达出十分可贵的情感。

袁崇焕，字元素，广东人，为1619年（万历四十七年）进士。1617年（万历四十五年），后金起兵攻明，逼近山海关。1622年（天启二年），明军在广宁大败，王化贞的十三万大军全军覆没，明朝边关岌岌可危。就在这一年，袁崇焕投笔从戎，出镇山海关。1627年（天启七年），后金率兵十三万攻打孤城宁远，却被袁崇焕的数万守军打得大败而归。努尔哈赤纵横天下数十年，第一次尝到了惨败的滋味，还在战斗中被打伤，不久郁郁死去。这是明清的长期交战中，明军取得的首次胜利。又过了一年，皇太极欲为其父报仇，"灭此朝食"，亲率两黄旗两白旗精兵，围攻宁远、锦州，攻城不下，野战不克，损兵折将，连夜溃逃。袁崇焕从此威震辽东，令清兵闻名丧胆。1629年（崇祯二年），皇太极率领大军，绕过袁崇焕驻防的辽东，直抵北京城下。袁崇焕知后，两昼夜急驰三百余里，以九千士兵与皇太极大军对阵于广渠门外，经过浴血奋战，终于击退清兵，保住京师。但是崇祯听信了敌人的谣言和敌视袁崇焕的官员的谗言，再加上自身的刚愎自用，加深了对袁的不信任。于十二月初一日把袁崇焕当场逮捕，并在八个月后处以极刑——凌迟。最为可悲的是：由于京城百姓听信了官方的话，都认为袁崇焕是个内奸："遂于镇抚司绑发西市，寸寸脔割之，割肉一块，京师百姓从刽子手争取生啖之。刽子乱扑，百姓以钱争买其肉，顷刻立尽。开腔出其肠胃，百姓群起抢之，得其一节者，和烧酒生啮，血流齿颊间，犹唾地骂不已。拾得其骨者，以刀斧碎磔之，骨肉俱尽，止剩一首，传视九边。"[①] 这是何等凄惨的事情！中华民族的英雄，不是战死在沙场，不是死于敌人之手，却被自己誓死保卫的芸芸众生凌剐着吃了。《明季北略》记

---

① 张岱：《石匮书后集》。

载："（袁崇焕）皮肉已尽，而心肺之间，叫声不绝，半日方止。"袁公临刑前，曾口占一诗："一生事业总成空，半世功名在梦中。死后不愁无勇将，忠魂依旧保辽东！"可叹这位年仅四十六岁的民族英雄临终时还念念不忘保家卫国，他的悲剧结局实在令人痛心。更为可悲的是，其冤案竟然是在百年之后由他的敌人后裔乾隆皇帝所平反，在乾隆之前，人们一直认为他是奸臣贼子，人人曰之可杀，乾隆之后，人们才知道他忠君爱国，却受了天大冤枉。中国史籍对袁崇焕在 1629 年（崇祯二年）北京大战期间的行动和当时所处的险恶环境载之甚少，而《明史》又为后世所修，受"为尊者讳"的限制，诸多关于袁崇焕的活动记载也颇值得怀疑，为还原这个蒙冤而死的将军的传奇经历留下了了大段的空白。所幸的是，在"朝天录"中，一位与他仅有一面之缘的朝鲜使臣却留下了这段时期的宝贵资料。

李忔，号雪汀，1629 年即崇祯二年任辩诬使赴北京。这一时期，正是皇太极率大军自河北向北京进攻，双方进行大血战的时期，使行路线因战事而隔断，因此他被滞留于山海关数月。他以外国人的身份和角度，描述了北京之战的全过程，在他的记录之中，始终贯穿着对袁崇焕的关心与牵挂，这实在是难得之至。他所著的《雪汀先生朝天日记》分为两个部分，第一部分是从崇祯二年七月初八至崇祯三年六月初八，这部分内容由他亲笔记录；第二部分是从崇祯三年六月初九至十月十八，因李忔生病，卒于北京玉河馆，此部分由随同的制述官李长陪所补记，但无论从内容还是从思想上，都与李忔相去甚远，这实在是一个很大的遗憾。如果李忔未殁，能够完整地记述整个使行过程，那么以他的高度的政治敏感，一定会记录下更多关于袁崇焕的事迹及当时的朝野反应情况。李忔滞留山海关期间，对此次战争及袁崇焕的记载多来自于当时的传闻、朝报、刊本及一些私人信件。因此，在分析李忔的记录之前，我们要分清其记录中的"西鞑"和"奴贼"所指代的对象，在众多朝鲜使臣的记录习惯中，"西鞑"往往指代蒙古人，而"奴贼"往往指代满族人。而分清这一点，则对分析袁崇焕的悲剧有重要的作用。李忔于十一月二十八日到达山海关，当时河北的战事已经十分激烈，他在山海关听到这样的战况："闻西鞑犯遵化卫，故烟台放炮，连络不绝。调发前屯卫兵马驰入关门者甚多。赵总兵率教今日已为领兵西行，副将刘恩，参游杜弘坊、赵鸣凤等已先去云。"① 在二十九日，"仍

---

① 李忔：《燕行录全集》卷 13，《雪汀先生朝天日记》，第 52 页。

闻西鞑数万余骑陷入城内，参将二人堕马，被贼杀死。方围遵化县，距大路、玉田、蓟州等九十里云。"① 在这里要注意，李忔的两则记录都使用了"西鞑"的字眼，而朝鲜使臣的情报来源都是来自中国，这反映出当时山海关驻军对来犯之敌的判断：来犯之敌是蒙古人而不是满族人。在当时的情况下，明朝的心腹大患是满族人而不是蒙古人，其威胁不同，重视程度也就不同，随之实施的军事力度也就不一样。但是，在这天，李忔听到另一则消息："军门闻鞑奇驰到前屯卫，明当入关云。又闻做贼者非西鞑，乃奴贼云，深可怪也。"② 这里，李忔听到的传闻就出现了矛盾，明明是蒙古进犯，怎么又忽然变成了后金来犯呢？这显然说明了袁崇焕此时尚未判明来犯敌人的身份，正处在犹豫和观察的状态之中。就是这一犹疑就给袁崇焕埋下了悲剧的种子。为了进一步弄清情况，袁崇焕于三十日派出人员，继续进行探查。但是在十一月一日，情况发生了变化："晓来炮声不绝，想与西贼接战，闷虑奈何。追见报草，则遵化于是日失守，或云初四见陷耳。"③ 此时遵化已经被后金攻克，由于战况不明，此时袁崇焕还没有探清究竟来犯者为何敌，所以李忔在记录中只好采用"西贼"的含糊说法。在这天，李忔又见到了塘报，得知河北战况甚惨："得见军门朝报草，则有遵化抚院王九雅差夜役塘报，今二十七日子时，贼从棚路、潘家口大举入犯大安、保龙、井关，离遵化二十里扎营。左营将张保安领兵堵截被掳无踪，中营将李惯被贼砍死，中协副将叶应武、参将王纯不知下落。"④ 这一切都昭示着贼兵势大，不同寻常，尽管袁崇焕做了相应的部署："吩咐协将，即率五营兵马西去，与赵总兵合营，若虏贼有机可乘，即当进剿，若机未便，本部院亲领调到关外兵马，并力灭此丑虏。"⑤ 然而这一敌情并没有引起袁崇焕的高度警惕，这一天，他还"往文庙参谒，与诸生讲学"，更为重要的是，由于军情不明，袁崇焕并没有及时进行优势兵力的调动，这说明此时的袁崇焕并没有认识到形势的严重。初二日，李忔看到朝报，得知袁崇焕召集部将讨论军情，分析此次来犯的敌人性质，并得出了结论："问及诸将夷情，有以押酋部落为对者，有以东奴西夷为对者。据本部院说，稳是东

① 李忔：《燕行录全集》卷13，《雪汀先生朝天日记》，第52页。
② 李忔：《燕行录全集》卷13，《雪汀先生朝天日记》，第52页。
③ 李忔：《燕行录全集》卷13，《雪汀先生朝天日记》，第54页。
④ 李忔：《燕行录全集》卷13，《雪汀先生朝天日记》，第54页。
⑤ 李忔：《燕行录全集》卷13，《雪汀先生朝天日记》，第54页。

卜的家鞑子，勾引前月通好的千数奴兵马为前锋入犯，必非奴酋大举，亦非抻汉的兵马。今本部院候关外兵到时，亲将领去以灭此贼云。"① 由此可见，袁崇焕在这时已经做出错误的判断，而这个判断更加剧了他日后的危机。军情不明，而遵化、密云等地官员纷纷差人告急，在这种情况下，初四，"袁军门领祖总兵诸将亲往前路，想贼势猖獗也。闷极闷极。"② 出于对形势的错误判断，袁崇焕所带的兵马并不多。李忔作为朝鲜人，也由衷地表现出对战局的忧虑，唇亡齿寒，他的政治立场很显然是站在明朝这边的。李忔在山海关还听到了袁崇焕的战前动员令："军门于一日谕诸将曰'舍死则生，悻生则死，大家把自身性命去在一傍，报效朝廷，诸神亦来拥护，定然死不得。纵然死了，好名在世，难道人终无死期也？'"③ 一个忠君爱国，视死如生的明将领的形象跃然纸上。初六日，李忔对明朝的军事部署提出了批评："军马之自关外来者连络不绝，撤边防内，可谓破东补西也。"④ 应该说，李忔的批评是有道理的，他以外国人的立场出发，认为明朝从关外派遣部队勤王，而忽视了边关的防守，这是十分不明智的举动，这也是国家军事实力衰落的一个标志。但即使这样，崇祯后来还是给袁崇焕定下"顿兵不战"的罪名，可谓欲加之罪，何患无辞。

初九日，河北军情终于明朗："又闻报草，赵总兵初一日在袁家屯对贼中伤阵亡，又遵化失守云，奈何奈何。"⑤ 李忔还见到了袁崇焕的亲笔信："奉到督师袁手书，我兵大集，奴闻惊惧。"⑥ 可以看出，从李忔所用的言之凿凿的"贼"、"奴"等词语来看，袁崇焕亲临战场后，才发现此次来袭的敌人竟然是后金精锐，此前的军事判断完全错误，这实在是一个致命的失误。十日，山海关多次告知今日无报，李忔在这天不自觉地流露出了自己的情感："今日讹言盛行，人多惶惑，不能无动心，而郁郁久滞，中心欲狂也。"⑦ 这段记载值得高度重视，官方无报，说明关于袁崇焕的消息已经被封锁，而谣言四起显然是因为遵化的失守，这对袁崇焕是十分不利的。李忔始终心牵袁崇焕，其"中心欲狂"的表现反映了他对袁崇焕身处恶劣的

① 李忔：《燕行录全集》卷13，《雪汀先生朝天日记》，第58页。
② 李忔：《燕行录全集》卷13，《雪汀先生朝天日记》，第60页。
③ 李忔：《燕行录全集》卷13，《雪汀先生朝天日记》，第62页。
④ 李忔：《燕行录全集》卷13，《雪汀先生朝天日记》，第62页。
⑤ 李忔：《燕行录全集》卷13，《雪汀先生朝天日记》，第63页。
⑥ 李忔：《燕行录全集》卷13，《雪汀先生朝天日记》，第63页。
⑦ 李忔：《燕行录全集》卷13，《雪汀先生朝天日记》，第62页。

舆论氛围的担心。李忔是朝鲜使臣，同时也是个政治家，他敏锐地发现由于袁崇焕的判断失误，导致拱卫京师的重地遵化失守，这是皇帝所不能原谅的，因此，袁崇焕今后的遭遇堪忧。事实也证明了他的预感，"不救遵化"最后成了崇祯诛杀袁崇焕的罪名之一。遵化陷落，京城被围，袁崇焕的悲剧就已经形成，不仅皇帝要杀他，朝野的舆论也要置他于死地，否则北京的愚民何以要以银购袁崇焕皮肉嚼之而后快呢？十二日，"朱总兵梅自西回来，使守此关云。"① 这段记载就颇耐人寻味了，袁崇焕专司辽东，山海关是指挥作战的总部，出兵作战由他指定专人负责防守即可，何以派来朱梅镇守此关呢？朱梅是袁崇焕的部下，已经被派出支援遵化，何以突然回返承担守卫一职呢？也就是说，袁崇焕的官职已经有变，不再负有总督辽东之职，这也说明袁崇焕的处境已经极为险恶了。在这天的记载中，关于袁崇焕的行踪众说纷纭："或云袁军门入守蓟州，或云承召入京，未可知也。"② 李忔的"未可知"，表现出了他对袁崇焕的极度担心。

李忔以上的记载是北京大战之前的情况，从这些记载来看，此时的袁崇焕由于军情判断失误，从而未驰援遵化，导致京师被围，也为自己的悲剧命运埋下了种子。

李忔对袁崇焕的命运十分担心，十三日，他特地派遣译官去探问消息，朱梅这样作答："军门及祖总兵进守蓟州，夷贼尚在遵化云。"③ 十三日到二十二日，袁崇焕的消息一直不明，二十二日，李忔夜梦："袁爷领大兵往辽东，我率一行员役随其后回还，何吉如之？"④ 在李忔的潜意识中，他是十分盼望北京大战结束后，袁崇焕能够全身而退，贡路清净无阻，使节团可以随着得胜的袁崇焕大军安然返回。二十二日，袁崇焕确实在北京取得了胜利，李忔记梦的细节可见他是多么盼望袁崇焕能取得胜利，以改善自身险恶的环境。只是他不知道，当时的袁崇焕已经不能自由往返辽东了。二十九日，李忔见到祖大寿写给陈主事的信件，信中详细记述了北京之战的经过："自别，老宗主、大寿径赴蓟州，幸保无恙。贼即夜奔京师，我兵亦由间道抵左安门外下营。二十日，大虏直攻沙窝门，我并亦到沙窝门外，布阵甫就，而贼来冲阵矣。自午至酉，鏖战十数合，官兵奋勇，大获奇捷。

---

① 李忔：《燕行录全集》卷 13，《雪汀先生朝天日记》，第 64 页。
② 李忔：《燕行录全集》卷 13，《雪汀先生朝天日记》，第 64 页。
③ 李忔：《燕行录全集》卷 13，《雪汀先生朝天日记》，第 65 页。
④ 李忔：《燕行录全集》卷 13，《雪汀先生朝天日记》，第 73 页。

贼奔三十里下营。廿一日，贼来挑战我兵，静以待之。二十二日复来，我出奇兵击之，随即远遁，此皆仰仗老宗主威庇之有也。"① 这段记载真实地反映了北京大战的惨烈，也从另一个侧面反映了袁崇焕的勇猛与机智。当李忔得知袁崇焕和祖大寿在战斗中无恙的消息后"喜跃曷胜"，作为一个外国人，为中国军事的胜利，为明爱国将领的平安而欢欣鼓舞，这是十分可贵的情感。但是，当他前去道贺时，兵备道王楫的态度却与他形成了鲜明的对比："语不了了，奈何。"② 王楫对这一消息表现得十分冷漠，这实在是令人费解。十二月二日，李忔终于得到了袁崇焕自山海关出兵后的具体情况："袁军门十七日到京，二十日在窝门与贼对敌，杀贼无数，余贼皆走虎圈、南海子内去，仗托老爷天威，袁老爷平安。二十四日，宣进面君，赏赐蟒衣玉带，又赐狐皮袄一领，又赏诸将每蟒二匹，我兵只伤损二百余人。"③ 从这段记载来看，北京保卫战后的初期，袁崇焕还是颇受崇祯优宠的，朝鲜使臣为之兴奋不已："连得喜报，我心则降"。

十二月六日，李忔记载了这样的事情："传闻鞑贼在皇城外无处不到云，想必为穷寇横行剽掠而王楫不能剿灭，谁任其责？未可知也。"④ 皇太极用兵十分狡诈，攻城不克，遂挥兵大肆掳掠京城外围，京城外围大都为平民百姓所居，遭此大难后损失惨重，民怨鼎沸，使朝廷遭受到了极大的压力。可以说，李忔是一个十分具有政治头脑的使臣，他的"谁任其责"之诘，正是崇祯皇帝及文武百官急需解决的问题。李忔的"未可知"之忧，忧的是那些四起的谣言会将袁崇焕推到"任其责"的替罪羊角色。李忔的担心在八日终于得到了证实："昨闻袁爷被监之报，使韩译官广探，则因前日胜捷，内宦辈争功谗诉，因责袁爷四罪而囚之。军情失望，向阙痛哭，且有祖满侯元四总兵上本乞恩，时无发落云。传闻虽未可信，大概袁之被谗在监则无疑也。若然则天下事去矣。贼未出而争功害忠，自古宦竖监军而不败者，未之有也。可胜痛哉。"⑤ 这里，李忔的对谣言四起的预感和担忧终于得到了证实，他对此无比痛心，发"天下事去矣"的慨叹。这个预言是精准的，《明史·袁崇焕传》云："自崇焕死，边事益无人，明亡徵决

---

① 李忔：《燕行录全集》卷13，《雪汀先生朝天日记》，第78页。
② 李忔：《燕行录全集》卷13，《雪汀先生朝天日记》，第73页。
③ 李忔：《燕行录全集》卷13，《雪汀先生朝天日记》，第80页。
④ 李忔：《燕行录全集》卷13，《雪汀先生朝天日记》，第82页。
⑤ 李忔：《燕行录全集》卷13，《雪汀先生朝天日记》，第82页。

矣。"只可惜,像李忔这样清醒看待袁崇焕之事的人少之又少,朝野一片喊杀之声。李忔对中国的朝政直接进行了批评,措辞也是十分严厉的,他看到了袁崇焕被监的深层原因,即宦官监军,这也是明军事设置的一个痼疾。宦官争功邀赏而官民痛恨财产损失,袁崇焕不死何以平众怒?遍观明和朝鲜,而只有一个朝鲜人能深刻理解袁崇焕险恶的处境,真是令人悲哀!

初十,李忔见到了朝廷对袁崇焕定罪的官方解释:"稍晚得见一报,乃是圣旨也。袁崇焕自任灭奴,今奴直犯都城,震惊宗社。夫关宁将佐乃朕尽天下财力培养驯成,闻知远来入援,立志杀贼,袁崇焕都不能布置方略,退缩自保,以致贼夷抢掠,百姓残伤,言之不胜惨恨。今将袁崇焕革职拿禁,特着总兵满桂总理,关宁兵马与祖大寿、黑云龙督帅将士同心杀贼,各路援军俱属提调,会同马世龙、施洪谟等设计邀堵,大剿夷贼,一切机宜俱听便宜施行,功成之日,一体陞赏,遍谕三军,咸使闻知云云。"① 从圣旨的内容来看,这段文字应该是崇祯皇帝心声的真实写照,对袁崇焕辜负自己的信任、对袁崇焕"五年平辽"承诺的失望,对百姓遭受兵祸的愤恨,尽在笔下。从崇祯皇帝的态度来看,袁崇焕这次真的是凶多吉少,命运堪忧。朝鲜使臣还听到了朝廷给袁崇焕所定的四条大罪:"曾闻数以四罪,一曰宁远兵马称四十万,今所领来者只一万余并。二曰擅杀毛文龙。三曰不救遵化。四曰贼在蓟州,不与力战而驱入京师,不即剿灭。"② 实际上,这几条理由都十分勉强,但可看出崇祯要杀袁崇焕的决心。朝廷的倒行逆施终于引发了兵变,祖大寿率军叛出北京,拒绝进入山海关,之后孙承宗继任,前来劝说,这些都被李忔如实地记录了下来:"十一日辛酉,祖总兵及河中军还来,城门不开,由南门外水口而过,城内官司皆出见劝留,则诸军劫还不从,往住八里铺。夕时,有马总兵世龙赍敕及孙军门持尚方剑宣召入见,则祖总兵曰'奸臣用事陷害忠良,我军力战杀敌,而功归于满桂,且不给军粮,故军心愤怨,不得已还来。今若赦袁爷,斩奸臣以慰军心,且给每名银子五两,则当还入京师讨贼云云。'"③ 袁崇焕被监禁,其手下部将祖大寿愤然率军离京,并要求除掉奸臣,赦免袁崇焕,可见袁崇焕的被捕,已使事态急剧扩大到不可收拾的地步。祖大寿这一举动震动了

---

① 李忔:《燕行录全集》卷13,《雪汀先生朝天日记》,第85页。
② 李忔:《燕行录全集》卷13,《雪汀先生朝天日记》,第85页。
③ 李忔:《燕行录全集》卷13,《雪汀先生朝天日记》,第85页。

朝野，马世龙和孙承宗的劝说并没有令他回心转意。关于这一点，朝鲜使臣给予了这样的评论："自古奸臣妒贤，鲜有不败亡者，言之奈何。但朝廷之请还，祖总兵之要君，可谓胥失之矣。"① 应该说，李忔是非常具有政治头脑的，他看到，祖大寿这一负气的举措，拥军要挟朝廷，犯了为臣的大忌，这不但对解救袁崇焕毫无意义，而且会将袁崇焕推向更危险的境地。果不其然，崇祯皇帝下谕孙承宗，再一次表明对袁崇焕的态度："朕以东事付袁崇焕，乃奴速合谋逞犯，既焕身任督师，不能先事侦防，致深入内地，虽兼程赴援，又节制诸将，坐视夷贼抢掳，功罪难掩，暂解事权听勘。其祖大寿父子及河可纲、张弘谟等血战，勇敢可嘉。前平台面谕已明，今或机有别乘，军有妙用。或轻信讹言、仓皇惊扰、造言煽惑的，已敕厂卫访拿。其大寿等宜急儆省自效，或邀贼归路，或再捣巢穴，但能奋励图功，事平一体论叙。夫关宁兵马乃朕竭天下财力培养驯成，又，卿旧日部曲可速遣官宣布朕意，仍一面抵关，便宜安辑，故谕。"从前文的论述来看，应该说，崇祯皇帝对袁崇焕关于"不能先事侦防"的指责是有一定道理的，袁崇焕对军情的判断失误，直接造成了北京被围，使首都陷入危险的境地，朝野批评舆论四起，这也是崇祯皇帝最耿耿于怀的。因此，他在此谕中对袁崇焕的态度仍然十分坚决，但对祖大寿等将领仍褒奖不已，不加一罪，这也是出于拉拢将领，防止兵变进一步恶化的考虑。应该说，崇祯这一态度对祖大寿是有所促动的，毕竟自己是臣子，皇帝给予了这么高的评价，他应该是听从朝廷安排的。在袁崇焕被监押期间，辽东军民仍然没有放弃解救袁崇焕的努力："又闻宁远儒生等上书孙爷，力卞袁祖冤痛之情，乞将题奏云，可想两将之得人心也。"②、"二十日庚午，晴，早门有山海乡官学校商民公保袁老爷。"③ 可惜，这些意见是不会被刚愎自用的崇祯皇帝所采纳的，袁崇焕的悲剧已经注定，只不过是一个时间问题。1630 年（崇祯三年）正月初四日，李忔在拜见孙承宗时，做出了一个非常勇敢的举动："仍跪呈文为伸理袁爷事也，看毕曰'此意甚好。当初皇上以袁爷不能侦探虏情，致令深入内地，赴援之日亦不能堵截，使之进逼京城，因此震怒。今则朝议救解，圣恩颇释，至赐衣衾，闻有病患，使御医赐药调治，朝廷明

---

① 李忔：《燕行录全集》卷 13，《雪汀先生朝天日记》，第 86 页。
② 李忔：《燕行录全集》卷 13，《雪汀先生朝天日记》，第 90 页。
③ 李忔：《燕行录全集》卷 13，《雪汀先生朝天日记》，第 93 页。

白，事情不久蒙敕也。'"① 受北京大战的影响，李忔一行已滞留山海关数月，无法向国内通报信息，也无法前往北京，李忔此举可谓冒着双重的风险，一个是恐被本国责以"先斩后奏"之罪，李忔的呈文之举并未征得国内君臣的讨论和同意，呈文代表着朝鲜的国家行为和意志，擅自呈文恐怕在国内会给他带来麻烦；一个是恐被明责以"干涉内政"之罪，袁崇焕之事怎么说都是明朝内部之事，朝鲜作为藩属国，擅自动议，恐给明朝廷中对朝鲜抱有成见的人授以口实。李忔甘愿冒着如此的风险呈文，除了考虑本国安全的因素外，更多的应该是出于对在辽东屡立奇功的袁崇焕的景仰。从这段记载来看，袁崇焕在被关押期间，崇祯皇帝的态度似乎有所转变，赐衣赐药之举使朝野同情袁崇焕的人对袁崇焕的被释普遍抱有乐观态度，可惜，他们所效忠的是一个刚愎自用，自毁长城的皇帝。

三月初八，李忔离开山海关，五月初九病逝于北京，但纵观其记载，自正月初四开始，他对袁崇焕的情况反而没有一点记载，这与前文其对袁崇焕的关注程度相比不合常理，但三月初七的一则记载则耐人寻味："北京正月通报封太子诏册，并送之家书，只寄谚，虑唐人之开见也。"② 李忔在给家人的书信中，没有使用汉字，而是使用了本国的文字以防止泄露一些信息，这说明当时袁崇焕的处境已经无比险恶，作为外国人的李忔，已经不敢公然在书信中表示看法。李忔在山海关生病，到北京后病情加重，客死他乡，也给我们留下了深深的遗憾。李忔病逝后，其日记由随行的制述官续写，但大多记载治丧过程和返程过程中的种种琐事，其文字水平、关注焦点、思想境界与李忔相比都相去甚远。如果在北京期间李忔健在，出于他对袁崇焕的同情，一定会采取各种方式记录下当时北京官民对袁崇焕的看法和所持的态度。在袁崇焕被凌迟的时候，李忔也许会前去暗自送别并为之神伤，可惜天不假便，李忔与袁崇焕的神交终止在北京，憾甚！

值得注意的是，李忔此行随行的译官为韩瑗："上船：制官李长培，译上韩瑗，押物安海民，干粮奇遒，陪行崔斗南，医员韩义生，写字刘义立。"③ 关于这个译官韩瑗，笔者通过各种方式搜索，仅仅考证到其模糊的简历：韩瑗，生于1580年（朝鲜正祖十三年），卒期无考，字伯玉，籍贯

---

① 李忔：《燕行录全集》卷13，《雪汀先生朝天日记》，第102页。
② 李忔：《燕行录全集》卷13，《雪汀先生朝天日记》，第156页。
③ 李忔：《燕行录全集》卷13，《雪汀先生朝天日记》，第181页。

为新平（今韩国忠清南道唐津市），职业为译官①。韩瑗作为译官，多次随使节出行中国，1626 年（万历四十八年），他随使节团出行，出行期间，他与袁崇焕结下了不解之缘："我国译官韩瑗，随使命入朝。适见崇焕，崇焕悦之，请借于使臣，带入其镇。瑗目见其战，军事节制，虽不可知，而军中甚静。崇焕与数三幕僚，相与闲谈而已。及贼报至，崇焕轿到敌楼，又与瑗等论古谈文，略无忧色。俄顷放一炮，声动天地，瑗怕不能举头。崇焕笑曰：'贼至矣！'乃开窗，俯见贼兵，满野而进，城中了无人声。是夜，贼入外城，盖崇焕预空外城，以为诱入之地矣。贼因并力城，又放大炮，城上一时举火，明烛天地，矢石俱下。战方酣，自城中每于堞间，推出木柜子，甚大且长，半在堞内，半出城外，中实伏甲士，立于柜上，俯下矢石。如是层次，自城上投枯草油物及棉花，堞堞无数。须臾，地炮大发，自城外遍内外，土石俱扬，火光中见胡人，俱人马腾空，乱堕者无数，贼大挫而退。翌朝，见贼拥聚于大野一边，状若一叶。崇焕即送一使，备物谢曰：'老将横行天下久矣，日见败于小子，岂其数耶！'奴儿哈赤先已重伤，及是具礼物及名马回谢，请借再战之期，因懑恚而毙云。"② 也就是说，1626 年（万历四十八年），韩瑗身在宁远，并亲眼看见了宁远大战的盛况，而袁崇焕十分喜欢他，甚至让他贴身陪同，亲上战场。从"论古谈今"的记载来看，韩瑗应该在汉文上颇有造诣，否则无法和文武双全的袁崇焕言谈甚欢。在这段记载中，关于袁崇焕谈笑杀敌的英姿跃然纸上，如在眼前，从"军中甚静"可以看出袁崇焕治军之严，而大敌临前，袁崇焕犹与两三幕僚相闲聊，可见其从容不迫的气势，遣使送表对努尔哈赤予以讥讽，又体现了袁崇焕的韬略与机智。这段记载是从当事人的角度予以描述，应该说具有很高的可信性，从另一个方面描述了朝鲜使臣眼中的袁崇焕英姿焕发的明代将领形象。而李忔此行又是译官韩瑗随行，可以说，韩瑗是袁崇焕人生起落的最好见证人。惜韩瑗身份为译官，身份较为低微，目前笔者收集的韩国史料中还没有他的文章记录，如果能有所发现，肯定会对袁崇焕研究提供重要的参考资料。

除了李忔之外，1630 年（崇祯三年），朝鲜使臣崔有海出使中国时，也表达了对袁崇焕的景仰："诗书余业六韬奇，文武高名宇宙垂。许国纯忠星

① 据韩国搜索引擎 naver 查询整理。
② 宋星龄：《春坡堂日月录》。

斗大,擎天威令火雷驰。身劳玉塞神獒状,血喋金山鬼哭悲。成败玄机难详睹,更将雄剑捍西陲。"[1] 崔有海使行之时,正是袁崇焕蒙冤下狱之际,朝鲜使臣极尽辞藻,对袁崇焕的文韬武略进行了颂扬。但值得注意的是,"成败玄机难详睹"一句意味深长,朝鲜使臣隐晦地用"玄机"一词表达了对明羁押袁崇焕的不满。这首诗也集中表达了朝鲜使臣对袁崇焕这位忠君爱国的明朝将领的良好印象。

第四节 "他者"的主宰——皇帝

皇帝,作为古代中国封建社会的最高统治者,从形象学的意义上讲,是左右本国形象的一个最强有力因素。皇帝的一言一行,一举一动,对朝鲜使臣来说,则是国家形象的最突出展现。

中国人崇尚天人合一的思想,皇,古为上天、光明之意,因给予万物生机故称之为皇;帝,古为生物之主,乃兴益之宗,因其生育之功故称之为帝。皇为上,帝为下,古人所称的皇帝意指天地。千古一帝秦始皇平四海、扫六合之后,率先使用了皇帝一词,这是告诉人们,天地是万物之主,皇帝是万民之主。为了取信于民,"天子"一词应运而生,表明皇帝是上天之子,代表上天管理众民。秦始皇开辟了个人集权的先河。其后,中国历史更加绚丽多彩,做皇帝成了天下英雄逐鹿中原的最终目标,"乱哄哄你方唱罢我登场"。中国人对皇帝的感情十分复杂,一方面对权力高度集中于个人表示极度不满,有"独夫民贼"之斥,并对这一职位表示了高度的参与意识:"皇帝轮流做,明年到我家",因而在中国古代就有了无数次的底层暴动。另一方面却对皇帝的存在有极强的依赖心理,所谓"天不可一日无日,国不可一日无君",这也是鲁迅后来极力批判的"奴性"心理。

朝鲜是藩属国,对明朝而言是"陪臣",朝鲜使臣自然也就是臣子。因此,当朝鲜使臣来到北京的时候,也要依据臣礼晋见皇帝。在普通人心目中,皇帝身居九重,是那样的神秘而威严,除了极特殊的情况是很难得见"天颜"的。而皇家在修撰史籍的时候,又对皇帝的形象给予高度的美化,似乎皇帝是集全人类的优点为一身的"完人"。因此,史籍中呈现给我们后人的皇帝形象一律脸谱化,什么"天生异象",什么"天纵英才",反而忽

---

① 崔有海:《燕行录全集》卷17,《东槎录》,"拟赠袁督师",第542页。

略了皇帝也是有血有肉，有七情六欲的普通人。所幸的是，在朝鲜使臣的记录中，留下了关于多位明朝皇帝的正面或侧面记载，也能让我们窥知这些皇帝的真实一面。

1. 开国皇帝朱元璋

谈及明朝皇帝，开国君主朱元璋是一个无法绕经的话题。在中国王朝的更迭史上，朱元璋的成功无疑是一个另类。他出身于彻底的社会底层，做过乞丐，当过和尚，但就是这个穷苦的人，却创造了中国历史上的一个奇迹。自古以来，除了汉高祖刘邦，中国再无第二个起身于社会最底层的皇帝，况且刘邦还有个亭长的身份，只能勉强算是平民。真正从社会最底层一步登天的，纵观上下五千年，只有朱元璋一人而已。中国历史上有数不清的底层人民造反事件，衣褐履草的赤贫之民真正夺得政权并将其延续的，只有朱元璋和他创立的明朝。他成功地突破了历史上特有的"水泊梁山"的招安模式，从这个意义上讲，朱元璋不但开创了朱姓天下，而且开创了中国历史的新篇章。明朝的建立，不像中国许多朝代那样虽然权力易姓，但总是制度相循，明朝是中国历史上少数几个在制度上有所开创，并真正形成自己文化内涵的朝代之一。而这一切，都是与朱元璋的努力分不开的。

1386年（洪武十九年），郑梦周出使大明，当时统治朝鲜半岛的是高丽政权，而且高丽政权在对明政策上采取两面的外交政策，一方面对明表示臣服，另一方面又与北元保持暗地里的联系。两国交往期间，1372年（洪武五年），大明派遣高丽出身的使臣孙内侍出使高丽，却于五月在高丽神秘死亡。使者非正常死亡是两国外交中的大事，对于孙内侍的死因，高丽给出"病死说"、"吊死说"等矛盾的说法，对此解释，朱元璋根本不相信："我问的明白了也，恁那国王着带刀的人每窗下门外看守，行里步里关防的紧呵。那火者说道：'我是本国的人，怎的这般关防我？'说呵，姓朴的宰相不容说，打了一顿，更与了毒药。药死，门里不敢将出，后墙上拖出去了。特地把帽子高挂在树上，尸首吊在树下，故意怕毒药显出，等得口里生蛆，方才交百姓来报。"[1] 有意思的是，朝鲜史籍郑重其事地记载了这则朱元璋的"白话圣旨"。朱元璋登基称帝之后，发布了许多个性十足、前代帝王圣旨中闻所未闻的"白话圣旨"。比如，洪武年间，倭寇侵扰沿海群

---

[1] 《高丽史》，卷四十四，恭愍王世家七，二十二年七月壬子。

岛，地方官上报此事，朱元璋发布这样一道圣旨："奉天承运，皇帝诏曰，告诉百姓们，准备好刀子，这帮家伙来了，杀了再说。"此则圣旨语言直白，简洁明快，令人颇有痛快淋漓之感，其威仪杀气尽在话语之间，非常符合朱元璋决断杀伐的气质。又如，在收集了五千多块石碑的具有高度史料价值和艺术价值的曲阜碑林，与众多神圣庄严，文字严谨的石碑相比，朱元璋的"白话碑"与之相映成趣。在《朱元璋与孔克坚、孔希学对话碑》中，赫然出现了这样的白话文字："……圣旨："老秀才，近前来。你多少年纪也？"对曰："臣五十三岁也。"上曰："我看你是有福快活的人，不委付你勾当。你常常写书与你的孩儿，我看资质也温厚，是成家的人，你祖宗留下三纲五常垂宪万世的好法度，你家里不读书，是不守你祖宗法度，如何中？你老也常写书教训者，休怠惰了。于我朝代里，你家里再出一个好人呵不好？"读着这块石碑上的文字，我们几乎丝毫感觉不到任何帝王的神圣与庄严肃穆，从其中的乡音俚语中，我们仿佛能感受到朱元璋的音容笑貌和他与老臣交谈时的随意与坦诚。朱元璋"白话圣旨"的出现，一方面说明在当时白话已经非常普及。另一方面说明朱元璋出身底层，很有可能乐于使用白话，并对骈五骊六的正式文体十分反感，这也展示出朱元璋独特的个性。我们从朱元璋的"白话圣旨"中，可以近距离地感受到这位奇特帝王的音容笑貌。

尽管高丽反复对此事予以解释和辩白，但高丽杀害本国出身的明朝宦官一事给朱元璋留下了极其深刻的印象，并认定高丽的对明外交并非诚心顺服。通过前文所引的朝鲜记载的"白话圣旨"，就能充分感觉到朱元璋在字里行间的愤怒之情。1374 年（洪武七年），在高丽内部亲元势力的操纵下，大明使者蔡斌父子被杀害、礼部主事林密被绑架，这更使两国关系达到了最低点。面对高丽的恶劣表现，朱元璋一度采取了"停封"、"却贡"的惩罚性措施予以反击，直到 1385 年（洪武十八年），明朝派出使节前往高丽追谥王颛为恭愍王，并正式册封辛禑为高丽国王，两国间的关系才有所缓和。

郑梦周就是在两国关系阴晴不定的形势下出使的。他前后六次奉命出使明朝。其中 1382 年（洪武十五年）、1383 年（洪武十六年）和 1388 年（洪武二十一年）的三次出使皆因两国之间关系处在紧张状态被明拒于辽东。1372 年（洪武五年）、1384 年（洪武十七年）和 1386 年（洪武十九年）的三次使行到达了南京。本文重点分析他在洪武十九年出使的情况。

　　在郑梦周的《皇都四首》中，诗其二流露了他见到朱元璋后的心情："内人日午忽传宣，走上龙墀向御筵。圣训近闻天咫尺，宽恩远及海东边。退来不觉流双涕，感激唯知祝万年。从此三韩蒙帝力，耕田凿田总安眠。"① 郑梦周在明朝刚刚建立的时候，就力主本国同中国这一新生政权建立臣事关系，使高丽在中国诸邻国中率先依附明朝。恭愍王被弑后，高丽密直副使金义在李仁任的指使下，杀害明太祖派遣的使者蔡斌父子，并绑架同行的林密以封闭消息，使两国关系恶化。在这种情况下，高丽人心浮动，无人敢去通使明朝。郑梦周挺身而出，力主向明朝如实说明情况，并强烈批评亲元派恶意破坏明、丽关系的行为，却被亲元的权臣李仁任流放他地。正是郑梦周有了这样的思想和经历，因此，他的这首诗不能简单地看作应制颂圣之作，而是包含了其真实情感的。从诗歌内容来看，郑梦周是与朱元璋有近距离接触的，"圣训近闻天咫尺"这种待遇要不是朱元璋信任的人是无法享受的，这也反映出朱元璋对明朝与高丽关系的重视程度。在郑梦周与朱元璋的接触中，他切实地感受到了朱元璋的雄才大略，从而对这个新生政权充满了信心，也印证了自己政治倾向的正确性，所以，他归来时"流双涕"的激动情绪是发自内心的。由于诗歌体裁所限，郑梦周无法透露更多关于此次会见的细节，幸运的是，他似乎也感觉到了这一点，在诗歌后面特地加注对相关情况予以说明："臣梦周于洪武丙寅四月奉国表在京师会同馆。是月二十三日，上御奉天门，内人传宣促臣入内，亲奉宣谕，教诲切至。因将本国岁贡金银马布一切蠲免，不胜感荷圣恩之至，谨赋诗以自著云。"② 从这段记载来看，朱元璋与郑梦周应该交谈了很长时间，其"教诲"内容肯定是涉及两国关系的问题。朱元璋建国后，一直十分重视与高丽的关系，他在登基第一年就派出明朝的第一个使者契斯，契斯带来了朱元璋的玺书和40匹纱罗缎匹，向高丽通报中国局势，并表示了友好建交的愿望。洪武二年4月，朱元璋第二次派遣使臣，向高丽表明要送还因战争而流落在中国境内的高丽流民，这一举动充分表明了明朝友好的态度。8月，朱元璋又派遣契斯携带诏书、金印、诰文前往高丽进行封赐，正式将高丽纳入中国传统的册封体系，在外交上，明完全取代了原元朝的宗主国地位。但是，这种宗藩关系的确立不是通过武力实现的，而是在相互友好

---

① 郑梦周：《燕行录全集》卷1，《赴南诗》，第82页。
② 郑梦周：《燕行录全集》卷1，《赴南诗》，第82页。

的基础上建立起来的。洪武三年（1370），朱元璋又以朝天宫道士徐师昊为使者，前来祭祀高丽的山川，以佑护高丽国王，使高丽风调雨顺，永保平安。这是朱元璋所坚持的睦邻友好政策的一个具体表现。可以说，朱元璋对待高丽的态度是诚恳的，期望友好交往的愿望是强烈的。但是，由于高丽政权中有不可忽视的浓厚的亲北元势力的存在，因此连续发生了杀害明朝使者的恶性事件，使朱元璋采取了"却贡"、"停封"的激烈措施，使两国关系蒙上了阴影。郑梦周的此次出使，正是在这样的背景之下。然而从郑梦周的记载来看，朱元璋对其采取了友好亲和的态度，可见朱元璋内心仍然是希望高丽能够改正错误，使两国关系回到正常发展的轨道上来。

郑梦周此行有两个目的，一个是请求减免岁贡："天高而无不覆焘，人穷则必至吁呼。兹竭卑忱，用干聪听。洪武十二年三月闻陪臣沈德符回自京师，钦赍手诏及录旨，节该今岁贡马一千匹，明年贡金一百斤，银一万两，良马一百匹，细布一万匹，岁以为常。钦此。节次施行间，又准礼部圣旨，节该前五年未进贡岁马五千匹，金五百斤，银五万两，布五万匹，一发将来。钦此。为金银本国不产，蒙辽东都司闻奏，高丽进贡金银不敷，愿将马匹准数。钦奉圣旨，每银三百两准马一匹，金五十两准马一匹。钦此。差陪臣门下评理李元紘通行管领马五千匹，布五万匹及金银折准马匹，前赴朝廷贡纳。讫措办到洪武十七年岁贡马一千匹，布一万匹及金银折准马六十六匹，已差陪臣密直副使姜淮伯等管领，前去进贡。顾远方境壤福小，而比年海寇侵凌，民生孔艰，物产悉耗。金银固已非土之所出，马布难恐充数，于将来兢惶实深，进退维谷。伏望陛下以乾冲之大度，父母之至恩，许随力分之宜，优示蠲减之命。臣谨当述侯职于永世，祝圣寿于齐天。"[1] 洪武八年以后，由于两国关系的恶化，作为惩罚措施，朱元璋对高丽采取了要求高额岁贡的政策，要求高丽在洪武十三年进贡金一百斤、银一万两，良马一百匹，细布一万匹，这些巨额数字实在超过了高丽王朝的负担能力。高丽王朝尽极大的努力，通过以马匹折办金银的方法交纳了一部分岁贡。考虑到将来实在无法长期负担如此沉重的岁贡，故请求朱元璋以宽大为怀，给予减免。我们应该清楚地看到，朱元璋让高丽缴纳如此高额的岁贡，并不是依靠武力强势剥夺高丽的国家财富，而是针对高丽对明外交的恶劣表现，采取的一种惩罚性措施和策略，其深层含义是对高丽

---

[1] 《高丽史》卷一百三十六，《辛禑传四》，"请减岁贡表"，十二年二月。

"事大以诚"的考验。朱元璋曾说过："宁使物薄而情厚，毋使物厚而情薄"，① 这说明在明与高丽的关系中，朱元璋重视的只有一个"诚"字。因此，他在接见郑梦周时，"因将本国岁贡金银马布一切蠲免"，如果仅仅是出于本国的经济和军事需要，朱元璋是不会如此大方地免除如此巨额的岁贡的。实际上，尽管表文中明确提到了要求高丽于洪武十七年必须进贡的数目，但从洪武十九年年末开始，明朝采取了以贸易的方式向高丽取得战马："我要和买马五千匹。你回到高丽，先对众宰相说，都商量定了之后，却对国王说知。肯不肯时，便动将文书来。我这里运送一万匹缎子、四万匹绵布去。宰相的马一匹，价钱缎子二匹。绵布四匹；官马并百姓的马一匹，缎子一匹。绵布二匹。"② 这又是一则"白话圣旨"，从这个记载来看，朱元璋对高丽君臣的尊重态度是显而易见的，他首先要求高丽群臣要对这件事情进行认真讨论，达成共识之后再行禀告国王，避免使臣绕过群臣，直接向高丽国王汇报，旁生事端。从这一细节来看，朱元璋在考虑对高丽外交的时候是深思熟虑的，甚至考虑到了种种变数。"肯不肯时，便动将文书来"又充分展现了朱元璋对高丽政权的尊重，丝毫体现不出倚强凌弱的意味。随后，朱元璋马上开出了相对公平的交换条件，这再一次验证了朱元璋的高额岁贡政策是从长远外交层面考虑的。另外，明还允许持有"路引"的高丽商人可以在明朝国内的沿海和内地经商贸易，与以往不许高丽官民入境的强硬政策相比，可以看出朱元璋已经调整了对高丽的政策。朝鲜史籍中诸多关于朱元璋"白话圣旨"的记载，可以让我们更为真切具体地了解到朱元璋对朝鲜半岛政权的态度。

郑梦周此行的另一个重要目的就是请求改服大明衣冠："议礼制度，大开华夏之明；慕义向风，庶变要荒之陋。敢摅愚抱，庸渎聪闻。窃观圣人之兴，必有一代之法，上衣下裳之作，盖取象于乾坤。殷哻周冕之名，皆因时而损益，以新耳目之习，而致风俗之同。钦惟陛下挺神武之资，抚亨嘉之运。文物备矣，聿超三代之隆；德教沛然，覃及四方之广。虽命小邦之从本俗，既赐祭服以至陪臣，岂容其余尚袭其旧。盛世之典，固无所亏。但远人之心，深以为歉。伏望陛下怜臣以小事大，许臣用夏变夷。遂将纶

---

① 《明实录》，《洪武实录》，七年五月条。
② 《高丽史》卷一百三十六，《辛禑传》，十二年条。

音，捍从华制。臣谨当始终惟一，益禅补衮之诚，亿万斯年，永被垂衣之化。"① 元朝长时间的统治对高丽产生了深远的影响，尤其是辛禑王十分喜欢蒙古习俗："夜奏胡乐，巡游里巷"、"张胡乐于浮碧楼，自吹胡笛"②，这种习俗偏好当然也包括服饰。1272 年（高丽元宗十三年），质于元朝的世子谌回国，"国人见世子辫发，胡服，皆叹息，至有泣者。"③ 这是高丽人第一次见到本国权贵穿戴蒙古的服装，到了辛禑王时代，蒙古装束已经蔚然成风。但是，当高丽与明开始通交时，明太祖经常赐大明衣冠给高丽，"胡服革命"的呼声越来越高，高丽的亲明派大臣强烈要求革除胡服，改袭华制。上述《请衣冠表》，就是高丽这种要求的集中反映。值得注意的是，在当时以中国为中心的东亚国际关系体系（朝贡体制）下，中国皇帝在册封外国国王时，通常会在颁发玉册和印绶的同时，向国王颁发一套衣冠，但是，通常没有要求外国的所有官吏也要使用中国王朝的衣冠。高丽要求明允许本国全体官吏使用大明衣冠，这也是表达对中国汉族文化的一种景仰，同时也是表明了弃元从明的政治决心。在高丽人心目中，衣冠的改制，是本国"用夏变夷"，向汉文明进一步靠拢的表现形式，也是明对高丽"海外小中华"身份确认的认可。关于这个要求，朱元璋并没有像减免岁贡那样给予明确答复："表至，云及用夏变夷。变夷之制，在彼君臣力行如何耳。"④ 实际上，这还是在观察高丽君臣的言行举止的忠诚度，但并没有明确地表明反对态度。尽管这个要求没有得到圆满的解答，但是郑梦周在朝见朱元璋时，却被赐以大明衣冠参行贺礼，他用诗歌表达了这种喜悦的心情："上国崇文治，番邦贺太平。圣恩荣见介，朝服拜明庭。日照添袍色，风清送佩声。小臣何以报，亿载祝皇龄。"⑤ 关于改服大明衣冠的请求，1360 年（洪武二十年），明正式同意。明朝灭亡后，朝鲜使节出使北京，所穿的都是大明衣冠，并在辫发胡服的汉人面前感到无比自豪，这真是一件十分有趣的事情。

1389 年（洪武二十二年）出使的权近同样有幸近距离地接触到了朱元璋。权近学识渊博，曾在本国中科举乡试第三名，但由于年纪未满 25 岁，

---

① 《高丽史》卷一百三十六，《辛禑传》，"请减岁贡表"，十二年二月。
② 《高丽史》卷一百三十六，《辛禑传》，十年条。
③ 《高丽史》卷二十七，《元宗世家》十三年条。
④ 《高丽史》卷一百三十六，《辛禑传》，十二年七月。
⑤ 郑梦周：《燕行录全集》卷一，《赴南诗》，《蒙赐朝服行贺礼》，第 99 页。

没能参加明朝的科举考试。他在国内所持的政治观点与郑梦周相仿,都是力主亲明外交,坚决反对与北元交往,因而受到权臣的压制与打击。他出使明朝时也同郑梦周一样,正是高丽屡屡发生恶性事件,与明朝关系交恶的时期。但是,朱元璋仍然对高丽派来的使臣权近十分友好,权近在《奉使录》中用诗歌的形式表达了自己对朱元璋的印象:"晓随群彦入金门,咫尺天威望至尊。风送炉烟香满殿,云移仙杖日临轩。公堂赐宴恩难谢,禁陛辞归语更温。走出披垣犹踯躅,此心应是到家存。"① 从诗歌内容来看,在两国关系交恶的情况下,朱元璋仍然以亲善的态度对待高丽使者,而且此次权近所得到的礼遇远远高于郑梦周,朱元璋甚至在权近辞行的时候设宴相送。除了显示大国风度之外,朱元璋更多地还是出于对两国关系发展前景的考虑,这也充分说明朱元璋在高丽问题上的高瞻远瞩和深谋远虑。大国的不计前嫌和朱元璋的热情相待显然令权近十分感动。权近与朱元璋是非常有缘分的,朱元璋十分喜欢权近,权近的这次使行所表现出的出众才华给朱元璋留下了十分深刻的印象。

朱元璋出身贫寒,经历坎坷复杂,因此其内心世界十分敏感多疑,他登基之后,因为奏章中出现的一些敏感字眼触动了他的禁忌,他兴起了多次文字狱打击士人。如北平府学训导赵伯宁因为都司所作的《万寿表》中有"垂子孙而作则"而被杀,因"则"与"贼"音近,被朱元璋认为是讽刺自己参加红巾军的经历;常州府学训导蒋镇因为本府所作的《正旦贺表》中有"睿性生知"而被杀,因"生"与"僧"音近,被朱元璋认为是讽刺自己做过和尚的经历;德安府学训导吴宪因为本府所作《贺立太孙表》中有"永绍亿年,天下有道,望拜青门"之文而被杀,因朱元璋疑虑"青门"影射佛门。② 朱元璋这种极度敏感的心态甚至扩大到了外交领域。他曾因为朝鲜《更国号谢恩表笺》、《正朝表笺》、《奏请印信诰命状》等朝鲜公文中"杂以侵侮之辞",也就是表笺中含有触动他忌讳的词语而大发雷霆,认为朝鲜对明轻薄戏侮。对此,朝鲜专门移咨予以辩解:"小邦僻居海外,声音言语,不类中华,必凭通译。仅习文意,所学粗浅,措辞鄙陋,且不能尽悉表笺体制,以致言词轻薄。何敢故为戏侮,以生衅端。"③ 朝鲜关于表笺

---

① 权近:《燕行录全集》卷一,《奉使录》,《初八日进谢赐宴仍辞》,第195页。
② 赵翼:《廿二史札记》卷三十二引,《朝野异闻录》。
③ 《李朝太祖实录》,五年条。

体制的困惑也一样困扰着明朝的大小官吏，礼部曾上奏请求统一表笺体制，并昭告天下，一体遵照执行。朱元璋亲自拟定了表笺体制标准样式，这才使许多读书人避免了因卖弄文辞而引来的杀身之祸。朝鲜的咨文实际上深刻反映了两国文化上的冲突，中文博大精深，简单的一个字词就有引申出来的多种含义，朝鲜毕竟是外国，如果让外国人像中国的饱学之士那样深刻了解汉字词的含义，并且能深刻揣摩朱元璋的心意，未免难度太大。况且中国的饱学之士面对朱元璋也难免战战兢兢，不知哪个字词会逆了龙鳞。但是，朝鲜所辩解的理由也未必是绝对的，也有极端的例子出现，朱元璋曾于洪武二十九年十一月针对朝鲜表笺事件下过这样的圣旨："前者朝鲜国表内，撰表者故下戏侮字样，盖因此等深通古今，博知典故，所以表笺内斟酌定议，安顿戏侮字样。若以朝鲜国王言之，无乃皆数生为之。今留京师，无使随侍于王。故人云：以道助人主，不以兵强天下。此数儒不为王量力，敢作小敌之坚，敢作戏侮生隙，以构民殃。尔礼部移文朝鲜国王，无用是生，留于中国，别授微职。"①朱元璋面对朝鲜表笺中"戏侮"之词大发脾气，责令彻查。据朝鲜使臣曹庶招供，朝鲜官员尹佳、孔俯、尹顺曾与他商议，在贺千秋节表笺内故意写上"千秋节使"，因"使"与"死"同音，"看中国可有好秀才看得出来"②，不料这句话被朱元璋看到，所以做出了以上的决定。分析起来，此事件的发生大概有几种可能：一是曹庶被严刑拷打，吃熬不过，信口胡说。如果这样，那这件事绝对是一件冤案，所谓考验中国能否有人能看得出来应为屈打成招之语；二是确实是尹佳、孔俯、尹顺等高丽官员有戏侮的意向，所以请曹庶玩弄文字游戏，却被朱元璋识破。如果事实确实如此，那尹佳等高丽官员应该是本国内部亲元反明的势力，在表文上做手脚，这就应该是政治阴谋了；第三，朱元璋在利用此事敲山震虎，达到自己的政治目的。笔者认为，第三种可能性最大。如前文所述，高丽与明建交之后，一直在明与北元之间摇摆不定，希图用中间路线保持本国的独立，再加上几起恶性事件的发生，让朱元璋对高丽充满了警惕。他利用表文中出现的"戏侮"文字大做文章，意图在向高丽表明自己的不满与愤怒，促使高丽彻底投向明朝。否则无法解释以朱元璋这样雄才大略的君主，会在与邻国外交中采取如此愚蠢的举动。朱元璋对

① 《李朝太祖实录》，五年条。
② 《李朝太祖实录》，五年条。

表笺事件不依不饶，除了要求将撰表人悉数押解来京外，还要求其家人一同前来，大有兴师问罪之势。令朱元璋龙颜大怒的表笺涉及了朝鲜著名文臣郑道传和权近等人，因郑道传"于郑擢所撰表文不曾改抹校正，事无干连，又缘本人患鼓胀脚气病症，不能起送。"① 实际上郑道传是害怕到明朝后会遭遇杀身之祸而不敢前往。但权近却自请前往明朝说明情况，由此也可以看出权近性格中勇敢的一面。由于权近上次出使给朱元璋留下了十分好的印象，因此权近到南京之后，朱元璋不但没有发火，而且对他青眼有加："帝赐对，知近有学识，命赋题诗二十四篇。"② 由于权近的才华，"应制为帝嘉赏"③，可见朱元璋对权近的赏识。为了表示对权近的宠爱，朱元璋还特意亲制诗歌并赐予权近：

鸭绿江

鸭绿江清界古封，张无诈息乐时雄。逋逃不纳千年诈，礼义咸修百世功。

汉伐可稽明在册，辽征须考照遗踪。情怀造到天心处，水势无波戍不攻。④

诗歌讴歌了边疆和平安定的生活以及两国之间的友好往来的历史，也表达了朱元璋对一些历史事件和现实形势的关切和感慨，丝毫看不出表笺事件给朱元璋带来的怒气，这也进一步证明了笔者的分析：朱元璋是在借表笺事件给高丽施加巨大的政治压力。当然，诗歌未必出于朱元璋的手笔，但这透露出朱元璋希望两国友好的愿望。权近等朝鲜使臣准备回国时，朱元璋"俱赐衣，令游观三日"⑤。给予了权近不同寻常的荣誉。这里，除了出于对权近才华的欣赏之外，更多的是朱元璋对两国关系未来发展的殷切期望。而权近能得到朱元璋的赐诗，更是无上的荣耀，堪称是中朝关系史上的一件大事。

---

① 《李朝太祖实录》，五年条。
② 《李朝太祖实录》，六年条。
③ 《李朝太祖实录》，六年条。
④ 《李朝太祖实录》，六年条。
⑤ 《李朝太祖实录》，六年条。

2. 明成祖朱棣

权近际遇之奇,不仅仅在于他与明朝开国皇帝朱元璋如此投缘,而且他在使行过程中与明朝的第三位皇帝朱棣也曾有过交往,一生得以结识两位中国皇帝,权近的幸运当为朝鲜使臣之首。当然,权近出使时见到的朱棣还不是皇帝,而只是燕王。但之所以将朱棣放在皇帝一节来论述,正是因为朱棣是明朝皇帝中一个十分特殊的帝王。朱棣,是朱元璋的第四子。朱元璋取得政权之后,大肆屠杀开国功臣,为了防止政权不稳,将自己的儿子分封天下,朱棣封燕王,扼守北平,以镇北方,防止北元残余势力卷土重来。这些亲王手拥重兵,盘踞在各地的要津大镇,无形中对皇权形成了威胁,尤其以朱棣的实力最为雄厚。朱元璋最为器重朱棣,曾在信中这样嘱咐朱棣:"秦、晋已薨,汝实为长,攘外安内,非汝而谁?……尔其总率诸王,相机度势,周防边患,又安黎民,以答上天之心,以副吾付托之意。"① 字里行间充满了对朱棣的信任和殷切的希望。朱元璋不会想到,他寄予了高度信任的儿子,在他死后竟然篡夺了孙子的皇位。建文帝即位之后,朱元璋在世时所积压的矛盾立刻爆发出来,建文帝听从齐泰、黄子澄等建议,着手削藩以遏制诸王的势力。朱棣立即起兵反叛,以"靖难"之名,挥军南下,攻占南京夺取帝位。实事求是地讲,永乐年间,在朱棣的统治之下,明代的社会经济得到了进一步的恢复和发展,社会发展相对稳定。朱棣即位后,先后五次北征蒙古,追击蒙古残部,缓解其对明朝的威胁,确保了北方的稳定;疏通大运河,使南北的经济迅速得到交流;迁都并营建北京,作为历史上第一个定都北京的汉人皇帝,奠定了北京此后500余年的首都地位;组织学者编撰长达3.7亿字的百科全书《永乐大典》;设立奴儿干都司,以招抚为主要手段管辖东北少数民族。更令他闻名世界的是郑和下西洋,前后七次,最远到达非洲东海岸,沟通了中国同东南亚和印度河沿岸国家。如果客观评价的话,明成祖可谓是功绩累累的一代雄主,但是其篡位之举令后人始终对其评价不佳。但被称为雄才大略的唐太宗李世民也是通过玄武门兵变来取得帝位的,从这个角度来看,后人对朱棣的过多责难显然有些不公平。

由于朱棣镇守北方,因此权近在前往南京的时候,路经北京并留下了关于朱棣的一些记载。权近于七月十五日到达北京,第一件事就是去拜访

---

① 《太祖实录》,洪武三十一年五月。

燕王朱棣:"到燕台驿,进见燕府。先诣典仪所,所官入启,以是日先大后忌,不收礼,命奉嗣叶鸿伴接到馆。"① 值得注意的是,为什么权近一到北京就立即拜访朱棣呢?这仅仅是正常的礼仪来往吗?我们先来看权近的这首诗:

> 圣代宗文盛,贤王爵土尊。都城形胜壮,市巷物花繁。
> 白玉开宫殿,红云绕陛轩。齐居停受礼,翼翼孝思敦。②

诗歌中对明朝的气象、北京的富饶以及燕王府进行了赞美,值得注意的是,他竟然在形容燕王府时使用了"红云绕陛轩"这样的惊天之语!无独有偶,我们再来看权近的另一首诗:

> 侁侁甲胄拥街头,日照红云遍地浮。
> 驾出端门仪卫备,金旗翠扇望如流。③

这里,权近在记录燕王朱棣威仪时,再一次使用了"红云"一词,我们就不能将其简单地认为是诗人景物描写的烘托之语,而是应该细致分析其背后的创作动机。在中国,史官和文人在美化统治者时,往往大书特书其天生异象,如出生时日月入怀、蛟龙飞舞、红光满屋等,以昭示统治者的皇命天授。对此,金圣叹在评点《水浒传》时曾辛辣地讽刺:"圣人出世,红光满天;妖魔出世,黑气一道。"日月、蛟龙、红光等意象已成了中国文人臣子歌颂统治者的专用意象,这些也成了帝王的专用词语。在等级森严的中国社会,普通百姓或官吏如果使用了这些词语,"心存异逆"的罪名是想躲也躲不开的,因此,在诗歌创作中,也形成了一些禁用语,什么样的词语专用于平民百姓,什么样的词语专用于高官权贵,什么样的词语专用于帝王,这些都是不可僭越的,这也形成了封建等级制度下中国特有的一种文化现象。但是,深谙中国文化的权近在赞颂燕王朱棣的时候,反常地使用了"红云"一词,"白玉开宫殿,红云绕陛轩",这简直就是对皇

① 权近:《燕行录全集》卷1,《奉使录》,第172页。
② 权近:《燕行录全集》卷1,《奉使录》,第172页。
③ 权近:《燕行录全集》卷1,《奉使录》,第173页。

帝宫殿的描写，而"日照红云遍地浮"一句中，一轮红日在红云的烘托下喷薄欲出，就显得更露骨了，他是在描写明朝开国皇帝朱元璋吗？不，这只是在描写燕王朱棣而已。他将描写帝王的词句不加掩饰地放到了朱棣身上，仅仅是出于礼貌性的赞颂吗？事实远远不会这么简单。纵观整个古代朝鲜历史，我们可以看到，朝鲜人有很高的政治智慧，它以弱小之势却屡屡能在众多强邻之间得以保全主权和领土予以生存，其千百年间积累下的政治智慧是不容忽视的。朱棣坐镇北方，遏制北元残余势力，而且深得朱元璋信任，其影响力在朝鲜人心中是十分巨大的。因此，处理好与朱棣的关系，不仅可以凭借其军事实力遏制北元，使自己的领土安全得以保障，而且也可以利用朱棣特殊的皇子身份来实现本国的外交目的。最有可能的一点是，朝鲜人已经看出了朱棣的野心和实力，判断到他极有可能日后飞黄腾达，与朱棣处理好关系，对本国有太多的利益。实际上，早在洪武九年（1376年），中国山西平遥的儒学训导叶伯巨就已经预言了朱棣的日后之变："臣恐数世之后，尾大不掉，然后削其地而夺之权，必生觖望，甚者缘间而起，防之无及矣。"[1] 这说明在当时的中国，已经有人清醒地看到了分封诸王的可怕后果，即会出现类似于汉代和晋代分封诸王而引发叛乱的局面。朱元璋的各皇子中，以朱棣性格最为阴沉多智，而且手握重兵，叶伯巨提及"尾大不掉"显然就是指朱棣而言，只是没有明说而已。

受自身弱势的国力、政治、经济、军事等因素的制约，游走于强势之中，平衡于众雄之间，伺机依靠最强者以图生存和发展，是千百年朝鲜外交的一个特色，换句话说，古代朝鲜的外交具有很强的游移性。他们对中国的观察是时刻进行的，朱棣特殊的身份和所镇守的特殊的地理位置显然引起了他们的关注，他们肯定对朱棣观察了很长的时间。外交需要进行投资，因此，权近一到北京立即拜访了朱棣。我们可以大胆地推测，除了正常的礼仪因素之外，高丽王朝是有这样的政治安排的。朱棣对朝鲜使臣的来访也是十分欢迎的。十六日，他立即接见了权近："十六日，朝，典仪所引入端礼门，王坐承运门受礼，又命奉嗣典食，奉嗣引至西围典膳所致食品。"[2] 对此，权近赋诗以志："端礼门前晓日明，甲光辉映拥亲兵。赭袍当殿趋庭谍，异味来食赐坐倾。鹿囿雨晴织草茂，雁池风过细纹生。少年奉

① 张廷玉：《明史》列传第二十七，中华书局，1974。
② 权近：《燕行录全集》卷1，《奉使录》，第173页。

使游观定，老对儿孙字细评。"① 值得注意的是，权近的这首诗歌除了抒发观光中国的喜悦之外，还不经意间透露了朱棣雄厚的军事实力。朱元璋分封的王子是有豢养私兵的权力的，权近所看到的朱棣亲兵只是一小部分，但从其衣甲鲜明的细节来看，朱棣的私兵规模不会很小，而且战斗力不会很弱。应该说，朱棣的异心在此时已经有所表露了。朱棣对朝鲜使臣也是十分友好的，十七日，朝鲜使臣到燕王府辞行，朱棣挽留他们，并与他们一起宴会："公馆开华宴，亲王慰远人。泛尊醪既旨，凸案味皆珍。剪帛簪花重，裁罗舞袖新。仁恩醺到骨，大醉发天真。"② 从诗歌内容来看，宴会的气氛是十分友好的，美酒佳肴，丝竹绮舞，欢乐的氛围和主人的热情，令权近开怀痛饮，直至醉乡。权近在北京逗留了三天，三天之中，朱棣每天都送给朝鲜使臣精美的食品，临行前还赐给了他们钱财以供途中花费。对此，权近感激莫名："和色温言接外臣，三朝连赐内厨珍。又颁楮币恩偏重，为体吾皇一视同仁。"③ 那么朱棣为什么如此重视朝鲜使臣的来访呢？除却中国人传统的好客习惯之外，应该说，朱棣给予朝鲜使臣这么高规格的接待，心中是自有算盘的。从上文的分析来看，朱棣此时野心勃勃，朝鲜半岛与中国东北接壤，而北方是朱棣的根据地，日后朱棣起兵，高丽会持什么态度呢？如果朝鲜坚定地站在明正统接班人的立场上，起兵勤王，这个来自后方的威胁是朱棣不能不予以考虑的，因此，这也是朱棣竭力拉拢朝鲜使臣的原因之一；其二，朱棣胸怀野心，在考虑反叛的时候，将都城迁回到自己的根据地——北京的想法肯定萦绕于心，那么都城迁回北京后，与高丽的地理距离并不遥远，处理好与高丽的关系，对于稳定东北局势，乃至稳定全国政局是有至关重要的意义的。应该说，权近的这次来访是具有重大意义的，它为后来永乐朝两国的友好往来奠定了坚实的基础。

朝鲜朝建立之后，李成桂曾前后几次派遣使节与当时尚为燕王的朱棣进行接触，这也进一步验证了朝鲜外交游移性的特点。同为世子身份的李芳远还曾特意拜访过他，两人私交甚好。1394 年（洪武二十七年），明为惩罚朝鲜，采取了拒绝使臣入境的做法，为了打开外交僵局，李芳远主动请缨，"为宗社大计"而亲朝朱元璋。李芳远六月出行，受到了朱元璋的热情

---

① 权近：《燕行录全集》卷 1，《奉使录》，第 173 页。
② 权近：《燕行录全集》卷 1，《奉使录》，第 176 页。
③ 权近：《燕行录全集》卷 1，《奉使录》，第 173 页。

接待:"帝引见再三,殿下敷奏详明,帝优礼遣还。上国士人见殿下皆称朝鲜世子,甚敬之。"① 李芳远在十一月回国时路过北京,特意拜见了燕王朱棣,朱棣对他表现出来了超乎寻常的热情:"殿下过燕府,燕王亲见之,旁无卫士,唯一人侍立,温言礼接甚厚。因使侍立者馈酒食,极丰洁。"② 可以说,朱棣给予李芳远的接待绝对是超规格的,而且是属于私人性质,绝无公务应酬之意,而且这样的私密环境,是彼此相互沟通与交流的最好平台,相信这两个野心勃勃的人会面时一定会有相见恨晚之感。李芳远离开北京时,在路上又与燕王朱棣相遇:"燕王乘安舆朝京师,驱马疾行。殿下下马见于路侧。燕王停驾,亟手开舆帷,温言良久,乃过。"③ 这一细节颇值得玩味,二人在密室中到底形成了哪些共识,是什么原因让朱棣对李芳远如此重视?有意思的是,明朝的太子朱棣和朝鲜的世子李芳远都是采用了兵变的方式而取得了本国的帝位和王位,而两个人起兵的时间也十分接近,如果称其为巧合则有些牵强。至于李芳远与朱棣之间到底谈了那些方面的内容,限于史料的缺乏已不可考,但是,可以明确的一点是,这些接触极有可能是朱棣与李芳远相互间的政治投资,只不过彼此心照不宣而已。所幸的是,他们都成了这场政治赌博的赢家。朝鲜的政治投资得到了丰厚的回报。1402 年阴历六月十七日,朱棣如愿以偿地登上了皇帝的宝座,朝鲜立即予以表态予以承认:"新登宝位,天下诸侯未有朝者,独朝鲜遣上相进贺。"④ 这使得以篡位之名登临大宝而时刻焦虑其合法性的朱棣心花怒放,立即派出使臣赴朝鲜诏谕中国政局之变,朝鲜于十月停止了"建文"年号的使用,并接受了朱棣重颁的印信和诰命,同时交出建文朝所赐的诰命和印章。为了巩固两国之间的友好关系,1407 年(永乐六年),朝鲜太宗李芳远派遣世子李褆以"贺正"的名义朝拜朱棣,对于此行,朱棣给予高度重视,亲自划定使行路线,派遣总兵自辽东护送朝鲜世子赴京。李褆一行在南京受到了热情的接待,这次朝鲜世子的大明之行,无论从规模还是影响上,都远远超过了前代任何一次,它对进一步奠定两国之间的友好关系,进一步理顺明、朝之间的宗藩关系,发扬"事大字小"的外交传统,都具有不可忽视的重要作用和深远影响。

---

① 《李朝太宗实录》三年十一月条。
② 《李朝太宗实录》三年十一月条。
③ 《李朝太宗实录》三年十一月条。
④ 《李朝太宗实录》三年十一月条。

3. 嘉靖皇帝朱厚熜

洪熙以后，明朝的政局千变万化，尤其是1449年的土木堡之变，更使中国的民族矛盾和统治阶级内部斗争达到白热化的程度。纵观林基中先生整理的《燕行录全集》100卷，在洪熙以后，成化年间的使行记录只有一篇，弘治年间的使行记录只有两篇，直至嘉靖和万历两朝，使行记录才集中起来。究其原因，一是由于林基中先生整理的这套100本的《燕行录全集》只是对韩国古典文献进行大规模整理的第一阶段，可能还有许多散落在众多古籍中的、属于这一时段的记录没有被发现和确认，从而使这部全集收录的使行记录在明洪熙至嘉靖年间的记录呈基本空白的状态；二是可能这个时期内中国政局不稳，朝鲜更加小心翼翼地观察中国，事涉中国政局、宫廷内幕等记载被朝鲜官方明令禁止，以防有城门池鱼之殃；三是可能这个阶段派遣的使臣以纯粹政治性质的官僚居多，缺少有才华有思想的文人，因此缺乏记载。从"朝天录"直笔直言的特点来看，第一种可能性最大。因此，韩国古典文献的进一步大规模整理，不仅是朝鲜半岛的文化大事，对中国的文学、文化和历史研究也有重大的意义。随着时间的推移，朝鲜半岛南北关系的进一步缓和，朝鲜珍藏的更多的珍贵文集如果能面世，相信会使对这一阶段明代中国的研究更加深入。

嘉靖皇帝在明朝历史上是一个奇特的皇帝。明武宗朱厚照荒淫无度，一命呜呼，但身后并无子嗣，依血缘关系排列，兴献王朱祐杬之子朱厚熜在竞争中胜出，荣膺大宝，年号嘉靖。这位少年天子个性十足，具有十分强烈的政治敏锐性，因此刚刚登基就淋漓尽致地展示了自己的个性。在朝鲜使臣的记录中，有一则记载透露了明朝历史上皇帝与群臣的一场激烈的斗争："去塑像，代以木主。嘉靖初，张孚敬建议改制云。"[①] 从这段记载可以看出，在嘉靖之前，国子监是有孔子塑像的，但嘉靖即位之后，却将塑像改为神主木牌。那为什么嘉靖要做出这样的举措呢？这段记录实际上反映了中国明代嘉靖即位时发生的"大礼仪"之争的一段史实：公元1521年，正德皇帝朱厚照薨，在后继无人的情况，其堂弟朱厚熜即位，年号嘉靖。朱厚熜的父亲是成化皇帝四子兴献王，他本人又是先帝的堂弟，这种特殊的身份，为后来的礼仪争端埋下了伏笔，因礼仪之争发生在皇家，所以称之为"大礼仪"。朱厚熜即位不久，立即下旨要求礼部商议其生父兴献

---

① 苏士佑：《燕行录全集》卷2，《阳谷朝天日记》，第404页。

王的封号问题。关于弟承兄位的特例，北宋理学宗师程颐有明确的立场："为人后者，谓所后为父母，而谓所生为伯、叔父者，此生人之大论也。"①按照这个逻辑来推理，既然继承了别人的家业，就理应成为别人的后代。在这种思想的影响下，以首辅杨廷和为首的礼部建议朱厚熜称孝宗朱佑樘为父，称自己的亲生父母为叔父和叔母。嘉靖勃然大怒，驳回再议。关于这场王权制度下的等级秩序问题，嘉靖与秉持理学的重臣争执不下，这时，朝鲜使臣苏世让的记载中所提到的张孚敬察言观色，坚决地站到了皇帝的立场上。张孚敬，又名张璁，四十七岁中进士。他在君臣僵持的时刻，提交了《正典礼第一疏》，以"圣人缘情以制礼"为主要论点，旗帜鲜明地站在皇帝一边，而他的这一观点正是源自王阳明"先王制礼，皆因人情"的理论。因此，可以看出这场论争的背后，实际上也是新兴的阳明心学与正统朱学之间暗地里的一场激烈斗争。在皇太后嘉靖生母蒋氏的支持下，重臣们被迫承认嘉靖先父兴献王为"帝"，但仍拒绝使用"皇"字，嘉靖在张熜和桂萼的支持下，经过一系列的斗争，使重臣们勉强承认兴献王的完整称号为"本生皇考恭穆献皇帝"，这一结果使嘉靖戏剧性地拥有了两个父亲，亲生父亲兴献皇帝和政治父亲孝宗皇帝。但嘉靖并不满足，还在谋求将孝宗改为"皇伯考"，即将孝宗降到叔父的地位上来。这一改变从礼法上来说，隐含着嘉靖帝王之位的继承关系和权力的由来，如果将孝宗排除在外，则会直接动摇了视统秩、伦序为命脉的中国帝权的法理基础，属于大逆不道的行为。因此，"大礼仪"的斗争在持正统观念的朝臣的"哭门"事件中达到最高峰。嘉靖三年七月十五日，上至九卿大臣，下至翰林、部、寺、台诸臣二百余人，齐伏左顺门外，哭声震天，以这种特殊的方式表示抗议。面对这一突发事件，嘉靖使用铁血手段，拘捕134人，另外86人侯罪。两天后，嘉靖对闹事官员实行"廷杖"，直接打死或事后伤重而死的达19人。血淋淋的事实终于让这些自以为占据理论主动权的士大夫们认识到，理论再完美也不能与皇帝的威权抗争，因此，改孝宗为皇伯考的决定得以顺利实施。嘉靖用铁血政策取得了这场"大礼仪"的斗争，也使嘉靖完成了新帝的第一次完美亮相。

从表面上看，这场斗争只是单纯的名分之争，但从深层来看，这却是意识形态领域的斗争。随着斗争的深入，嘉靖已不再是为亲生父母争取帝

①　程颐：《河南程氏文集》卷5，《代彭思永上英宗皇帝论濮王典礼议》，

后地位，维护自己的尊严，而是要改变和突破礼法理论的某些不合理部分，并希图通过"大礼仪"之争，将礼教发展到一个新阶段，使自己成为礼教发展史上的一个划时代的人物。因此，在其前二十年的执政中，他对礼教改革投入了极度的热情，在大礼仪取得胜利之后，他对郊祭、孔庙祀典、太庙庙制纷纷进行改革，并推出《大礼集注》6 卷昭告天下，昭示其斗争的坚决性和彻底性。苏世让记载的以孔子木主易神像，就是这种对礼教改革的一部分。从另一个角度上看，这场斗争也是新兴的阳明心学和传统的程朱理学之间的一场斗争，在最高统治者的支持下，阳明心学取得了胜利。作为笃信程朱理学的朝鲜使臣，其内心肯定是对嘉靖举动极其不赞成甚至反对的，但是，作为与中国外交关系最为密切的藩属国，朝鲜使臣是绝对不敢公然对其提出任何评论的，况且这个改革举措是直接得到嘉靖首肯的。但是，对理学秩序被破坏的愤懑也不能让他们无动于衷，所以，在苏世让笔下，就有了这段看似不经心，但潜在含义无穷的记录。也让我们对嘉靖的个性有了比较透彻的了解。

　　关于嘉靖的"大礼仪"之争，朝鲜学者有自己的看法："闻嘉靖追封，而退陶之论甚合于情理。嘉靖朝追封兴王位皇帝之议作，持正论者咸谓不可追封私亲，纷争三岁。而后追封之议乃胜。遂封为兴献皇帝，其谓不可者，咸叩乾清门而哭，门破而不从，皆被死徙。我国则止封大院君，而河原之后，至于四代，则将以忠义奉祀矣。嘉靖则过矣。"① 记录中所提的退陶，也就是集朝鲜朱子学之大成者的性理学家李滉，在学术主张上，李滉希望通过认真地观察事物和生活去寻找人生的真谛。他以此为根据，进一步发展了朝鲜的理学。由中国孔子创造并由孟子发扬光大的儒学，被传承为东方正统的学问，宋朝的朱子融前人之所学，把它发展为研究宇宙和人根本问题的理学。而朝鲜的李滉则进一步发展此理论，提倡"儒学的根本为'理'"的"主理论"。在 16 世纪的朝鲜王朝，尊重经验知识的"主气论"是理学的另一个分支，然而李滉则希望通过学习去探求人生的真谛，以更好地理解人和事，并通过这些去寻找自己根本的面目。在哲学思想上，李滉既反对以朝鲜徐敬德为代表的唯物主义，又排斥佛教和王阳明的主观唯心主义，崇信朱熹的客观唯心主义。他认为"理"是世界的本原和主宰，如果没有"理"，便没有天地和人类万物，一切都将不存在。他承袭朱熹的

---

① 赵宪：《燕行录全集》5 卷，《朝天录》，第 262 页。

未有天地之前毕竟先有一个"理",未有君臣已先有君臣之"理",未有父子已先有父子之"理"的观点,将"理"看作为超自然、超时空的精神本体,而自然界以及整个人类社会则是由"理"派生的,不过是"理"的表现而已。李滉反对王阳明的"知行合一"说,信奉朱熹的"先知后行"说。但他又认为人有两种人性,即"本然之性"和"气质之性"。由"气质"的"清浊"与"粹驳"而有"上智"、"中人"、"下愚"之分,即"天理"、"知行"相兼的人属于"上智";"知足而行不足"的人则为"中人";"知昧行恶"的人是"下愚"。李滉以此为李朝封建社会等级制度的合理性辩护。同时,李滉认为人们虽然具有"气质"之差距,但经过个人的不断读书和修养,差距可以缩小,亦能达到圣人的境地。赵宪是李滉的忠实信徒,在嘉靖追封之事上,他引用了李滉的观点,也就是用朱熹的理学观点来分析嘉靖追封生父之事。很显然,信奉朱子学的朝鲜文人对嘉靖的大礼法之争是持否定态度的,也就是说,在这场事涉"理学"和"心学"的斗争中,朝鲜使臣是坚定地站在理学这一边的。

如果查阅嘉靖一朝的档案,可以看出,嘉靖在政治上也十分"了得",他最大的特点是善于驭人。张璁也就是苏世让在记载中提到的张孚敬,在"大礼仪"之争中立功,嘉靖却偏偏不让他接替杨廷和的首辅位置,让张璁大失所望。直到嘉靖六年张璁才蒙召入阁,但嘉靖八年八月又突然令其归乡省政,张璁离乡不久,九月,嘉靖又重召其入阁。直到嘉靖十四年才让他彻底退休。由此,可以看出嘉靖在政治上经常采取欲擒故纵的手法,让身边的亲信始终无法彻底了解嘉靖的心思,始终保持一种诚惶诚恐的心态。此外,其身边亲信罕有长久高居其位的,在其勤政的前二十年,亲信大臣不断更换,经常是你方唱罢我登场,如走马灯一般。张璁退休,夏言成了嘉靖宠信的对象,但和张璁一样两起两落,最后被严嵩所替代。嘉靖还善于在亲信的大臣之间制造矛盾,让他们互相牵制、损害和消耗,这样,既可以防止掌权过久,尾大不掉,也可以随时宣示皇帝的威严。夏言与严嵩之间的斗争就是一个典型的例子。

朝鲜使臣经常来北京,并频频与明朝高层官员打交道,因此对这种斗争看得很清楚,夏言和严嵩的起起落落,相互之间激烈斗争的情况,也被关心明朝政治情况的朝鲜使臣所记载。许篈在他的《朝天记》中就详细记述了二人之间的斗争:"命坐谈中朝旧事,因及夏言严嵩被祸之由。夏言,世宗皇帝宠臣也,不次陞用,位居首辅,最承恩遇。严嵩继为世宗所幸,擢礼部尚书，权势既相轧，嵩谋欲去言。时西藩扣陕西四川塞来降，或以为不可受，言以彼既慕义归与，理难应拒，遂受而处之。嵩阴嘱四川巡按御史诬言潜纳外夷重赂，受其伪降。世宗大怒，命下言锦衣卫狱，痛加栲掠与午门外。言气至委顿，乃命两人绑其手足，以杖贯其中，荷之而行。言不胜其苦，诬服，即斩之。嵩代为阁老。"① 夏言因在"大礼议"之争中站在皇帝一边而骤然受宠，曾在嘉靖朝前期担任过礼部尚书，后来又担任内阁首辅。他与严嵩是同乡，在严嵩的政治生涯中起过重要作用，严嵩的礼部尚书就是由他推荐的。他曾经是严嵩向上爬的阶梯，后又与严嵩相互倾轧。在经过了长达十余年惊心动魄的争斗后，嘉靖二十五年（1546 年），兵部侍郎曾铣总督陕西三边军务，提出收复被蒙古占领的河套地区的计划。河套地区就是今天宁夏和内蒙古境内贺兰山以东、狼山和大青山以南的大片黄河沿岸地区。控制河套地区，对明代的边防具有重要的战略意义。嘉靖向大臣们征询意见，夏言表示赞同，严嵩则坚决反对。严嵩还趁机攻击夏言和曾铣是"擅权自用"、"好大喜功"。这时，恰巧内宫失火，皇后去世，这些变故让嘉靖惊惧不安。不久，蒙古军进扰延安、宁夏等地，严嵩趁机进谗言说这些都是因为夏言、曾铣要收复河套造成的。嘉靖对此深信不疑，立即将曾铣缉拿处死，但让夏言再次致仕。严嵩怕夏言他日东山再起，必欲将其置于死地而后快。于是，他又诬蔑夏言是收受了曾铣的贿赂而支持收复河套的。大臣与边将勾结是大罪，于是夏言终于在嘉靖二十七年（1548 年）惨遭弃市之刑。从许篈的记载来看，嘉靖的性格是十分狠毒的，他全然不念夏言在"大礼仪"之争中为他立下的汗马功劳，感觉到夏言已经丧失其利用价值后，便立即利用夏言与严嵩之间的矛盾，将夏言除去，而且将骂名嫁祸给严嵩，其心计之深实在令人不寒而栗。可以说，嘉靖当时已经下定了决心要除去夏言，因此对其用刑时极尽羞辱之能事。于午门外用刑，其目的自然是杀鸡给猴看，震慑百官，最主要的还是警告夏言的对手严嵩不要效尤。即使嘉靖放过夏言，"以杖贯其中，荷之而行"的形象也会让夏言威信扫地，彻底与仕途告别。嘉靖一石二鸟的计谋可谓深谋远虑。许篈在记载中还记录了严嵩倒台的凄惨景象："世宗即命逮（世蕃）而讯之，即服腰斩。世蕃及诸子籍没。嵩家产金银至三千余杠，每杠有一百斤，散而贷诸人。称是玉带有八十余条，其他可知。嵩无所归，依

---

① 许篈：《燕行录全集》卷6，《朝天记》，第66页。

于僧寺以糊口，竟饿死，人皆快之。"① 可见嘉靖对严嵩也是毫不留情，彻底打击。许篈通过夏言被抄家的清廉与严嵩被抄家的腐败的鲜明对比，对嘉靖皇帝提出了批评："世宗号为英主，而用舍颠倒一至于此，此君子小人之难辨也有如是夫？"② 许篈对嘉靖的这段批评是十分值得注意的，他实际上在批评嘉靖不会用人，根本称不上英主的称号，语气可算不恭敬之极。虽然许篈是在万历二年出使，但此时距嘉靖朝时间并不长，而许篈敢于对嘉靖提出批评，这也反映了嘉靖在朝鲜知识分子心目中不佳的形象。许篈的记载带有强烈感情倾向，即同情夏言，厌憎严嵩，这也是与中国当时的主流评价一致的。许篈用君子小人难辨来总结嘉靖的用人失误，实际上还是流于表面，他毕竟不是中国的官员，不可能对嘉靖的权术有什么更深的理解，夏言与严嵩的悲剧，实际上正是嘉靖善于驭人，工于心计的集中表现。

1533 年，苏世让出使北京，在他的《阳谷朝天日记》中，有这样一则记载："且见皇帝敕谕礼部：'朕惟阴所以相阳，若地之承天者，夫为妻纲，妇道曰敬顺而已矣。朕原配既早失，乃因助祀不可无人，列御不可无统，遂进封张氏为皇后。恩礼之所，加遇特甚。近乃多不思顺，不敬不逊屡者。朕以恩待，昨又侮肆不悛，视朕若何？如此之妇，焉克承乾。令退间别所，收其皇后册宝，天下并停笺贺。吁，朕处家未尝些须自纵，妻妾亦必法惩，可容自恣乎？故兹敕示，如敕奉行'……乃卜今年正月望之令辰……册立德嫔方氏为皇后'"③ 纵观《阳谷朝天日记》全篇，苏世让行文风格十分简练，每条记载都十分简短，大都为叙述时间、天气、所经地点等纯日记文体所具有的元素。但关于皇帝的敕书或圣旨只有这一条记载，突兀之极，实在令人生疑。如果说是他认为明册封新皇后是件值得本国外交关注的大事，完全可以按照整体行文风格简略记之，何以不惮其烦，全文抄录了这个敕书和圣旨呢？而且在北京期间，值得朝鲜关注的中国政事肯定不止这一件，何以毫无记载呢？这与苏世让日记的整体风格是不相符的。我们来看看敕书和圣旨的内容，就是嘉靖废了一个旧皇后，册立了一个新皇后。在中国，册立皇后和废谪皇后都是皇家的一件大事，特别是废去皇后，皇

---

① 许篈：《燕行录全集》卷 6，《朝天记》，第 69 页。
② 许篈：《燕行录全集》卷 6，《朝天记》，第 69 页。
③ 苏世让：《燕行录全集》卷 2，《阳谷朝天日记》，第 406 页。

帝要祭告天地和祖宗宗庙,并向天下昭明其罪行。换句话说,就是皇帝在
换老婆的时候也要争得朝野舆论上的支持。但纵观苏世让的记录,关于张
皇后的罪状简直模糊之极,何为不敬不逊?何为侮肆不悛?这实在有些可
疑。苏世让在记载这个敕书的时候一定心中也充满了疑惑,嘉靖皇帝何以
如此行事呢?实际上,这个令人大惑不解的敕书和圣旨,反映了嘉靖三位
皇后的悲惨命运,我们从中也可以窥见嘉靖的感情世界。嘉靖以武宗的堂
弟身份继承大统,武宗的母亲陈太后功不可没,她在众多的选择中选中了
嘉靖,将其扶上了皇位。而且在明世宗即位前,张太后果断地清除了一次
未遂政变,可以说,嘉靖母子能有几十年的顶级富贵与权势,张太后起到
了决定性的作用。嘉靖的第一个皇后陈皇后就是张太后为其亲选的,陈皇
后出自书香门第,天生丽质,颇受嘉靖喜爱。陈皇后怀孕后,一次与嘉靖
小坐,身边伺候的一个张姓宫女容貌美丽,并有一双倩倩玉手,引起了嘉
靖的注意。陈皇后妒意大作,作河东狮吼,嘉靖大怒,一脚踢中她的腹部,
造成流产并大出血,最后含冤死去。陈皇后惨死后,嘉靖依然愤恨未消,
只按普通妃子的礼遇予以埋葬,而且给了她一个恶谥叫"悼灵"。直到 10
年后,嘉靖依然没有儿子,此时对她的愤怒早已消失,才给她改谥"孝
洁",以皇后礼仪改葬。[1] 由此可以看出嘉靖性格中那狠毒和冷漠的另一面。
这位长有一双美丽玉手的宫女就是苏世让记载中所提到的被废的张皇后,
在陈皇后死后一个月,她被立为皇后,但她的命运同样悲惨,中国的史书
没有记载她被废的原因,推究起来,以一双手的美丽而偶然一步登天的她,
终究会给嘉靖造成审美疲劳,年华老去,红颜不再可能是被废的一个重要
原因。废居冷宫的张氏悲伤过度,两年后便凄惨地死去。她做了五年的皇
后,死后嘉靖连谥号都没给她,可见嘉靖的寡情薄义。被嘉靖册立的方皇
后的下场更为凄惨,方皇后与后妃曹氏争宠,在嘉靖二十一年(1542 年)
的"宫婢之变"中,她救了嘉靖的性命,并借清洗之机除去嘉靖宠爱的曹
妃,使嘉靖心怀不满。嘉靖二十六年(1547 年)十一月,皇后所居的宫殿
突然失火。因是半夜,宫门自然是锁着的,宫里人逃不出来,宫外的人也
进不去。可是,无论左右太监如何哀求,嘉靖始终不下令救火,他甚至还
带人登上高台观看大火,这样,方皇后和几百宫女太监就这样被活活烧死。
这场大火是明史上的疑案之一。为什么嘉靖不令救火呢?当然,苏世让是

---

① 张廷玉:《明史·孝洁皇后传》,中华书局,1974。

不可能在记录中预见到方皇后的结局的。他在日记中郑重其事地抄录了敕书和圣旨的全文，应该是含有深意的。陈皇后和张皇后的悲惨遭遇，不管禁忌多严格，总是会流传到民间的。笔者推测，苏世让在北京期间，应该是听说了这些事情，但不敢直接表达对这些事情的看法，只好将敕书和圣旨全文抄录以记其事，否则实在无法解释为什么在他具有简略叙事风格的记录中会突兀地出现一则这样的记载。在苏世让心中，他肯定认为嘉靖是一个薄情寡性的人。

在苏世让的记录中，有一则记载是饶有趣味的："尚书摺笏曰'朝鲜国王某差陪臣某官某进贺云'，皇帝答曰'知道，吃酒饭'"①。纵观中国史书，对皇帝言行举止的记载都是简略而富有文采的，那是史官加以修饰美化的结果，根本没有像苏世让这样平实记载的文字。皇帝接见朝鲜使臣说的第一句话就是让使臣吃饭，这实在有趣之极。中国是个传统的农业社会，"民以食为天"的思想根深蒂固，因此，吃饭就成了生活中最重要的事情。皇帝也不例外，看见朝鲜使臣来到，考虑的第一件事就是让他们先解决温饱问题。这充分说明，皇帝也是有血有肉的普通人，尽管他贵为天子，但骨子里仍然摆脱不了中国传统文化的影响。应该说，苏世让的这段记载展示了嘉靖形象的另一面，即好客而又富有人情味。

3. 万历皇帝朱翊钧

朝鲜人对万历皇帝是有深厚感情的。万历年间，两国关系继续保持友好，尤其是朝鲜在受到了日本的侵略，处于危难之际，万历做出了抗倭援朝的决定，中朝联军大败日军，为中朝关系史写下了壮丽的诗篇。因此，纵观万历朝朝鲜使臣来京的记录，许多使臣都对万历皇帝做出了积极的评价，如许箬这样称赞万历："今日臣等望见天威甚迩，龙颜壮大，语声铿锵。"② 出于对明朝的无比好感，许箬在外貌上对万历称赞不已，称其"天威甚迩"，从其记载来看，少年万历的体貌应该是十分胖大的，而且中气十足。事实上，许箬的记载是正确的，万历的确十分肥胖，据阎崇年先生考证，万历胖得要"膝行前进"。目前史学界有人凭万历的画像否认阎先生的考证，而许箬的记载则间接验证了这一考证。有趣的是，许箬在见到万历

---

① 苏世让:《燕行录全集》卷2,《阳谷朝天日记》,第405页。
② 许箬:《燕行录全集》卷6,《朝天记》,第275页。

的时候，万历和嘉靖采取同样的接待方式："帝亲发玉音，曰'与他酒饭吃'"①。看来，中国"有朋自远方来，不亦乐乎"这个传统接待思想在帝王身上也毫不例外地存在。可以说，许篈对万历是充满好感的。

万历皇帝十岁登基，享国四十八年。万历亲政的初期，应该说还是雄心勃勃的，在自己的母亲慈圣李太后、司礼监掌印太监冯保、内阁大学士张居正的辅佐下，开始了自己前期的勤政生涯。万历对张居正十分尊重，称其为"元辅张先生"，在小皇帝和实力派太监冯保的支持下，张居正开始大刀阔斧地进行改革。他整顿吏治，实行"考成法"，考成法的实行，提高了各级部门的办事效率，而且明确责任，赏罚分明，从而使朝廷发布的政令"虽万里外，朝下而夕奉行"②；在赋税制度上，他实行了"一条鞭法"，一条鞭法是中国田赋制度史上继唐代两税法之后的又一次重大改革，它简化了赋役的项目和征收手续，使赋役合一，并出现了"摊丁入亩"的趋势。后来清代的地丁合一制度就是一条鞭法的运用和发展。一条鞭法的施行，改变了当时极端混乱、严重不均的赋役制度。它减轻了农民的不合理赋役负担，限制了胥吏的舞弊，特别是取消了苛重的力差，使农民有较多时间从事农业生产。当然，我们也应该看到，一条鞭法所实行的赋役没有征收总额的规定，给胥吏横征暴敛留下了可乘之机，这是它的主要不足。在万历和张居正的共同努力下，万历初期的明朝，政府面貌焕然一新，明王朝的经济状况得到了极大的改善。朝鲜使臣对这一时期的万历勤政是极为称道的："因闻皇上讲学之勤，三六九日，则无不视朝，其余日则虽寒暑之极，不辍经筵。四书则方讲孟子，纲目至于唐纪。日出坐殿，则讲官立讲（上前展书，讲官背念以讲云）。讲迄，各陈时务。又书额字，书敬畏二字以赐阁老，又以责难陈善四字，赐经筵官，以正己率属四字，赐六部尚书，虚心好问，而圣学日进于高明。下怀尽达，而庶政无不修，至午乃罢，仍赐宴于讲臣，宠礼优渥云。呜呼！圣年才至十二，而君德已著如此，若于后日长进不已，则四海万姓之得受其福者。"③ 通过这段记载，我们可以清楚地看出万历初期，万历皇帝是十分具有雄心壮志的。在中国历史中，"废经筵"是皇帝十分严重的罪名，是否勤于经筵也是衡量皇帝品质的重

① 许篈：《燕行录全集》卷6，《朝天记》，第225页。
② 张廷玉：《明史·张居正传》，中华书局，1974。
③ 许篈：《燕行录全集》卷6，《朝天记》，第274页。

要标准。万历虽然登基时年纪幼小，但勤于经筵，他赐给张居正的"敬畏"二字，充分说明了他对张居正的信任和倚重，而赠给六部尚书的"正己率属"四字，则表达了他对明朝官员的殷切期盼。在这里，我们应该注意一点，万历曾赐"责难陈善"四字给经筵官，这个经筵官到底是谁？根据明史记载，这四个字是赐给官员于慎行的。据说，有一次经筵结束之后，神宗让人拿出许多历代字画，叫于慎行等人赋诗题字，但于慎行字写得不好，只好自己作诗，请人代题，并当众承认自己写不好字。神宗很赞赏，当即写了"责难陈善"四个大字赐他，词林传为盛事①。然而根据《明神宗实录》的记载，这四个字却是赐给官员申时行的，这就使《明史》的记载出现了矛盾。但根据上述记录来看，记录中称"赐经筵官"，在万历初期，为万历讲课的老师很多，但总体负责经筵事务的是申时行，万历又是按照首辅、六部尚书等官员的顺序赐字。因此，笔者推测，这四个字很有可能是赐给申时行的。这一细节，从另一个侧面说明了修于清的《明史》有诸多不确定性，而"朝天录"的记载对验证明史又有极其重要的价值。

但是，应该说，万历皇帝10岁登基，还是一个懵懵懂懂的孩子，虽然有太后、冯保、张居正等辅佐，但毕竟年纪幼小，更多的是充当一个发言人的角色，众多的决策还是由辅佐他的众人来决定，说他是个傀儡也毫不为过。据明史记载，万历年间，张居正当政，所有文件都是由内阁批阅，万历年幼，虽然总想给自己找点事干，但一拿起奏疏，都是张首辅批阅好了的，所有事情照着办就行。朝鲜使臣有这样的记录："皇帝已坐于黄屋之中，千官列立于庭下，东西相向，序班列于桥北北向。是日适有他郡国人多来奏事，通政司官员进跪于阶下御路曰，某州知府某，某国差人来，某某求见。皇上皆答曰'知道知道'。"② 由此可见，万历虽然贵为皇帝，但实际上并没有太多的发言权，更多的是具有象征意义。万历少年登基，从小就接受严厉的管束，可以说，他的少年时代一直处在辅政大臣的阴影之中，一举一动都要受到严格的限制。从心理学上来讲，这种严苛的限制对于成长中的少年来说，会留下非常深的心理烙印。一旦这种束缚被解除，万历就会用百倍的激烈行为来报复当年所受的束缚。1582年（万历十年），一代

---

① 张廷玉：《明史·于慎行传》，中华书局，1974。
② 赵宪：《燕行录全集》卷5，《朝天录》，第223页。

名臣张居正与世长辞，由于张居正生前的改革触动了大地主阶级的利益，因此他死后马上有人对他进行了严厉的攻击。尽管万历皇帝在张居正死后为之辍朝一天，并谥文忠，赠上柱国衔，荫一子为尚宝司丞，赏丧银 500两。但是两年后万历就开始了对张居正的清算，他下令抄家，并削尽其宫秩，追夺生前所赐玺书、四代诰命，以罪状示天下。而且张居正也险遭鞭尸。家属饿死的饿死，流放的流放，后来万历在舆论的压力下才中止了进一步的迫害。一代能相落得如此下场。排除政治斗争的因素，万历皇帝竟然对一手扶助自己走上皇帝道路的张居正恩将仇报，从某种意义上说，也是对自己少年时代所受严厉束缚的报复的集中爆发。

大学士张居正死后，1586 年（万历十四年）十一月，万历帝开始沉湎于酒色之中，后因立太子之事与内阁争执长达十余年，最后索性三十年不出宫门，不理朝政，不郊、不庙、不朝、不见、不批、不讲，用这种方式表达自己的激烈抗争。1589 年（万历十七年），由于万历不再视朝，内阁出现了"人滞于官"、"曹署多空"的现象，以至于万历在位中期以后方入中枢的廷臣不知皇帝长相如何。对万历怠政的现象，1604 年（万历三十二年）出使的许筠有过这样的记载："问常见内家否，曰'皇上不出已十六年'"①，这充分反映了万历怠政的事实。万历的怠政行为，给整个国家的运转造成了极大的不便，这种不便集中反映在国家机关的运转和国家事务的处理上。1602 年（万历三十年），朝鲜使臣李民宬有这样的记录："初三日，朝诣部里，主客司郎中李炳坐司验方物。尚书冯琦以病，在告凡议覆公事，各司郎中往禀于第。尚书重病不克，裁决事多积滞，郎署坐司亦各自由云。"②冯琦为当时的礼部尚书，由于皇帝拒不上朝，所以众多的国家外交事务都压在他的身上，即使重病在身也要强自支撑处理，而这种局面极大地影响了国家机构的运转，"郎署坐司亦各自由云"已经成为明后期官场普遍的现象，这也反映了明后期吏治混乱的现实。

万历不上朝主要原因是皇权与文官制度发生了剧烈冲突，皇权受到压抑，万历用消极方式对抗，给明代的人民造成了沉重的负担和损害。但是从客观来讲，有两点万历仍然值得肯定，其一万历皇帝并没有因大臣与之作对甚至漫骂皇帝贵妃而杀掉一人，是相当宽仁的，最起码不像嘉靖皇帝

---

① 许筠：《燕行录全集》卷 13，《乙酉西行录》，第 244 页。
② 李民宬：《燕行录全集》卷 14，《癸亥朝天录》，第 50 页。

那样暴虐。其二，不上朝并不是完全不办公，万历年间的国家大事小情都是万历处理的，大的比如万历三大征，特别是明、日的壬辰战争一直在万历指导下进行。小的比如利玛窦进京传教，建立教堂，其月供乃至墓地都是在万历过问下得以顺利进行的。西方传教士对万历充满敬意和好感，在东西方文明交流方面，万历是起到了相当大的作用的。

万历皇帝十分贪财，1596年（万历二十四年），明神宗派出宦官充任矿监税使，掠夺商民，一旦被认为地下有矿苗，房屋就要全部拆除，以便开矿，开矿时挖掘不到矿苗，附近的商家会被指控"盗矿"，必须缴出全部"盗矿"的赔款。矿监所到之处，民穷财尽，"鞭笞官吏，剽劫行旅，商民恨刺骨"，"其党直入民家，奸淫妇女，或掠入税监署中，士民公愤"，而"帝不问"，这成为明代一大恶政。首辅朱赓在上疏的时候沉痛地说："今日政权不由内阁，尽移于司礼。"大学士沈鲤在《请罢矿税疏》中，亦指出矿税"皆有司加派于民，以包赔之也"。户科给事中田大益曾忍无可忍地批评万历："以金钱珠玉为命脉。"万历于1597年（万历二十五年）至1605年（万历三十三年）榨取的矿税使进内库银将近三百万两，"半以助浮费，半以市珠宝"，更多的财物流入了宦官的腰包。沉重的赋税不断激起民变。如1601年（万历二十九年）三月，江西巡抚夏良心上言："税使潘相欲开（广信）铜塘禁山，遣陆太等召商于上饶，上饶民群聚，欲杀太，知县李鸿俘言收太于禁，太乃得免。"① 由此可见，征收矿税，已经引起了天怒人怨，是极度不得人心的。1620年（万历四十八年），李廷龟出使中国，他在北京期间，正好赶上万历驾崩、泰昌登基等一系列重大政治事件，因此参加了全过程。他曾见到了万历的遗诏，其中对矿税的记载是值得注意的："封章多滞，僚采办公，加以矿税繁兴，征调四出，民生日蹙……建言废弃及矿税注误，诸臣酌量启用，一切榷税并新增织造烧造等悉停止。"② 这段记载说明，万历在临终时感到了矿税的危害，因此下遗诏明令停止。实际上，要不是矿税问题十分突出，万历不会在遗诏中特意加以交代的，只不过万历醒悟得太晚了。关于万历为了满足自己穷奢极欲的生活，而大敛民间财富的恶劣行径，李恒福也有过生动的记载："东征事起，府库虚耗。又起乾清坤宁等宫，穷极侈靡，以龙脑沉檀屑杂以椒末涂屋壁。又督珠市，尽纳

---

① 《神宗实录》卷357。
② 李廷龟：《燕行录全集》卷11，《庚申朝天记事》，第275页。

其珠，择其大颗，络为障子。又遣太监采珠于外，南方贡以珠，其重四两，天下所贡无大于此，此外大者不过三四钱，取之不遗余力，长安市上龙脑、真珠一时竭乏。又分遣太监置店于外方，名曰皇店，征纳商税。凡大府巨镇商人辏集之地，皆有皇店，每店岁中所人，多者二万余两。无赖射利之徒乘时而攘臂起，纷纭上本，争请采珠开矿者不可胜记。"[1] 李恒福对万历掠夺民间财富的行为记载得十分详细，字里行间隐含着对万历贪财行为的批评。

关于万历皇帝长期怠政，搜刮民财的行为，明朝的大臣纷纷上奏予以批评，这些都被朝鲜使臣忠实地记录下来，1602 年（万历三十年），出使明朝的朝鲜使臣李民宬在记录中记载了上文曾提及的礼部尚书冯琦在临终前给万历皇帝的遗疏："其遗疏略曰，臣谨取病中未上之疏，补缀上之。惟皇上在位三十一载矣，自古帝王，即有享国之长，未有历年三十余年。而方春秋鼎盛，正际中天之运。臣愿陛下穆然自省，所行尽是邪则三十余年者，所行未尽邪则三十余年者，亦陛下回心转意之时。此盛壮之年，正是理乱之会，若不将大小政务整顿一番，中外人心收拾一番，日复一日，盛年渐往，蛊惑益深，即欲挽不返之势于倦勤之余，亦无及矣。夫朝政未肃者，病在人情之惰，吏治未清者，病在士风之贪，君臣上下之睽者，病在行迹之疑，而其要在于服人心。陛下奈何以二百年固结之人心，一朝令其涣散至此乎？古称成汤改过不吝，非是圣人无过，惟圣人乃能改过耳。汉武帝垂老而悔，唐德宗经乱而悔，千古更有何人？以圣主当盛年，一日不悔即汉唐，一日悔即尧舜。章疏可一日发，缺官可一日补，百姓所不便者可一日罢也。陛下何惮一日之发，不以成万世之业，立万世之名乎？云云。"[2] 冯琦，字用韫，号胸南，临朐人。历任编修、侍讲，礼部右侍郎、礼部尚书等职。后卒于官，赠太子少保，谥"文敏"。冯琦长期官居显位，广涉政事，因而留下许多向皇帝进言的奏章，成为冯琦作品中带有深刻政治见解和思想内涵的组成部分，其《肃官常疏》，陈述当朝官场腐败之风，指出"士大夫精神不在政事，国家之大患也"。其匡世济民思想和敢于针砭时弊的精神，同样反映在《矿税疏》、《中使酿衅疏》等篇章中。于慎行在《宗伯集》序中对此大加赞赏。从这段介绍中我们可以清楚地看到冯琦的光明

---

① 李恒福：《燕行录全集》卷8，《朝天纪闻》，第458页。
② 李民宬：《燕行录全集》卷14，《癸亥朝天录》，第351页。

磊落的为人和忧国忧民的精神世界。

冯琦这篇遗疏可谓情真意切，有理有据，尤其是他病中作此疏的行为更是令人感动，一腔忠君爱民的情怀跃然纸上。在遗疏中，冯琦首先称赞万历繁荣享国之长，并指出现在正是拨乱发正的最佳时期，如果不励精图治，收拾乱局，则后果堪虞。他指出，当前朝廷政令不通的原因在于各级官员惰政，吏治混乱的原因在于贪腐之风盛行，皇帝与官员之间的关系不顺的原因在于彼此沟通不够，而要解决这些问题的关键在于万历皇帝要立即收拾全国上下日渐涣散的人心。在这里，他对万历进行了语气严厉的指责："陛下奈何以二百年固结之人心，一朝令其涣散至此乎？"冯琦用古代明君的故事来规劝万历要重新振作，全身心地投入到国家的建设之中。面对当时的乱局，冯琦规劝万历要重新亲政处理众多的国家事务，尽快解决官员不足的现状，以保持国家机器的正常运转。他特别隐晦地提到了"百姓不便"之事，实际上就是在暗指万历要立即停止天怒人怨的矿税政策。冯琦毕竟是臣子，不敢也不能对万历的矿税政策直接提出批评，所以用"百姓不便"这样模糊的词语来指代。朝鲜使臣在记录中特意记载了冯琦的这个遗疏，大有"借他人之杯酒，浇心中之块垒"之意，隐晦地表达出对万历皇帝涸泽而渔、掠夺民财的不满。

李民宬在记录中还记载了户部尚书李三才任凤阳巡抚时的辞职疏，与冯琦相比，李三才的指责更为严厉，更为触目惊心："其略曰，今天下必乱，人人欲乱矣。九边之乱则以辽东为可畏。辽东实京师左臂，最为要害，虏既无日不来，我无日不战，窃计岁月之间，辽东恐非我有。辽如不虞，京师震动，虽黄金遍地，珠玉际天，岂一人之所能守所能运哉？尚且高高下下，作不急之之池台，铢铢两两，括已尽之膏血，轻其所重而重其所轻，虽有善者，亦未如之何矣。伏望皇上详其轻重，度其缓急，毋宝粪土之珠玉，而宝康济之贤才，毋图耳目之狎玩，而图身心之安泰云云。"① 李三才，字道甫，号修吾，陕西临潼人，万历二十七年以右金都御史总督漕运，巡抚凤阳诸府，裁抑矿税使，议罢嗷税。与顾宪成结交，臧否人物，议论时政，以治淮有大略，得民心，屡加至户部尚书，三十八年，时论欲以外僚直内阁，意在三才，然忌者谤议四起。顾宪成贻书太学士叶向高力为洗雪，言者乘间并攻东林，形成党争，次年引退家居，朝廷因辽东经略乏

---

① 李民宬：《燕行录全集》卷 14，《癸亥朝天录》，第 377 页。

人，欲加荐用，以议论相持未决而罢。1623 年（天启三年）起用为南京户部尚书，未赴任而死。在这篇疏中，李三才首先表现出深刻的危机意识和非凡的战略眼光。1583 年（万历十一年），努尔哈赤以十三副盔甲起兵，不断扩大势力范围，经过多年的发展，后金政权已经形成了对明朝的巨大威胁。李三才首先指出由于皇帝的怠政，造成了天下大乱，人心涣散，边境不安，而边境最大的威胁就是来自后金的进攻，两国交兵的必争之地就是辽东。李三才清醒地看到，由于万历帝疯狂收敛民间财富于私库，而对边境军队的军费却一拖再拖，长此以往，国本将会发生根本性的动摇。他以睿智的思想和独到的眼光，向万历发出了"窃计岁月之间，辽东恐非我有"的严厉警告。未来的事实证明，李三才的警告绝不是空穴来风，危言耸听。可以说，李三才对万历的批评语气是十分严厉的，他指出，尽管万历喜爱的金银珠宝充盈私库，京师一旦生变，也是拿不走搬不走的，毫无用处可言。"铢铢两两，括已尽之膏血"这句话是他对万历最严厉的批评，事实上，万历的疯狂搜刮行为，已令天下苍生困顿不堪，李三才此疏，颇有为民请命之意。最后，李三才规劝皇帝收起爱财之心，启用贤良，以拯救危局。朝鲜使臣郑重其事地在记录中收入冯琦和李三才批评万历的奏章，目的也是表达自己的心声，只不过限于主藩名分，不敢直言而已。关于李三才，朝鲜使臣有这样的评价："三才以治河善于漕，职有能名。及是疏，直声振朝。"① 这就非常清楚地展示了朝鲜使臣对于万历皇帝搜刮民财的态度。

1620 年（万历四十七年），万历皇帝终于走到了生命的尽头，这一年，朝鲜使臣李廷龟为申辩朝鲜私通后金一事出使中国，在北京，他成为万历皇帝归天和泰昌皇帝登基的历史的外国见证人。使行过程中，他留下了许多珍贵的记录，特别值得注意的一点是，万历皇帝人生中所下的最后一道圣旨就是关于朝鲜问题的。李廷龟来到北京之后，在明众多高官的斡旋下，终于实现了辩诬的目的。但是，呈文最后需要万历皇帝的许可才能生效，李廷龟留下了请旨全过程和万历病情的珍贵记录："十七日晓赴阙，自午门左掖门入会极门，坐于内官房，叶陈两序班已先候矣。翰林钱象坤、中书舍人尚宝寺丞皆会。俄顷太监自内出谓曰'皇上自昨夕症势危重，闭眼不开，朝鲜国辩诬救书给予陪臣之意奏知，额可，然后又为请宝，而此时何

---

① 李民宬：《燕行录全集》卷 14，《癸亥朝天录》，第 378 页。

敢奏知，陪臣等可退去'。余令译官诉于钱翰林，使之通于太监曰'外国使
臣既以受敕来到，而遽以皇上未宁，至于停止，恐骇听闻。皇上宿疾，虽
因暑闭眼，可随便微禀也。'太监如其言，则至晚皇上开眼领之云。俄而中
书官人入内填日子于敕书，序班引余至文华殿庭西向序立，一官擎敕书自
内而出，先上殿门阶上，钱翰林随至，太监次之，翰林立于西，太监立于
东，相对一揖。捧敕官以敕授太监，太监受而授翰林，翰林受敕下阶，余
进阶前，北向跪三叩头迄，翰林北向立作揖，回身向西以敕授余，余仍跪
而受之，又三叩头而起，作揖打恭，奉敕而出。"① 在这段记载中，我们可
以清楚地看到，万历此时已经处在弥留之际，但是，太监的两次请示是否
是在万历皇帝神志清醒时进行的，很令人怀疑，从万历"自昨夕症势危重，
闭眼不开"的记述来看，他应该是处在长期昏迷的状态之中。从这一细节
来看，万历尽管长时间怠政，但仍然是把国家大事小事的处理权牢牢控制
在手中，以至于官员即使是在万历处于弥留之际，仍然不敢擅自做主处理
这一事件。但不管怎么讲，朝鲜毕竟达到了自己的目的。应该说，万历皇
帝是与朝鲜有很深的缘分的，他指挥的抗倭援朝战争使朝鲜保全了国家，
避免了亡国灭种的巨大危险，这一点朝鲜人是深深感激的。笔者在韩国时，
曾参观过很多历史遗迹，以万历年间的遗迹为最多，也保存得最为完好，
这也充分说明万历皇帝在朝鲜人心目中的重要地位。万历皇帝在临终前发
出的最后一道圣旨，也是与朝鲜有关，而事件的顺利解决，也为万历皇帝
与朝鲜的缘分画上了一个圆满的句号，这也是明与朝鲜关系史上的一件十
分奇特的事件。

根据明史记载，万历皇帝在临终时曾召集众多重臣托以后事："上疾大
渐，召英国公张惟贤、大学士方从哲、吏部尚书周嘉谟、户部尚书李汝华、
兵部尚书黄嘉善、署刑部事摠督仓场、尚书张问达、署工部事协理戎政、
尚书黄克缵、礼部右侍郎孙如游等入见于弘德殿，勉以用心办事，大小诸
臣各致词问安，尚书周嘉谟仍以用人为请，随赐俞允，诸臣叩头而出。"②
在朝鲜使臣的记录中，则对这一场景描述得更为详细："二十一日，放御
医，皇帝御弘德殿，引接阁老方从哲、英国公张惟贤、兵部尚书黄嘉善、
吏部尚书周嘉谟等八人，将手指面，教各臣看一看病至如此，又虑忧东事。

---

① 李廷龟：《燕行录全集》卷11，《庚申朝天纪事》，第271页。
② 《明实录·神宗实录》。

方从哲等奏用人发帑等事,皇上将手连握数次,不久断气。是日酉时崩逝。"① 不同于《明实录》中干巴巴的记载,在朝鲜使臣的这段记载中,万历皇帝召集朝廷重臣交代后事时,用手指面,让大家看看自己的病情是如此的严重,在这个细节中,万历皇帝并不像史书中描绘的那样时刻保持着九五之尊的威严高大的形象,而更像一个大家族中行将去世的长者形象,充满了真实感和浓郁的生活气息,也为我们还原了皇帝的真实一面。任何人面对死亡时,无论其身份尊卑,其反应都是类似的。万历皇帝在临终前的回光返照中仍忧心辽地战事的细节,也是明史中没有看到过的,这段描写更符合情理。但是,方从哲奏请为辽东增加军费事宜,万历并没有予以明确答复,这也非常符合他贪婪的性格,而且也颠覆了明史中关于"随赐俞允"的官方描写。再让我们分析一下朝鲜使臣这段记载的真实性,李廷龟出使中国,适逢万历驾崩,作为藩属国大臣,一定要在北京等候明朝安排,参加万历皇帝的葬礼。由于李廷龟等接触的都是明朝的高级官员,因此万历皇帝临终前"将手指面"、"手连握数次"等细节不可能是朝鲜使臣们凭空想象或编造的,一定是他们所接触的高级官员所描述的,朝鲜使臣忠实地将其记录下来,为我们研究万历皇帝的形象提供了非常宝贵的域外资料。

万历是一个十分贪婪的皇帝,这不仅体现在他生前疯狂地搜刮民财上,而且体现在其死后随葬品的丰富上。他不仅在生前要聚敛惊人的私人财富,死后也要把这些财富带入坟墓,期望在另一个世界继续享受奢华的生活。朝鲜使臣黄中允在记录中不经意地留下了关于他的陪葬品的记录:"闻皇帝棺中填黄白金各三千斤且以珍珠,一缸纳置他宝物,称是云。"② 当然,皇帝的陪葬品是皇家的最高机密,是不可能对外公开的,然而,世上没有不透风的墙,宫禁森严的大内也不例外。我们不能排除以讹传讹的可能性,但是,这里的记载中关于财富的细节描写是真实可信的。1956年,万历皇帝的陵寝——定陵被打开,大量珍贵的、极具艺术价值的随葬品使得举世震惊。根据记载,万历皇帝的棺椁旁共有26箱随葬品,玉器、金银器、珍珠等一应俱全,许多陪葬品具有极高的艺术价值。当然,根据考古发现,万历棺椁中并没有像朝鲜使臣记载的"填黄白金各三千斤且以珍珠"那样

---

① 李廷龟:《燕行录全集》卷11,《庚申朝天纪事》,第274页。
② 黄中允:《燕行录全集》卷16,《西征日记》,第112页。

夸张的陪葬数量，黄金白银及数目大概出自当时官民对于皇家的想象。但是，黄金、白银、珍珠等珍贵物品确实在随葬品中存在，在定陵出土的"乌纱翼善冠"上所缀的精美的金色装饰，总重量就有307.5克；冠前饰以金龙，龙身为金丝累制，且嵌猫眼石、黄宝石各二块，红、蓝宝石各五块，绿宝石二块、珍珠五颗，龙首还托"万"、"寿"二字，堪称精美华贵；出土的"二龙戏珠纹"金盆，用金1013克，"刻云龙纹金漱盂"，用金373克；定陵还出土了四件凤冠，冠上饰件以龙凤为主。龙用金丝堆累工艺焊接，呈镂空状，富有立体感；凤用翠鸟毛粘贴，色彩经久艳丽。冠上还饰有数量不等的珍珠宝石。其中一项计有珍珠3500余颗，各色宝石150余块。[①] 朝鲜使臣在记录中提到了"一缸纳置他宝物"，定陵出土文物验证了这段记载的真实性。在定陵地宫万历皇帝的棺椁前，确有一只大缸，这个缸称为"青花云龙千件缸"，为嘉靖年间所制，这口青龙花缸不但是定陵出土文物中的珍品，同时也是中国青花瓷器中的罕见之作。缸的高度和口径均为0.7米，外部刻有"大明嘉靖年制"的题款，颈和底部有莲瓣纹饰，中部绘有云龙纹，云似飘移流动，龙如初入苍穹，二龙一前一后，腾云驾雾，直冲天宇，一种栩栩如生的动感，使整个器物充满神韵。缸器型圆润大方，充分体现了皇家的气派；釉色古朴幽靓，白里泛青，让景瓷特色得以充分显示。"云"和"龙"的料色青翠高雅，鲜不佻、艳不俗，又时而闪现出簇簇的"铁锈斑"特征。画面上"云"和"龙"的绘制和"边"与"脚"的处理，既严谨庄重，又豪放洒脱，规范一致，不落俗套，充分体现出官窑瓷"高、精、尖"的特色[②]。只不过这口大缸的用途并不是像人们猜测的那样装置其他宝物，而是作为长明灯的容器。定陵地宫打开后，人们发现了在棺椁的五供前这口巨大的青花龙缸，缸内贮油质，油面有铜制圆瓢子一个，瓢子中有一根灯芯，芯端有烧过的痕迹，这便是史书上所说的"长明灯"——万年灯。根据痕迹判断，长明灯在安葬时是点燃的，当玄宫封闭后，因氧气缺乏，才渐渐熄灭。油质表面一层已经凝固，后经鉴定，长明灯为芝麻香油制成。而以上枚举仅仅为数额庞大的陪葬品中的微小的一部分。由此可见，万历皇帝及皇族的生活是多么的奢华！大概是这口缸体形太过巨大，太过显眼，所以万历入葬前人们才将其猜测成装置宝物的

① 《明定陵考古发掘报告》。
② 岳南：《风雪定陵》，商务印书馆，2012。

器皿。这些价值惊人的陪葬品，再一次说明了万历皇帝的贪婪。尽管万历皇帝让这些陪葬品永伴身边，但他终于避免不了后世被焚椁焚骨的悲惨命运，这是中国考古史上的一件令人痛心疾首之事，大概也是他始料未及的事情。

4. 天启皇帝朱由校

在明朝的十六位皇帝中，有一个十分奇特的皇帝。他贵为九五之尊，却在斧凿声中自得其乐，他纵容其奶娘客氏，宠信宦官，甚至嘱其代为处理政事。客氏荼毒后宫妃嫔，阉党屠杀忠良，残酷迫害东林党，大明王朝在天启皇帝手中摇摇欲坠。1624 年（天启四年），朝鲜使臣洪翼汉出使明朝，关于客氏和魏忠贤在天启皇帝的纵容下肆意乱政的情况，朝鲜使臣给予了忠实的记载："有一牌子来谒，与之语，稍解鲜事者，因及时事，则曰'太监魏晋忠者，自泰昌皇帝在东宫时，自宫为内竖，得宠于今天子。天子即位初，赐名忠贤，尤宠异之。由是居中用事，威势日盛，遂于皇上保姆客氏深相缔结表里，煽动祸福，皆出其手。朝野侧目而言曰天下威权所在，第一魏忠贤，第二客奶姐，第三皇上云。客氏年逾四十，色貌不衰，性又慧朗，才艺冠后宫，善承上旨，恩眷无比，丑声颇闻于外。初，忠贤欲擅朝权，多所间构。闻工部主事范爆等以为言深，不得间。会爆自朝退，于长安门外遇一小宦竖，辟易不动，赤捧卒呵之。于是忠贤大怒，唱声于朝曰武官虽以一品不得坐轿，朝纲也，五品文官安可乘轿，请自今一切禁之，勿坏朝纲。阳若革状，而阴实制之也。忠贤因诬以他事激怒皇上，杖毙范爆，自此朝士不得坐轿，而无一人开口。忠贤仍恶其不附己者，辄斥逐之。于时吏部尚书赵南星、左道御史高攀龙、吏科给事中魏大中、右给事中沈惟炳、左给事中许誉卿、河南道御史袁化中、考功郎中邹维涟、给事中林汝翥等皆革职回籍，俱闲人也，朝野惜之'"[1]。在中国历史上，能够占据社会主流地位的女人为数不多，如吕后，如武则天，而客氏则与她们有根本性的不同，最起码其身份差别巨大。客氏是天启皇帝朱由校的乳母，换句话说，也就是皇帝的奶妈。朝鲜使臣关于客氏"年逾四十，色貌不衰，性又慧朗"的记载是大致符合明史书记载的："年少艾，色微颊，封于肌体，性淫"[2]。朱由校对客氏有无比深厚的感情，言听计从，无比依赖。种种迹

---

[1] 洪翼汉：《燕行录全集》卷 17，《花浦西征录》，第 193 页。

[2] 沈起凤：《谐说》卷 2，"魏忠贤盗柄"。

象表明，朱由校和客氏有秘密的关系。在《甲申朝事小记》中，抱阳生揭破了这个秘密："传谓上甫初幼，客先邀上淫宠矣"①，也就是说，在天启少年时，客氏引诱了他。当然，作者也直说这段记载是根据传说而作的。但是，我们从侧面也可以看出一些端倪，如天启元年，朱由校大婚，按照明朝的惯例，皇帝大婚后，奶妈应该立即离宫，使皇帝开始全新的生活。但是，两个月后，客氏依然在宫中，众大臣纷纷上书请皇帝让客氏离宫，但天启一直找借口又拖延了两个月，最后不得已，方送客氏出宫。但天启放下了皇帝的尊严，违反了自己的诺言："客氏时常进内，以宽朕怀，外廷不得烦激"②。从这一细节上看，朱由校的表现十分反常，朝鲜使臣的"丑声颇闻于外"的记载十分意味深长。在天启皇帝的纵容下，客氏恃宠而骄，成为混乱天启年间政局的一个重要因素，也为魏忠贤擅政埋下了重要的伏笔。客氏凭借着皇帝的宠爱，大乱后宫，她先是对天启皇帝的皇后张氏下了毒手。天启三年，张皇后怀孕，被客氏设法将婴儿流产："三年，后有娠，客、魏尽逐宫人异己者，而以其私人奉承，竟损元子。"③ 这是官史上的正式说法，而民间史则描绘得更为详尽："天启时，客氏以乳母擅宠，妒不容后有子……及张后有孕，客暗嘱宫人于捻背时重捻腰间，孕堕。"④，除了皇后这个最大的敌人，客氏还疯狂地迫害其他后妃，如饿死怀孕的裕妃，贬斥成妃，"此外冯贵人等，或绝食、勒死，或乘其微疾而暗害之。"⑤ 令人难以理解的是，朱由校竟对客氏疯狂的举动予以默许甚至支持。心肠恶毒的女人和心怀叵测的宦官一旦结党，就给明朝的政治酿成了巨大的灾难。

由太监而起的误国殃政的弊端，是中国古代历史的一个鲜明的特色。朱元璋建立明朝之后，以历史上宦官祸国乱政为鉴戒，严格控制太监的权力，禁止宦官参与政治，并将其定为祖制。但到了朱棣篡位之后，朱棣打破祖制，又重新宠信太监，并赋予他们很大的权力，从此，太监干政成了明朝历史上的一个特色，王振、曹吉祥、汪直、刘瑾，这些太监都曾甚嚣尘上，祸乱一时。王振甚至活活断送了明英宗皇帝，使他成为蒙古人的俘

---

① 《甲申朝事小记》初编，卷10，"禁御秘闻，客缊始末"。
② 《明实录·熹宗实录》卷14。
③ 《明史》列传第二。
④ 《甲申朝事小记》初编，卷10，"禁御秘闻，客祸绝嗣"。
⑤ 《酌中志》卷8，《两朝椒难纪略》。

虏。在这些令人憎恨的太监中，自然也包括了天启皇帝最为信任和宠爱的魏忠贤。

魏忠贤的发迹，离不开客氏的支持，二人狼狈为奸，使明朝的官场笼罩在一片阴霾之中，大量忠良被屠，拉开了中国史上最为昏暗的宦官专政的序幕，也让后世见识到了明历史上这个最为昏庸荒唐的天启皇帝。万历以来，东林党人的政治影响力开始凸显，他们在众多重大朝政问题上，频频发声，影响统治者的决策，在读书人和普通民众中，享有良好的声誉。然而，到了天启年间，由于朱由校宠信客氏和魏忠贤，使得以魏忠贤为首的"阉党"和以左光斗、杨涟、魏大忠等为代表的东林党产生了巨大的冲突和激烈的斗争。天启四年，魏忠贤的权力已达极盛期，阉党也已经成了气候，与东林党人的斗争也已经到了决战时刻。朝鲜使臣无意中成为这场生死斗争的见证者："二十九日，庚戌，晴，薄晚，天子御皇极门，击鼓大朝，千官入侍，夺吏部左侍郎陈于廷、右佥都御史左光斗、左部都御史杨涟等官为庶人，即日皆以白衣免冠出城，都下莫不扼腕叹息。三人极论魏忠贤弄权，故也。所奏疏草即杨涟手构，刳肝沥胆，字字血诚，真医国之大药，绝疣之美石。而天子恶其苦口，略不省悟，反以为诽谤妖言，僇辱斥逐之，使指鹿售奸，先芟其耳目，而能国其国者，未之有了。"[1] 天启四年六月，明朝著名的谏官杨涟向天启皇帝上疏，他在奏疏中列举了魏忠贤的二十四条罪状，揭露他迫害先帝旧臣、干预朝政，逼死后宫贤妃，操纵东厂滥施淫威等罪行，最后指出魏忠贤专权的恶果是"致掖廷之中，但知有忠贤，不知有陛下；都城之内，亦但知有忠贤，不知有陛下"，请求熹宗"大奋雷霆，集文武勋戚，敕刑部严讯，以正国法"[2]。杨涟此疏，字字句句，如雷霆万钧，直击魏忠贤的要害。魏忠贤见疏后惊恐万状，慌忙跑到熹宗面前哭诉其冤，并利用天启皇帝不识字的弱点，避重就轻，削减罪状。弄得熹宗真假难辨，反而温言抚慰魏忠贤，答应"严旨切责"杨涟。十月，魏忠贤矫旨责杨涟"大不敬"、"无人臣礼"，将杨涟革职为民。根据明史记载，魏忠贤是矫旨将杨涟等人削职为民的，但是，根据朝鲜使臣的记载，天启皇帝是亲自出面宣布这一决定的，这说明，天启皇帝对此事是完全知情的。朝鲜使臣充分肯定了杨涟奏章的内容，称其"真医国之大药，绝疣

---

① 洪翼汉：《燕行录全集》卷17，《花浦西征录》，第202页。
② 张廷玉：《明史·杨涟传》，中华书局，1974。

之美石",这说明朝鲜使臣已经看过了杨涟的奏章,在思想上,朝鲜使臣对杨涟是极为认可的,他对天启皇帝的评价口气十分严厉,在众多朝鲜使臣对皇帝的评价中显得特别突出,"指鹿售奸"的典故,简直把天启皇帝比作了碌碌无为的秦二世,而把魏忠贤比作了心怀异谋、指鹿为马的赵高。朝鲜使臣对于天启皇帝的态度,反映了明后期,中国形象在朝鲜人眼中已经失去了往日的光辉,朝鲜对明代中国皇帝的尊敬程度已经大不如前。关于左光斗等人的良好政声,朝鲜使臣这样记载:"十八日,丁卯,晴。馆夫牌子等聚首相语,扼腕相叹怪而问其故,乃杨涟左光斗事也。职等仍问曰'日者二公陈疏,人谓斯何?'馆夫等齐声曰'二公中直,三尺童子犹服,况犹有知识者哉?迩者廷议渐丰,将置重法,必至杀而后已,故方属锦衣卫奴究耳。职等诘曰'圣天子不能蜡其忠赤乎?'答曰'见是魏家政事,天子何知焉',仍咄咄不止。'"① 连馆夫牌子这样的人都清楚是魏忠贤冤杀忠良,可见天启皇帝昏庸糊涂到了什么地步。

应该说,朝鲜使臣对天启皇帝是没有什么好感的:"大学士韩爌等奏,天气甚寒,请停开讲,天子可其议,着明春择吉日举行。窃念经筵乃人君讲究治道之第一务也,而况天子以冲年践祚,实德方急于辅养,则深宫细毡之上,何有于冬寒?天子如或有厌色,为大臣者宜当劝导启沃,而反以停止为请,斯可谓大臣乎哉?古之贤君有汉衣冻手之劳,而陆秀夫奉帝崖山,贼势日逼,犹书大学章句劝诵之,为大臣辅幼冲之道当如是矣。"② 朝鲜使臣对天启皇帝竟然因为天气寒冷而罢经筵的举动十分愤慨,如前文所述,朝鲜把明朝皇帝是否勤于经筵作为衡量皇帝品质的重要标准,而朱由校竟然因为天气寒冷而罢经筵,这样的皇帝是否值得尊敬?朝鲜使臣引用古代明君的例子,实际上就是讽刺天启皇帝为"昏君"。值得注意的是,朝鲜使臣借用了南宋名臣陆秀夫的典故,对明的官员提出了严厉的批评,认为他们根本没有尽到辅佐皇帝的责任。实际上,这反映了明朝后期士风败坏,众多知识分子依附阉党的实际情况。知识分子理应成为一国一民最优秀文化的传承者和继承人,他们往往是历史和现实的脊梁,然而在某些时代,他们不但没有成为脊梁,反而成为最无廉耻的代表。在左光斗、杨涟

---

① 洪翼汉:《燕行录全集》卷17,《花浦西征录》,第254页。
② 洪翼汉:《燕行录全集》卷17,《花浦西征录》,第212页。

等无畏斗士惨遭阉党迫害的时候，一些本该知书达理的知识分子反而更加起劲地向魏忠贤献媚以图富贵。万历六年，浙江巡抚潘汝桢率先在西湖为魏忠贤建立生祠；国子监监生陆万龄建议以魏忠贤配祀孔子。各路知识分子的丑态百出，充分反映出天启时明代社会的基本伦理结构已经完全崩溃。朝鲜使臣对众官依附魏忠贤的情况给予了忠实的记载："十一日，辛卯，晴。原任崔景荣入为吏部尚书，魏忠贤之腹心。首起在籍文官朱童蒙、郭允厚、李春烨、徐大化、吕鹏云、孙杰。霍维华、王志道、郭兴治、许昌濂、贾继春、杨维垣等复原职，皆党于忠贤者。"① 这是一幅升官图，也是一幅丧失气节的知识分子的百丑图。但是，并不是所有的知识分子都会无耻地依附阉党，更多的知识分子还是能保持气节，以不同的方式与阉党进行斗争："十二日，壬辰，晴。礼部右侍郎温体仁以父丧去位，阁老朱国祯、朱延禧连章乞退，都下人心愕然若相失。"② 在这种情况下，天启皇帝仍然不闻不问，陶醉在自己的世界之中，任由魏忠贤坐大。魏忠贤的气焰日益嚣张，任用亲信，擅决朝纲："忠贤专恣日甚，其族魏良弼、魏良才、魏良卿、魏希礼及外甥传应星等布列要地，从中用事。内结客氏，外援魏广徽，凡大小政事，必待广徽进阁，然后处决。他阁老充位而已，以此不附时议者，并欲引去，无意仕宦矣。"③ 面对魏忠贤的倒行逆施，天启皇帝居然还对他优宠有加："十六日，乙丑，晴。东厂一本缉访事，帝宣旨曰'魏忠贤劳，续父著原荫，弟侄加升一级，仍赐敕奖励以示优，赏银二十两，绯段二表里，羊酒及新钞三千贯。'窃闻前后朝臣以鲠直去者，相继而辄奴而僇辱之至，于大臣韩爌、朱国祯之高归，亦未闻一言之挽留。彼忠贤以一阉竖，愚弄君父，箝制朝廷，忠谏者谋斥之，异己者阴中之，指鹿奸状，不一而足。则抑其劳绩，有何可称庇麻弟侄，恩荣酬叠，此所谓莳弊兰之荆棘，养斸物之虫蠹，吁，可惜哉！"④ 在这里，朝鲜使臣对天启皇帝无作为的不满显露无遗。

在魏忠贤的乱政下，民间纷纷揭竿而起："三十日乙卯，晴。归德府镇南有杨老人集妖贼，又有杨桓者，纠合山东白莲余党，自号义侠，或称靖

---

① 洪翼汉：《燕行录全集》卷17，《花浦西征录》，第228页。
② 洪翼汉：《燕行录全集》卷17，《花浦西征录》，第228页。
③ 洪翼汉：《燕行录全集》卷17，《花浦西征录》，第228页。
④ 洪翼汉：《燕行录全集》卷17，《花浦西征录》，第252页。

王。又有入天教主者，潜布于颍州砀山，且黄临里妖言惑众，谋同颍州人苗短子在丰县起兵。李仲峰自号小主，僭为懿德元年，鬓插栢枝，以别其众，强半于山东兖泗郓滕之间，其中黄色耀者，秽言大骂，不逊之语，难以备陈云。"[①] 内有客氏、魏忠贤乱政，外有民变丛生，天启皇帝以其惊世骇俗的举动，成为大明王朝的掘墓人。

---

① 洪翼汉：《燕行录全集》卷17，《花浦西征录》，第260页。

第三章

"注视者"对"他者"的塑造

法国学者巴柔是这样定义形象的："一切形象都源于对自我与他者，本土与异域的自觉关系之中，即使这种意识是十分微弱的。因此，形象即为对两种类型文化现实间的差距所作的文学的或非文学的，且能说明符指关系的表述。"[1] 按照他的理论来分析，"自我"注视"他者"，而他者的形象同时也传递了"自我"这个注视者、言说者、书写者的某种形象。"朝天录"中的文本就是一面镜子，从中我们既可以看到中国的形象所在，又可以看到朝鲜的民族文化精神。当朝鲜使臣在议论中国幅员广阔、军事强大、物产丰富、经济富庶、城池众多、道路纵横时，他们也在体验自身的缺憾、压抑与不满，并表达出自己的欲望与向往。

第一节　朝鲜对明朝的社会集体想象

纵观几千年来朝鲜与中国的交流史，基本上是和平友好的声音占据了总旋律。明取代强大的元而治天下，让朝鲜吃惊不已，他们不会想到政治军事无比强盛的元居然会如此不堪一击，因此对明军事的强大产生了更深的畏惧。1361 年，红巾军因高丽出兵援元，而对高丽展开了最大的一次攻击。这年 10 月，红巾军领袖潘诚、沙刘、关先生、朱元帅等率 10 万大军渡鸭绿江，一路南下，所向披靡，虽然此次战争以红巾军的失败而告终，但

---

① 巴柔：《比较文学形象学》，北京大学出版社，2001，第 4 页。

具有十分重要的意义。一是，如果不解决高丽助元的问题，朱元璋领导的起义军就无法从战略上实现从东北驱逐蒙古统治者的目标。红巾军反抗元的暴政，是中国自己的事情，是属于中国的内政，而高丽派兵助元，显然是干涉了中国的内政。因此，从这个意义上讲，一些学者对红巾军发起的这次战争属侵略性质的说法是有失偏颇的。二是，红巾军的进攻，从战略上断掉了元顺帝欲退居济州岛的幻梦。据《高丽史·恭愍王世家》记载，在农民起义的浪潮中，元顺帝曾派工匠在济州岛秘密修筑宫殿，以为退身之路。如果元顺帝真的退居朝鲜半岛，明与朝鲜的外交关系肯定还要更加复杂，而以朱元璋的强硬个性，挥军朝鲜半岛彻底铲除元残余势力是必然的事情。三是，红巾军进军高丽，从客观上遏制了高丽北进扩张的企图。高丽建国之初即打出收复高句丽故土的口号，如果令其蚕食中国领土，后果不堪设想。尽管红巾军遭受了失败，但高丽也遭受了重大的损失，迫其放慢了扩张的步伐。此役，红巾军一直打到了高丽首都开京，迫使恭愍王南逃到福州（今庆尚北道安东），此役令高丽举国震惊，也对红巾军凶悍的战斗力留下了深刻的印象。而红巾军雄姿英发的形象也被高丽所记载，如高丽诗人李穑在《闻贼入松山》中曾这样描写："贼骑翩翩如蹈虚"，充分说明了起义军的英雄风采。《高丽史·郑世云传》中这样记载："论其肆毒，虽豺狼之莫如；观其行兵，亦孙吴之难抗"，也从另一个侧面反映了红巾军英勇善战的风貌。应该说，这次红巾军的进攻，对强化朝鲜对明关于政治军事的社会集体想象是有重要影响的。虽然其时明朝尚未取代元而建立，但红巾军摧枯拉朽的气势已经让高丽感觉到这支农民起义军大有改朝换代之势。明统治中国后，随着时间的推移，朝鲜已经渐渐分不清本国人关于隋、唐、元进攻朝鲜的描述何为正面，何为负面，它们已经杂糅为一体，共同成为本国人关于明的集体想象。明建立之后，朝鲜使臣在途经山海关等军事要塞的时候，莫不著文留念，歌颂明军事的强大，曹伟和尹根寿还对修筑山海关的徐达给予热烈赞颂，这些都是朝鲜传统的社会集体想象物的折射。1574年出使中国的赵宪，在回国后，专门就中国的先进之处向国王上疏，以期改变本国不尽完美之处。其中，就有关于对明朝军事的描述，比如在部队的纪律方面："臣于蓟州之路见步卒数千荷兵粮以行，不敢恃众而掠人之物，又以骡驴驾兵车数十辆憩于田旁，不敢取禾一束以秣其驴。臣奇其师行有律而问之，则曰鞑虏寇边，蓟镇总兵官戚继光令中军将倪善领畿三万以赴之。盖以主将威信之素著，故军畏其令而不敢扰民也。"① 军队要有良好的纪律才能有强大的战斗力，赵宪看到了戚继光的部队军纪严明，更印证了他关于明军事强大的社会集体想象。特别是"壬辰倭乱"期间，朝鲜对明军事强大的想象达到了最高峰，他们认为明朝的支援"恩同再造"，而明朝一出兵就改变了战局，迫使在军事上做了最精心准备的日本要求谈判。这一切，如果没有明强大的军事实力做支撑，是无可想象的。

总体来看，在朝鲜与隋、唐、元的战争之中，已经使朝鲜人形成了中国好战成性的集体想象。而明朝驱赶蒙古，建立汉族政权，又符合了朝鲜传统"华夷观"的心理期盼，再加上明万历年间对朝鲜的关键援助，使得朝鲜避免了亡国灭种的危险，又使得这种想象增加了更多正面的描述。久而久之，在朝鲜人心目中就形成了明政治军事强大的想象，这种想象的基础十分牢固，因此在后金崛起危及明政权的时候，朝鲜出于对明军事实力的无比信任，派兵援助明朝。对中国军事强大的想象，到被他们所一直轻视的清朝还一直予以延续，直到1840年的鸦片战争才予以改变。那么为什么朝鲜会形成这样的社会集体想象呢？从地理位置上看，朝鲜半岛与中国接壤，水陆交通方便，交流十分密切。但是，中国的政治形势千变万化，不可避免地会影响到半岛的稳定与发展，尤其与汉、隋、唐、元之间的战争，更让朝鲜感觉到中国军事的强大，民族精神受到极大的创伤，这种被征服的屈辱和仇恨是由来已久的。日本西临朝鲜，由于得天独厚的地理条件，再加上各种偶然因素，使得中国历史上军事力量最强大的元朝也无法征服他们，因此发展迅速，扩张野心也迅速膨胀。"壬辰倭乱"就是这种野心膨胀到极致的结果，丰臣秀吉的野心并不只是限制在朝鲜，而是借朝鲜为跳板，一举吞并中国，这一点，从丰臣秀吉写给自己爱妾的信中就可清楚地看出："应督促朝鲜王入朝，派急使去对马。在我生存之年，誓将唐之领土纳入我之版图。"朝鲜由于特殊的地理位置，被夹在中国和日本之间，成了日本登陆中国的最佳跳板。在"壬辰倭乱"中，朝鲜国王一路北奔，几乎流亡到中国，这对朝鲜来说，实在是最大的耻辱。同时，他们也在反思，何以弹丸之地的日本会给自己国家造成如此大的灾难。因此，富国强兵，壮大自己的军事力量成了每个朝鲜人的梦想和希望。在这种心理的驱使下，在他们看到明朝的赫赫军威之后，自然而然地会感到本国的军事上

---

① 赵宪：《燕行录全集》卷5，《东还封事》，《军师纪律》，第430页。

的缺憾，为了弥补这种心理，他们会不自觉地按照本国的社会集体想象来塑造明代的中国，并按照各自的想象来加以美化。赵宪在《东还封事》中向国王所上的疏中，涉及军事的就有军师纪律、士卒之选、操练之劝、城基之固、命令之严等五项，充分表达了他对富国强兵的衷心希望，也表达了对本国军备废弛的担心。可惜国王并没有接纳他的建议，终于导致了"壬辰倭乱"的惨祸。可以说，赵宪是非常具有忧患意识的。朝鲜使臣在路过辽东、山海关乃至北京的时候，都会对明的军事设施和部署观察得十分仔细，从前文论述的内容来看，他们也都是抱着学习中国，加快本国发展的目的。朝鲜形成明政治军事强大的集体想象的原因还有一个，就是他们的扩张野心屡屡受挫，为了满足自身的扩张心理想象，而形成了这样的社会集体想象。从朝鲜使臣在驻跸山、渤海古城、辽东等地怀古思今所流露出的复杂情绪来看，我们可以看出，朝鲜对中国东北的历史始终耿耿于怀，心存不甘，收复他们所谓的旧地已经成为他们深层的心理期待之一，甚至到今天仍然时有抬头。这一心理实际上在有明一代是非常明显的，但是，由于自身在国土面积、军事实力、经济实力等方面的原因，他们无法达到与中国抗衡的目的。汉代在半岛设了四郡、唐消灭了高句丽、元终其一代控制高丽，但是，朝鲜扩张领土的强烈愿望始终没有被打消。甚至在高丽建国伊始，统治者就打出收复故土的口号以团结整个民族，在元控制朝鲜的期间，他们仍然没有停止扩张。恭愍王即位不久，趁元势微之际，锐意向北扩张领土，从《元史·地理志》和《高丽史·地理志》的记载来看，这一扩张是不动声色的，但是始终没有停止，而且效果很明显。在元末，高丽已将西北地区的领土扩张到高丽长城以北即今慈江道一带的女真聚居区，鸭绿江以东完全被其控制。此外，高丽还侵占了半岛东北部的元朝双城总管府的地区，但元朝末期由于国力衰弱，面对高丽的这一咄咄逼人的气势，无可奈何。明建立之后，虽然与高丽建立了友好关系，但高丽扩张的野心并未减弱，恭愍王除了将其领域扩张至半岛北部外，还企图将领土扩张到鸭绿江以北，两次攻打故元东明府就是一个明显的表现，希图趁明立足未稳而造成既成事实进而获得最大的国家利益。1387 年，朱元璋下令设置铁岭卫，险些引起两国战争，要不是李成桂威化岛兵变，这次战争已经无法避免。慑于明强大的压力，朝鲜朝一代自李成桂开始，都谨持"事大"的原则，几乎没有在领土问题上有过争议。因此，朝鲜对明的政治军事强大的社会集体想象，实际上也是发泄心中压抑的不满，希望本国能赶超中国，重拾独立和自尊的强烈心理期待而形成的。

在朝鲜人心目中，明朝的经济文化繁荣也是他们的集体想象之一。有明一代，中国的经济继续发展，在朝鲜使臣的记载中，关于明朝经济富足的描写比比皆是。无论是路过辽东，经过通州，还是到达旅行的终点北京，朝鲜使臣留下的更多的是对明经济发展、社会繁荣的惊叹，他们炫目于明的物质富足，羡慕于明的先进科学技术，向往于明高度的物质文明。实际上，这一集体想象也是他们内心希望本国强大的一个自然反映。朝鲜朝一代，生产力的发展始终落后于中国，尤其是经历"壬辰倭乱"之后，社会生产受到了极大的破坏，可以说，中国始终是一个他们无法超越的目标。当他们慨叹中华文物之盛的时候，心中想的是本国的贫穷与落后，如何尽可能多地学习明的先进技术，使本国迅速强大起来，是朝鲜使臣们共同思考的问题。因此，他们形成的明朝经济繁荣的社会集体想象是很自然的事。当经济实力都优于对方的"自我"注视"他者"的时候，"他者"必然是落后、愚昧和贫穷的，反过来说，当经济实力都劣于对方的"自我"在观察"他者"的时候，"他者"也必然是繁荣、强盛和向上的。此外，随着物质文明的发展，中国的精神文明也成果璀璨。中国历代文人的优秀作品哺育了朝鲜的汉文学，大量优秀的朝鲜文人涌现出来。孔孟学说和儒家思想传入朝鲜半岛，朝鲜积极吸收并接收其影响，如仿照中国建立各种政治、经济和文化制度。元朝时，程朱理学开始传入朝鲜，经过诸多学者大师的传播，理学成了高丽改革派强有力的思想武器，并在朝鲜朝建立时发挥了重要的作用。朝鲜朝统治者为了加强统治，强化了程朱理学的地位，从此，程朱理学在朝鲜占据了无可撼动的权威地位，任何不符合理学的思想都被排斥。作为宋朝精神文化精华的程朱理学随着时代的需要而发展，并传播到朝鲜，在朝鲜历史上发挥出其强大的生命力和巨大的影响力。有明一代的朝鲜，其历史的发展是与理学的发展同步的。由于文学、儒家文化和理学的巨大影响，使明代朝鲜将中国想象成一个高度的文明国家。关于朝鲜对明代中国的集体想象，李民宬的感慨是很有代表性的："古人云，一乐生中国，岂以滋育于仁义之教、礼乐之化为足乐欤？我辈生于海东，徊躬于弹丸之地，真所谓坎井之蛙不可语于海者也。由被仁贤之化，笃习诗书之教，见称以礼仪之邦，殆无几于生中国者。"①

① 李民宬：《燕行录全集》卷15，《题壬寅朝天录后》，第88页。

总体来说，朝鲜对明代中国的总体社会集体想象就是政治军事强大，经济文化发达。但是，我们应该看到，任何事物都不是简单和平面的，在朝鲜的社会集体想象背后，还包含着比较、贬低、丑化、自信、自傲等种种复杂情绪，从而使朝鲜对明代中国的塑造过程显得十分复杂。

第二节 "自我"对"他者"的塑造过程

长时间以来，国内外学界一直有个普遍的看法，即有明一代是中国与朝鲜关系最为密切友好的时期。在这个时期里，朝鲜对明朝忠心不贰，竭诚事大，而明朝亦对朝鲜优待有加，尤其是万历年间的抗日援朝战争，更使两国之间的亲密关系达到顶点。但是，纵观有明一代朝鲜使臣的记录，我们可以发现，朝鲜对中国形象的塑造却并非如此简单和平面，而是一个非常复杂渐变的过程。可以这样说，14～17世纪，中国形象在朝鲜的视野中，经历了从正面走向正负交织，从鲜明走向黯淡的变化，这种变化与其说是中国在变化，不如说是塑造者的自我意识和需要在不断变化，塑造形象的用意并不是指向中国本身，而是出于自身的焦虑、需要或者满足。中国不过是一面被利用的镜子，在不同的时期和空间映现出被过滤、被选择的镜像：天堂与地狱、美丽和丑陋、强大与软弱、富有与贫穷、文明与愚昧，其中贯穿着想象、虚构、杜撰、歪曲、赞美和真实。

一 狂热的乌托邦

法国学者巴柔指出，作为注视者的"自我"在对待"他者"文化时一般有四种态度：第一种是狂热的态度，异国文化现实被视为绝对优越于本"民族"文化、本土文化的；这种优越性造成的结果是注视者文化被看作是低劣的；对应于异国文化的正面增值，就是对本土文化的贬低。第二种是憎恨的态度，与本土文化相比，异国文化现实被视为低下和负面的，而这种态度反过来又发展出一种正面的增值，一种对本土文化所做的全部或部分的"幻象"。第三种是亲善的态度，异国的文化现实被视为正面的，而注视者的文化也同样被视为正面的。这是友善而平等的互相增值。第四种是交流、对话的现象消失了，以让位于一个新的正在统一起来的整体。他特别强调："狂热、憎恨、亲善这三种态度以清楚、固定不变和恒久的方式构成了诊释异国、阅读他者的各种最明确的表现。它们构成了最基本的态度，在一个文本内部或一个文化整体内中，它们能够说明选择了什么，偏好什么，排斥什么，甚至所有意识形态选择的原则，而这后一点是一切对他者进行描述之前提。"① 在注视者的四种态度中，早期来到明代中国的朝鲜使臣持第一种态度来观察中国，对中国的赞颂是出于意识形态的选择，赞颂的背后是为了言说自我，否定自我。郑梦周和权近就是这种狂热乌托邦的塑造者。

高丽王朝统一朝鲜半岛之后，1218 年，蒙古大军为追击契丹残余，挥军进入半岛，经过激烈的斗争，终于将据守江东城的契丹歼灭。借这次战争的机会，高丽与蒙古建立了邦交关系。其后，蒙古经常派遣使节团到高丽访问，向高丽索要高额的贡品，高丽不仅要满足蒙古的要求，而且还要承担巨大的接待费用，加重了人民的负担。1224 年，发生了蒙古使者在返回的途中于鸭绿江被杀的恶性事件，直接导致了两国邦交关系的破裂。1231年，蒙古太宗皇帝窝阔台派遣撒礼塔率大军东征高丽，在强大的武力压力下，次年，高丽政府被迫向蒙古纳表称臣，奉蒙古为宗主国。蒙古在高丽各地设置了本国派遣的地方官——达鲁花赤后撤出半岛。但蒙古撤军后，高丽政权却处死了这些地方官，并将都城从开京迁移到江华岛，因此，1232年，蒙古再度进攻高丽，短短 20 年间，蒙古就 5 次攻打高丽，给高丽造成了巨大的损失。虽然元建立以来，一直对高丽实施友好政策，但是，在高丽人的心中，对蒙古已经充满了憎恶和仇恨。元朝和高丽统治者采取姻亲的政策以图达到操纵和保全高丽政权的目的。姻亲关系的确立直接导致了元朝对高丽内政的严重干涉，甚至随意确立国王的废立，严重损害了高丽的主权。如果说入侵战争引发了普通民众的憎恶的话，干涉内政的行为则引起了统治阶级的憎恶，这种民族心理的形成是全方位的，并连绵不断地传承下来，传承过程中不断得到强化。在出使明代的朝鲜使臣记录中，这种民族心理还有深远的影响，如将蒙古人一律称之为鞑，称故元政权为"胡尘"、"腥膻"等等，都反映了朝鲜对元政权的深深憎恨。因此，郑梦周和权近以如此狂热的情感来赞颂明朝就是十分合情合理的事情了。郑梦周和权近来到中国的时候，正值明朝甫建，为了保持汉人政权的纯正特色，明朝在经济、政治、文化、司法等各个方面延续了唐宋的许多制度，其生产关系和生产方式，经济制度和经济生产力，中央集权的政治体制、教育

---

① 巴柔：《比较文学形象学》，第 146 页。

体制、司法体制和科举体制也都是对唐宋的继承。此外，北元残余势力还很猖獗，中国的战争阴云还没有完全散去；朱元璋不仅制定了严厉的刑法，而且在实施时，又发明或恢复了诸多古代的酷刑，其大肆屠杀功臣的行为也备受世人指责；最可怕的一点是，尽管明建立后，司法机构已经十分完善，但是为了满足集权统治的需要，朱元璋首创了特务机关锦衣卫，锦衣卫凌驾于法律之上，并直接听命于皇帝，开了"警察国家"的先河。明代初期的中国，并不是那么完美，不过这些负面的东西，是郑梦周和权近所看不到或有意回避的，因为这些东西并不符合他们的需要。他们需要用明的繁荣、太平、和谐来言说本国的疲弱和动荡，这是他们希望看到的中国，他们需要一个可资借鉴的楷模来对比自我，超越自我。虽然他们对中国的认知有限，还停留在表面上，但也许正是这种表面化的认识使得他们在中国构筑了乌托邦的神话。

我们来看郑梦周对明朝君明臣贤的称赞："尺剑龙飞定四维，一时豪杰为扶持。山河带砺徐丞相，天地经纶李太师。驸马林池春烂漫，国公楼阁月参差。始知盛代功臣后，共享生平万世期。"[①] 朱元璋能够夺得天下，除了自身的才能之外，最重要的是有一大批拥有优秀才能的文臣武将的辅佐。郑梦周笔下的徐达和李善长就是其中的突出代表，可是这两位开国功臣都是直接死在朱元璋手下。到朱元璋死的时候，建国时的精英几乎都被他屠戮殆尽，"狡兔尽，走狗烹"的历史规律再次无情地上演，由此可见朱元璋性格的狠毒。但是，在郑梦周和权近的记载中，对朱元璋却给予了高度的美化，其目的自然是对本国统治者的深层心理期望。高丽末期，由于封建大土地所有制的发展，土地兼并空前激化，党争十分激烈。恭愍王为了拯救统治危机，任用辛旽进行改革，触动了世族大臣的激烈反对，并向恭愍王告发辛旽谋逆，使辛旽被诛，改革失败。林坚味、廉兴邦一派掌权，对内推行保护大农庄主的政策，对外实行亲北元远明的外交政策。1388年，崔莹与李成桂等一派在党争中胜出，掌握了政权，在对待亲北元还是亲明的态度上，郑梦周与李成桂是持同一政治立场的。因此，经历过残酷政治斗争的郑梦周对朱元璋如此推崇与美化，其内心深处恐怕是自比了这些明朝的开国功臣，这也反映了他的政治野心。然而，作为外来的旅行者，虽然拥有相类似的文化背景，但语言不通，人地两生，郑梦周和权近只能从

---

① 郑梦周：《燕行录全集》卷1，《赴南诗》，《皇都四首其四》，第83页。

自己的感觉和潜伏在记忆中的想象出发，常常会把相对局限或者表面的经验普遍化和本质化。虽然他们看到了宫殿的高墙，但无法窥视高墙之内的尔虞我诈；他们看到"他者"的富足，是因为自身的穷困与落后；他们看到"他者"的安定和平，源于自身的动荡不安。绵延的中国神话、局部的直接经验、不同文本复制的赞美、对改变自身缺憾的渴望，使他们在中国这个"他者"上面涂抹了一层层理想化的色彩。由于高丽末期与明朝复杂多变的外交关系，作为肩负重要政治使命的朝鲜使臣向中国这个神奇国家投去的目光十分匆忙，既充满热情但又不乏片面。与其说他们描述了中国的现实，不如说他们根据自身的愿望延续和强化了历史传承的中国神话，同时也借机批评了本国的社会现实。在郑梦周和权近的眼中，中国战火停息，一片安静祥和的景象，明代中国城池壮丽，经济富饶，宫阙宏伟，人民在幸福地生活。他们要告诉本国的人们，中国的价值不仅仅是记忆中的物华天宝，繁荣昌盛，更重要的是进入高度文明的那个王朝，是这个符合本国"华夷想象"的正统的王朝创造了这一切。两人关于中国乌托邦的描述无疑给朝鲜留下了深刻的印象，它们为原有的社会集体想象增加了新鲜的色彩和细节，进一步激发了朝鲜对中国的想象和赞颂，从中追寻自己的渴望和理想。乌托邦是建立在质疑、批判、追寻的基础上，哪怕乌托邦离朝鲜有多么遥远，那么这种幻想的启程也远远胜过想象的贫瘠和对现实的屈从。更何况，中国并不是不可知的"他者"，朝鲜身上有太多的"他者"的影子。

二 想象与真实交织的"他者"

明朝自正统（1436—1449）以来，社会矛盾逐步尖锐化，国力也由强盛转为衰弱。宣德以后，吏治渐趋腐败，政治斗争激烈。到了嘉靖朝，虽然有所革新，但土地兼并的状况并未得到根本改变。由于土地高度集中，皇室奢侈成风，导致人民生活困苦，国家财政陷入严重危机，民族内部矛盾严重激化。另一方面，明中叶，在农业和手工业生产水平方面有了显著的提高，促进了商品经济的发展。手工业和商业的发展又促进了城市经济的繁荣，同时也促进了农村的封建生产关系的发展，在商品经济高度发展的基础上，若干手工业部门中出现了资本主义萌芽。有明一代，朝鲜派遣使节之多堪称其半岛历史之最。随着交流的不断加深，到明朝中期，朝鲜使臣已经熟悉中国的生活、礼仪，可以深入到中国的不同地区，更广泛地了解情况。他们把目光投向中国社会的各个方面，从而更深刻地洞察和认识了中国的社会生活。在笃尊程朱理学的基础上，朝鲜社会更加儒家化，他们开始以本土化的儒家的思想和观点来观察和塑造中国，与以前的朝鲜使臣相比，更加关注中国的政治、伦理、制度等方面的特点。但是，他们始终无法摆脱社会集体想象的束缚，因此在明朝中期，他们对中国形象的塑造经常出现幻想与真实相互交织的情景。这一阶段中国形象的塑造，以赵宪的《东还封事》最为集中和典型。

1574 年（万历二年），赵宪以质正官的身份出使中国，与郑梦周和权近的狂热不同，他开始以冷静和理智的视角来观察中国。在游历中国之后，经过深入的思考，他向宣祖李昖呈交了"八条疏"和"十六条疏"，详尽地向国王汇报了他在中国的所见所闻。他的目的十分明确："故敢以耳目之所闻见而关于治道者，僭议其我国之所未美者，恭备用中之择。"① 很明显，赵宪在出使中国的过程中，通过强烈的对比，感觉到了本国存在的一些问题，因此希望用中国的先进经验来改变本国的状况，从而实现强国富民的理想。他所叙述的关于中国的这些经验，有些来自亲身的体会，有些来自明朝的相关文字资料，有些来自口耳相传，经验来源的复杂也决定了他的观察始终纠缠在真实与幻想之中。他在"八条疏"中首先就提到了圣庙配享的问题，孔子在朝鲜享有至高无上的地位，对其礼制上的尊重直接来源于儒家思想对朝鲜的深远影响。和其他朝鲜使臣的态度截然不同，他对嘉靖对国子监的改制给予了高度的评价，尤其是对将孔子的"文宣王"称号改为"至圣先师"的举措称道不已。他认为，王莽为了达到篡汉的目的，在汉平帝的时候将孔子称为"褒成宣尼公"，乱臣贼子的举动使孔子的神圣形象受到了扭曲，而到了唐玄宗的时候将孔子谥为"文宣王"，并将颜子以下都封为公、侯、伯等，是"所谓君君臣臣父父子子之道则一切悖乱，而佯尊圣人以欺天下"②。他认为嘉靖皇帝改号之举是"一改千载之误"，并要求国王学习嘉靖的做法，对本国圣庙的制度进行改革。从这段记载中，我们可以看出，赵宪对嘉靖皇帝充满了好感，因为在他的心目中，嘉靖能意识到前代的失误并予以改正，真正地表达了对先圣孔子的尊重，是个英明的君主。实际上，这是一个很明显的误读，因为赵宪没有看到嘉靖对国子

① 赵宪：《燕行录全集》卷 5，《东还封事》，第 397 页。
② 赵宪：《燕行录全集》卷 5，《东还封事》，第 398 页。

监的改制的背后实际上是以礼教改革对抗食古不化的群臣的斗争,嘉靖未必就像赵宪推测的那样看到了前朝的失误,否则无法解释其为什么将孔子的神像以"木主"代替。但是,嘉靖的举动符合了赵宪的心理期望,因此赵宪对嘉靖进行了虚幻的描写。值得注意的是,赵宪的观点是从汉代和唐代的举措与明代相比较的角度出发,这也反映了本国社会集体想象物对他思想的制约。汉代和唐代都对朝鲜发动过战争,给整个朝鲜民族留下了深刻的集体记忆,其中憎恨的情绪占了主流。赵宪也不例外,嘉靖改制否定了汉代和唐代的做法,也符合了朝鲜的心理期待,从这一心理出发,赵宪对嘉靖充满好感也是理所当然的了。赵宪在"内外庶官"一条中对中国的官吏任用制度赞不绝口,认为在这样的制度下"故下不敢以非才苟充,而上不敢以私苟在。一被选授,永无劾驳之议。既到其任,又皆久于其职,九载三考,乃定黜陟,校官边帅亦以家累自随,率为经远之计。故庶官多尽其职,而百姓多得其所,中朝之所以保大享安者有由然矣"。① 可以说,赵宪的观察还是相当准确的,明朝继承和发展唐宋的政治制度,设置了六部和都察院以对天下官吏的选拔任用进行管理和监督,都察院的成立,有效地防范和制止了官吏贪污等违法行为;限制了朝臣专权,结党营私;打击了地方割据势力,维护了中央集权,纠正了皇帝过失,防止了决策失误。而且,都察院与吏部分权并立,又互相牵制,更进一步产生了良性之效,有力维护了王权。但另一方面,明朝的都察制度还是有它的历史局限性的。首先,中国封建社会是一个专制社会,一切法律、制度都是为了巩固皇权,维护封建君主专制。明朝的监察官员只有"弹劾权",并不能直接对贪官污吏进行处理。因此,对官员的监察效果,对制度执行得好坏,往往取决于皇帝个人的品质及抱负;其次,明代的监察制度虽然发展得比较完备,在维护封建统治和巩固皇权方面发挥了极大的作用,但毕竟这些官吏是由封建官僚所组成的,因此,其自身必然随着封建社会政治制度的日益衰落,统治集团的日益腐化而蜕化变质,最终沦为统治集团内部各个利益派别争权夺势的工具,从而失去了澄清吏治的制衡作用。赵宪出使时间为万历初年,明吏治已经趋于腐败,出现了许多政治问题。但是,赵宪在选择中国镜像的时候,有意地回避了这些问题,以实现自己规劝国王的目的,表达出对本国清明吏治的渴望。不过,他对明朝的官吏制度也给予了很大程度

---

① 赵宪:《燕行录全集》卷5,《东还封事》,第407页。

的夸张,像引文中所提到的那些内容显然是出自于其一厢情愿的想象,而且,他材料的来源仅仅是两册明朝的缙绅便览,因此其想象和夸张的成分很大。

在"食品饮宴"一节中,赵宪提出了一个非常严肃的问题,即节约的问题。"臣窃见中原之人无不节用。官员家供止以数器,自从私家所食尤尚俭素。宴饮之际酌以小钟,限其行数不敢踰节乱性,荒废厥事,所以公私咸裕,庶政不堕。"① 中华民族是一个奉行节俭的民族,勤俭节约是传统的美德,已经成为中华民族的一个特征。赵宪在使行过程中,广泛接触了不同层次的人,因此这种勤俭节约的风气给他留下了十分深刻的印象,因而他对本国奢侈之风提出了严厉的批评。在他的记载中,实际上也反映出明代官员俸禄微薄的事实,连著名思想家顾炎武都感叹"自古官俸之薄,未有如此者"②。这一感叹除了主观方面从士大夫的立场出发之外,实际上还有官员俸禄标准执行不到位等各方面的客观原因。明代俸禄标准虽然以米石来计算,但发放时却执行了"钞俸折色"的政策。"钞俸折色"实际上使官员的薪水打了折扣,特别是在中央财政紧张的时候,七折八扣的结果是官员工资大大缩水。一般来说,明帝国前期物价水平比较低,银子的购买力比较强。但随着时间的推移,社会经济发展,人口增长,物价上涨,货币贬值,官员同样的工资,拥有购买力已大大降低。这是官吏工资缩水的另一个表现。以米价为例,明前期的宣德、正统年间一两银子可买 4 石米③,而中期一石米值银五钱是"江南之平价",海瑞生活的嘉靖、万历时期米价是每石六七钱银子左右。到了明末,崇祯五年(1632 年)上海的米价还是一两银子一石,到了崇祯十二三年,已经涨到一两八九钱才能买一石米。④ 银子购买力降低了,而薪酬标准没有相应调高,同样的薪水大大缩水。在这种情况下,赵宪看到的官员节俭,实际上也是薪水微薄的表现。这也是为什么朝鲜使臣的记录中会有大量关于明代官员贪污成风的记载的原因之一。但是,不管怎么说,赵宪关于厉行节约的思想是十分宝贵的,这也反映出其思想中进步的一面。赵宪在"士夫揖让"一节中对明代官场礼仪之烦琐复杂给予了详细的记载,并得出这样的结论,正是这种完备的

---

① 赵宪:《燕行录全集》卷 5,《东还封事》,第 415 页。
② 顾炎武:《日知录》卷 12。
③ 张廷玉:《明史》卷 78,中华书局,1974。
④ 叶梦珠:《阅世编》卷 7。

礼仪制度，才使"中朝庶官之好礼勤事如此"。实际上，这是很牵强的一个结论，完备的礼仪和清明的吏治并没有多少必然的关系。但是，作为笃信程朱理学的赵宪，对朱子的礼法制度十分尊崇，他认为尊崇礼法制度的结果必然是官勤其事，民乐其业。应该说，这是赵宪对明代中国的一个十分明显的想象。在"师生接礼"一节中，他从国子监监生拜国子祭酒之礼生发开来，认为中国是一个十分尊师重道的国家，而尊师重道的结果就是"虽至贫至贱之人，力办银钱，必欲送子于学。其所以为教者，虽非三代养正之方，而自少至长拘束以礼貌，激励以名教，使一世人人莫不观感而思奋。此中朝之所以多士，济济而用之于四方，不患不定者也"。① 中国的尊师重道之风由来已久，到了明代，由于统治者采取八股取士的方法，学习好八股文几乎成了所有读书人唯一的晋身之路。尽管八股文禁锢文人的思维，但普通人家也是不惜倾家荡产，为自己的孩子选择名师以图上进。尽管赵宪的想象偏离了当时明的事实，但也从一定侧面反映了明代取士制度对世人的摧残。赵宪在此条中主张本国全盘学习中国的礼仪制度。在"乡间习俗"一节中，赵宪记载了中国一项重要的事物——乡约制度，并留下了宝贵的记录。乡约是宝贵的中华文化遗产。千百年来，中国人为了追求人与人之间能"出入相友，守望相助，疾病相扶持"这样的理想境界，发展出这种乡治理论。乡约是自治的一种体现。由乡民自动、自发地制订规约，处理众人生活中面临的治安、经济、社会、教育、礼俗等问题。中国最早的成文乡约，是陕西蓝田吕大钧制定的《吕氏乡约》。制定者的目的是使乡人能"德业相劝，过失相规，礼俗相交，患难相恤"。它是由人民主动起草的成文法则。到了明代，乡约的发展受到朝野的重视，在理论和实践上有了丰硕的成果。许多名臣大儒和各级官员留下了很多乡治的经典。可以说，在当时中国的乡约逐渐形成了一套相当完备的制度，它把农村生活的方方面面都包括进来，如吃饭的问题、教育问题、治安问题、社会风俗。人们生老病死都由乡约组织通过自治互助的办法来处理。明成祖是最早提倡吕氏乡约的皇帝，"表章家礼及蓝田吕氏乡约，列于性理成书，颁降天下，使诵行焉。"② 名臣大儒中致力于推行乡约的也很多，方孝孺、王阳明、

---

① 赵宪：《燕行录全集》卷5，《东还封事》，第423页。
② 王樵：《金坛县保甲乡约记》，见《古今图书集成》，"明伦编，交谊典，乡里部"，卷28。

吕坤、章璜、刘宗周、陆世仪等都对乡约的制度或实践有很大的贡献，有的是用乡约行保甲，有的是融乡约、保甲、社仓、社学、乡礼为一体。另外大批士人也提倡或率乡人实行。他们有的是学派的继承，有的是看到乡约的实用价值。李春芳、唐鸿儒等人，把婚丧嫁娶、日常来往、地方治安都纳入到乡约的互助、互劝范围之内，使它能够解决现实生活中的问题。赵宪在中国看到了对他来说尚属新鲜事物的乡约所，根据他的记载，抚宁县的乡约所是这样运作的："约正、副正、直月等以朔望会见于知府，四拜于月台上，则知府降椅立受，约正等进立于知府椅前同听其教。听迄一揖而退，各于其所会其约中人相与为礼而讲。其所听之教所教者是孝顺父母、尊敬长上、和睦邻里、教训子孙、勤作农桑、不为非义等事，而高皇帝所定之教也。"① 赵宪看到，在这种制度的约束下，"是以父子兄弟虽多，异爨而不忍分门割户，妇姑娣姒不相勃奚……四岁童子亦能作揖叩头，厮夫走卒一无敛发之不正者，而立必拱手齐足。"② 赵宪完全被这种初步的人民自治的方式所倾倒，他以此为比较，对本国伦理纲常的丧失感到痛心疾首，并强烈建议国王学习中国的这种乡约方式。

纵观赵宪的"八条疏"，我们可以清晰地看到，赵宪对中国形象的塑造过程始终贯穿着真实与幻想，所陈述的数条建议都是紧紧围绕着"礼"来进行，这也从侧面反映了赵宪对本国现实不满，对中国进行了夸张甚至虚构的塑造。如果说"八条疏"是赵宪着眼于本国整体社会现实而上的，那"十六条疏"则是直接以中国的现实来规劝本国国王。"十六条疏"包括格天之诚、追本之孝、陵寝之制、祭祀之礼、经筵之规、视朝之仪、听言之道、取人之方、饮食之节、饩廪之称、生息之繁、士卒之选、操练之勤、城台之固、黜陟之明、命令之严等十六个方面，同"八条疏"不同的是，赵宪的"十六条疏"为了达到规劝的目的，更多了些想象和虚构的色彩。比如在"饮食之节"中，他描绘了这样一幅情景："皇朝御膳之用皆出民赋而收银以藏，尚膳监太监逐日出银以贸物膳于市而监饪以进云。夫以中土人马之盛，兼有漕河舟运之路，几山珍还错可以立致，其新采者必赋银而贸于市者，盖天朝圣祖之心必以为若致生物，则千万里轮轭之劳有倍于漕

---

① 赵宪：《燕行录全集》卷5，《东还封事》，第426页。
② 赵宪：《燕行录全集》卷5，《东还封事》，第426页。

运之费，而折定银两，则六百马之所转，可转以一马矣。此法一定，民无
倍出之患，驿无重运之苦，而市廛之中百物皆具随价定银……此所以中原
之民日以富庶而太平之基久益巩固者也。"[1] 在赵宪的眼中，中国简直成了
理想社会的一个代名词，皇家购物以银贸物，而毫无剥削之弊，公平买卖，
皆大欢喜。实际上，万历皇帝是十分贪婪的皇帝，按照一般的理论，普天
之下，莫非王土，率土之滨，莫非王臣。皇帝是天帝之子，代以掌理人间，
国中所有的一切乃是皇帝的私人财产，即使蛮夷戎狄也是"朕之赤子"，作
为一个皇帝拼命聚敛财富实在不可理解。但是就是这个万历皇帝，一生收
集天下财富，在民间横征暴敛，他和皇室大肆侵占土地，以采木、烧造、
织造、采办为名搜刮民财，其贪婪的程度让民间民怨沸腾。此外，太监干
政是明朝政治的一个特色，而握有实权的太监则更为贪婪，很难想象掌管
御膳采买的太监能洁身自律，会主动为皇帝节省银子。所以，许筬为了实
现自己规劝国王的目的，对明朝的经济进行了大幅的夸张和虚构的描写。
而在"生息之繁"一节中，他的想象达到了最高峰，认为在中国经济富饶
的情况下，由于对官员实行了俸银制度，所以官员不取民间一物，偶尔有
贪鄙之官也不敢越法以侵民。实际上，这与他的记述是自相矛盾的，例如
在他的《朝天日记》中，他就和中国的百姓讨论过捐税过重的问题，并且
表示出相当程度的愤慨。但是，他在体验自身的缺憾与不满时，有意将中
国的形象变形，使中国成为一个非常理想化的国家，以图打动国王，达到
自己的目的。不过，在"经筵之规"、"视朝之仪"、"命令之严"等节的记
载中，又反映了万历即位后勤政的事实，在"士卒之选"、"城台之固"中
展示了明军事的强大。在"取人之方"中直接批判了本国以出身取士的两
班制度，这是具有十分积极的意义的。

应该说，赵宪是以清醒而理智的态度来进行中国形象的塑造的，虽然
他无法摆脱社会集体想象的束缚，在记述中有许多想象和虚构的成分，但
是他毕竟清醒地看到了本国存在的问题，他试图北学中国来促进本国的繁
荣富强。应该说，他是走到了本时代知识分子的前面，他的《东还封事》
的意义并不亚于朴趾源的《热河日记》，从这个意义上讲，他开启了"北学
中原"的先河，发"北学"之先声，是应该给予高度评价的。在这一时期，
以赵宪为代表的朝鲜使臣眼中的中国是真实与想象相互交织的。

---

[1]　赵宪：《燕行录全集》卷5，《东还封事》，第463页。

三 渐行渐远的天朝

随着朝鲜儒学本土化、社会化进程的不断推进和两国交流的不断深入，朝鲜的自我意识逐步发展起来，朝鲜观察中国的视角也不断发生变化。他们不再满足于感叹羡慕明朝的富强，而是以儒家的眼光，以高度的自我意识来观察和塑造中国社会。在他们的眼中，天朝已经不再那么炫目，而是逐渐褪去了耀眼的光环，露出了本来的面目。从嘉靖朝开始，朝鲜已经开始急于对自己的身份进行确认。1539 年（嘉靖十八年），权拨出使中国的时候，就与中国官员发生一场争执："遣通事李应星、崔世瀛于礼部誊宗系覆本而来，李应星等摘题本内缘系夷人之语。请许郎中曰'本国用夏变夷，有自来矣，今见题本有夷人之语，窃所为安，望大人酌量如何？'郎中笑而答之。即禀于尚书，改夷人二字为外国云。"应该说，朝鲜对"夷"这个字眼是非常敏感的，他们接收中国文化影响之深是其他邻国所无法企及的，在几千年的交流中，中国文化已经深深地植入了朝鲜本民族的文化之中并发挥着重要的作用。因此，在整个民族心理中，朝鲜已经不是历史上经济文化落后的"夷"，而是有高度精神文明的国家和民族，这是他们对自己的定位。"用夏变夷"、"脱夷入华"是他们千百年的梦想，因此，他们在看待安南、琉球等国家使节时，是采取一种俯视的态度的，是有自己的优越感的。在这种心理驱动下，朝鲜使臣极为重视自己在朝见时班次的排序，经常在记载中不厌其烦地叙述本国的班次如何。例如丁焕在记载中就这样写道："序班引臣等升御路，班立诸藩羌酋之上。"[1] 语气中充满了自豪感，而且将其他的少数民族民族称之为"羌"，说明朝鲜通过班次的排列认为自己的地位已经远远高于他们。从明朝官员的反映来看，对朝鲜的这种"变夷为夏"的心理期待也是十分认可的。在隆庆时，朝鲜使臣的自我意识已经开始觉醒，例如1572 年（隆庆六年）出使中国的许震童的《朝天录》中就有这样的记载："谨往成翰林宪之兄成恩之家，家在蓟州城中，恩待以宾礼，行恭三巡，曰'贵国礼乐文物与中国何如？'余令通事答曰'陋邦胡能与中华侔也？'成公知其谦而笑。"[2] 从表面上看，本段记载似乎平平无奇，但是背后隐藏的情感是不能忽视的，许震童认为成恩是因为朝鲜使臣谦虚

---

[1] 丁焕：《燕行录全集》卷 3，《朝天录》，第 107 页。

[2] 许震童：《燕行录全集》卷 3，《朝天录》，第 299 页。

而发笑,他为什么会有这样的感觉呢?在他心里,由于本民族自主意识的觉醒,他并不认为本国的礼乐文物比中国差,而只是出于礼貌才予以谦虚。这也充分说明经过长时间的发展,尤其是程朱理学在朝鲜的不断本土化,朝鲜人的自信心已经大大增强,因此在记载中就不再单纯地是对明朝一味颂扬的内容,而是更多地开始以独立自主的态度来观察中国。

朝鲜使臣对中国态度的转变开始于万历年间,万历朝是明王朝走向衰落的时期。没落的王朝必然在政治、经济、文化、社会生活等各方面表现出明显的征兆,整个社会无可避免地滑向腐败和堕落的深渊。尽管朱元璋在建国时对吏治进行了大刀阔斧的改革,并收到了一定的成效,但是自洪熙和宣德朝之后,清廉的官风已经开始向贪污受贿转变,而且官风恶化日甚一日,官员们目无法纪,极尽贪污勒索之事。恶劣的风气到了万历朝之后,变本加厉,一发而不可收拾。在万历朝及之后的朝鲜使臣的记载中,关于中国官员贪污勒索的记载屡见不鲜,朝鲜使臣的态度也由一开始的忍气吞声而变成直斥其非。

在朝鲜使臣的记录中,"人情"一词是经常出现的,所谓人情,其实就是给沿途城隘官员的好处费,过辽东各站要送,过山海关要送,甚至到北京也要送,一路行来,几乎没有一片净土。朝鲜使臣出使中国时,都要给中国带来大量的贡物,还有许多携带的进行贸易的物品,因此,在明朝官员的眼中,朝鲜使臣简直就是一块鲜美肥肉,必食之而后快。1574年,许篈和赵宪在路过辽东时,就遇到了辽东都司掌印大人陈言的刁难:"陈言以通事不备(满)所望,移怒于其吏,事事叱詈,甚以贼奴目之。通事呈咨文,厉声读之,又以前使之行自误报单,见推于朝廷,用此追咎通事之不即纳赂,以图无事,将为请罪之咨,以付远日矣。言怒其皇华集、黑笠子之不来,力要印送于后行,手写所欲之物以求之,无廉耻如此。"[1] 这个陈言简直无耻之极,一见勒索不成即大肆刁难,全然不惧纲纪礼法,而且公开索贿,简直大胆之至。迫于无奈,朝鲜使臣只好按照陈言的要求行贿:"人参几至四十斤,砚四,弓一,文席、米袋、纸卷等物往遗陈言,言甚喜……欣然接待,如见大宝也。"[2] 赵宪的记录活化出陈言的丑态,贪婪的要求得到满足立即变脸,可见其人格之卑下。连辽东人都看不惯陈言的贪

---

[1] 赵宪:《燕行录全集》卷5,《朝天日记》,第152页。
[2] 赵宪:《燕行录全集》卷5,《朝天日记》,第153页。

娄:"辽人见言之所为,谓纯彦曰'都司不独侵剥我辈,而侵索远人如此,汝等何不往告礼部,以杜其弊乎?'纯彦曰'我等居于礼义之邦,安敢为此等事乎?'辽人曰'此方之人将不可支矣。'纯彦曰'这地亦有巡按,何不往讼乎?'辽人曰'名为御史,而实则爱钱,公然受贿,略无所忌,同是一根藤。'"① 这段描写实在令人触目惊心,陈言不仅仅盘剥外国人,而且对治下的人民也是无所不用其极,令当地人都感到无法活下去了,而"一根藤"之语又形象地描述出当时官官相护、腐败成风的官场风气。陈言的暴行激起了人民的无比愤怒:"老妪曰'咄,此小家子莅任以后,虐使下人,例令丑入亥退,一时或阙而现发,则征米三斗,名补宽城之用,而实以载转于家……咄,此小家子心鄙而行薄,岂能卒保首领于大明之下乎?'"② 可见民怨沸腾到了何等地步。

最令朝鲜使臣寒心的是,在朝鲜遭受倭寇侵略,前来中国告急求援的时候,辽东的官员竟然趁火打劫,大肆勒索及刁难:"曰'你行虽急,必须纳尽此数,然后可得前去,不然则去不得云云'观其意,以臣行急之故,要为刀蹬之计。第以数目,极其烦多,虽倾尽一行盘缠不足以克其数。臣不得已就其所求中艰备三分之一,具单子且给镇抚各人面皮若干,并还所送银子……镇抚等发怒,将单子即宪牌投掷于地曰'你敢以宪牌哄我耶?所求之物都不要纳,你飞去走去任你所为',即上马扬鞭而去。"③ 这是1597年日本入侵朝鲜后,朝鲜前来中国告急的权挟所留下的记录。时日本重新入侵朝鲜,朝鲜危在旦夕,权挟领命于危难之际,星夜兼程前往中国告急。军情如火,如果耽搁一天,整个战局都会发生极大的变化。就在这种紧急的情况之下,边关官员居然仍然贪婪地索贿,全然不考虑朝鲜的安危,朝鲜使臣的心情可想而知。按常理来说,万历时,中国出兵援助朝鲜,此时的中国形象应该在朝鲜眼中是最完美的。但是,纵观整个"朝天录"的记载,"壬辰倭乱"之后朝鲜使臣的记录中仍然有许多关于中国负面形象的记载,边关及整个国家的吏治腐败肯定是一个很重要的原因。明朝末期,后金崛起,给明朝的统治造成了极大的威胁,然而就在这种情况下,边关的官员依然我行我素,索贿之风愈演愈烈:"辽东镇抚征索日甚,托称二起

① 赵宪:《燕行录全集》卷5,《朝天日记》,第154页。
② 赵宪:《燕行录全集》卷5,《朝天日记》,第154页。
③ 权挟:《燕行录全集》卷5,《石塘公燕行日记》,第16页。

之行责出童羚之角，名曰'礼单'，而实自勤定讲诘诸项之数。五日不决，译官等不复，已罄一行囊橐行赂各处，非但标下诸人，都司、金事，公然怒少喜多，否则虽积月日将不许打发，甚可恶也。"① 金中清是1614年出使中国的，此时后金已经磨刀霍霍，觊觎明朝的大好河山，但边关仍然腐败不堪。从他的记载来看，腐败之风已经不仅仅局限于高层官员，就连普通官吏也上行下效。腐败已经腐蚀了明朝的肌体，其灭亡是早晚的事情了。

朝鲜使臣金中清的记载是值得高度关注的，他的记录集中反映了朝鲜对中国态度的变化，朝鲜此时已经不再像以前那样对明那样忠诚了，其事大之诚的程度也发生了明显的变化。在金中清临行之前，国王光海君的举动颇值得玩味："奉表笺于庆运宫，以行未至南别宫，有召命驰进台厅听传教，有秘密三事，大抵戒饬一行毋泄本朝近日事。"② 那为什么光海君要在使臣临行前突然召回并嘱托他们不要泄露本国的事情呢？很明显，这个时候，朝鲜已经对中国有了很强的戒心，而且其外交思想中游走于强势之间的思想又开始勃发。其时，努尔哈赤势力已经在东北强势崛起，侵占了东北大片的土地，而明朝的国力已经衰弱之极，呈现出一片末世的景象。这一切，对时刻关注中国局势的朝鲜统治者来说，是绝不会漠然处之的，而如何应对这种险恶的局势，又是统治者不能不慎重考虑的事情。从"近日事"之语来推测，朝鲜一定根据形势的变化做出了相应的部署。限于史料所限，努尔哈赤与朝鲜是否达成什么秘密协议不可而知，但朝鲜已经做好了相应的准备，这是毋庸置疑的。因此，保守本国的秘密和实力，伺机而动，应该是光海君的真实想法。带着这样的指令，当辽东官吏问及朝鲜的情况时，金中清是这样表现的："布政遣答应官王化廷问本国兵额及火药多少。书以示之曰'小邦壬辰之乱，军民死伤殆尽，幸荷天朝拯救之力，得有今日。虽收拾余烬，拮据修缮，而兵力一向脆弱。重以近年水旱饥疫，各邑军额随补虽缺，卑职等俱非管兵之官，兵籍多少不能详知，而大约不敷。火药本非小邦所产，每请天朝，例得数千斤，无以足用，故常常加请，此固大朝之所知也。'"③ 如果仔细分析金中清的回答，我们会发现他回答得十分圆滑，表面上似乎实事求是地回答问题，实际上言之无物，根本没有

---

① 金中清：《燕行录全集》卷11，《朝天录》，第444页。
② 金中清：《燕行录全集》卷11，《朝天录》，第388页。
③ 金中清：《燕行录全集》卷11，《朝天录》，第441页。

谈到什么实质性的问题。虽然不知兵力多少，但肯定本国防卫都入不敷出。至于火药多少，每年都是明朝给的，明朝自然也知道数目，金中清推脱得一干二净。由此我们可以分析出，金中清之所以如此强调本国兵员不足和火药数量不够，肯定是根据光海君的指示而回答的，保守军事秘密是三件秘密事情之一。其目的就是辽东一旦有变，朝鲜根本就不想派兵援助明朝，因此罗列如此多的理由，要先给辽东官员一个印象，即朝鲜兵员不足，火药不够，根本承担不了援助的重任。这与1592年郑昆寿前往明朝请兵援助的记载形成了鲜明的对比，郑昆寿在记载中，详细地向明朝的官吏介绍了本国的山川地理和军事部署，事无巨细，一一告之，而朝鲜也达到了自己的目的，明朝出兵援助朝鲜。朝鲜在"壬辰倭乱"时的热情与明朝有难时的推脱态度也形成了鲜明的对比。金中清在行经广宁时，御史也同样问起了朝鲜的情况，朝鲜使臣采取了与在辽东时同样的态度："乃问你国地方距虏境几许，距倭几许，你国幅员几许，军额几何。译官等曰'虏境则或远或近，日本对马岛最近，我国土地偏狭，军马小的不知其额数。'"① 这样的模糊回答御史自然是不会满意的，于是金中清又进一步予以解释："小邦虽名八道，不及中国一省，全罗、庆尚二道有观察、节度分治兵民。平安、咸镜等道亦如之。内四道无节度，难辨又有水军统制使，各有所领军兵。及壬辰倭变，兵殪阵没，饥疫流离，凋敝不振，十不存一。职等俱非典兵之官，虽不详额数而大约数少。"② 从这段记载中，我们可以进一步看清朝鲜的态度，即不肯出兵援明的意向，金中清的回答虽然详细，但同样空洞无物，不涉任何实情，他一再强调本国军事实力的敝弱已经进一步表明了本国的态度。朝鲜地理位置十分重要，辽东一旦有变，朝鲜就成了举足轻重的力量，这一点，明朝和朝鲜都已经形成共识。但是，朝鲜在此时的态度是十分暧昧的，事实上朝鲜已经很清楚地表明了自己的立场，即绝不参与这场战争以图自保。当然，我们不能用忘恩负义来指责朝鲜，但是，朝鲜在明陷于危难之际而采取了首鼠两端的态度，是令人失望的。毕竟明出兵援助朝鲜抗倭，耗费了大量的国力，是明国势转为衰弱的重要原因。

随着万历后明国力的急剧下降，以及朝鲜自我意识的觉醒，昔日天朝那炫目的光辉已经渐渐黯淡了。

---

① 金中清：《燕行录全集》卷11，《朝天录》，第461页。
② 金中清：《燕行录全集》卷11，《朝天录》，第461页。

四 大明最后的挽歌

在所有的朝天录中，金堉的记录是最为独特的，因为他的《朝京日录》创作于特殊的时期——1636 年。金堉于 1636 年的这次使行具有几个特点：一是他们是朝鲜王朝派往明朝的最后一批冬至使；二是金堉在北京滞留期间，即当年的 12 月，清攻打朝鲜，朝鲜史称"丙子胡乱"；三是翌年的 1 月 30 日，朝鲜屈服于清的武力，清与朝鲜之间结成了新的君臣事大关系。至此，朝鲜自太祖李成桂以来建立的与明朝的传统事大外交关系宣告结束，金堉一行成为最后一批使行明朝的使节团，他们也成为 1636 年明清更替时期的历史见证者。

《朝京日录》中记录了清在退出冷口关之前与明军对峙的状况。从其记载来看，8 月末清军在永平府集结，装运了 800 多台大车的货物准备越过长城，太监高起潜和总兵祖大寿以十五六万的兵力将其包围。崇祯皇帝是想将清军合围后彻底歼灭。但因为明军的包围实力不够，导致关内的敌军在 9 月 1 日至 4 日从冷口关退回北方。事后兵部尚书张凤翼服毒自尽，密云道御史上吊自尽。上述内容都是金堉从中国人那里听说的，但关外从锦州至山海关的清军动向则是他目睹的。因为他当时正在宁远，亲眼看到了清军的侵略行径和明军的一些情况，而且他能够听到战争的炮鸣声。对于当时的战况，金堉在《朝京日录》中做了非常翔实的记载。依据金堉一行 10 月 23 日的记载，在山海关至北京的途中，山海关以西的州县被敌兵劫掠得并不严重，只是偶尔有被烧和劫掠的村落和野店。可是他们 10 月 27 日到达玉田县时却目睹了战后的惨烈景象。金堉描述了被清军俘虏的明人和当时明军的状况："路中，有荷担携儿者，问之则推得掳去之儿西还，同行者甚多，而或得或不得，含泪而归者相接。且路旁城门店壁皆挂榜，列书失儿之姓名，购以银两者不可胜计。沿路之人皆言官军几二十万，而在贼后百里而来，终不交锋，抢掠村庄，污辱妇女，甚于鞑贼，不胜愤愤云。"① 从这段记载可以看出，玉田县已经遭到了极大的损失，而明朝的官兵却不敢与清兵交锋，只是骚扰百姓，由此也可以看出明朝军队军纪的涣散，明朝的灭亡已是为时不远了。金堉还在记录中记载了自己在海路上看到的辽东半岛沿岸明水军的战备布置，以及与提督们会面、对话的内容，从中可以看到

① 金堉：《燕行录全集》卷 16，《朝京日录》，第 476 页。

当时与清军对峙的明军的情况。金堉记载的内容还包括在皮岛摆阵的都督沈世魁、在长山摆阵的都督陈洪范、他们的总指挥监军太监黄孙茂、守卫在宁远卫一带的总兵祖大寿和赵宦、太监高起潜、军门兵部左侍郎方一藻等的动向和交谈内容。这些都是具有高度的历史价值的。

值得注意的是，就在明军事上节节败退、生死系于一线的时候，明朝的官员竟然还在大肆贪污受贿，而这一切也被金堉如实地记录了下来："礼部尚书姜逢元，渎货无厌，顷以咨文事，归罪小甲于问，累次杖之，仍为拘系冷堡，改索贿也。于文每来恐吓云，尚书贪甚，不可不行贿，以免我众。……又以改贡路硝黄呈文，尚书曰'此事皆重大，虽国王奏请，犹或难成。况以陪臣一纸呈文，何以题请。'以书丹事呈文于主事，主事曰'此皆题本已定之事，决难更改。'盖皆欲贿也。近日缙绅之间贪风盖炽，行贿者以黄金做书镇，挟与册中而进之，金价甚高云。"① 金堉记载了令人触目惊心的事实，明朝将亡，腐败却越发猖獗，"前方吃紧，后方紧吃"的现象已经成为公开的秘密。贪官污吏的欲望在这时已经越发疯狂："昨年新定十五斤（人参）之规，决不可从，以开滥觞无穷之弊，相持为决，尚不得送礼。提督因此衔怒，事事阻挡，近日又打馆夫，译官等皆以为不送礼单之故。"② 国家处于生死存亡的危急关头，而官吏仍然中饱私囊，金堉对此十分感慨，在与中国的陆医生谈话时，对这些官吏进行了辛辣的讽刺："余曰'外有奴贼，内有流贼，天旱如此，而朝廷大官只是爱钱，天朝之事亦可忧也。'曰'是也'，于大官爱钱四字上贯珠而笑。余曰'大堂以银百两求参十四斤，通官等收合送之，并与其银而持去，此事如何？'笑曰'固有此等事。'余曰'提督一听馆夫之言，坐于后堂，迟速问于馆夫而出，似失体面。'曰'大堂之流也。'余曰'礼部有主客清吏司，主客之义，谓典属国也，清吏之名何义也？'曰'要吏先清自己。'余曰'何不见官名而思其义乎？'曰'义者，气也。有银子，即有气。'因大笑，盖提督方为主客清吏司郎中也。余曰'我国有台谏之官，凡士大夫贪污者，皆劾击之，天朝无此官乎？'曰'有科道两衙门，但其人自己亦贪，何暇纠他人。'"③ 从这段记载可以看出，在金堉眼中，明朝的腐败已经烂到了极点，一切都已经积

---

① 金堉：《燕行录全集》卷 16，《朝京日录》，第 490 页。
② 金堉：《燕行录全集》卷 16，《朝京日录》，第 490 页。
③ 金堉：《燕行录全集》卷 16，《朝京日录》，第 490 页。

重难返了，而这时的明朝形象也已经暗淡无光，朝鲜不再将其看成是那个当初他们眼中充满活力、强大富饶的天朝了。

巍峨的罗马不是一夜建成的，而千里长堤也不是一夕崩溃的，许多史学家都认为，明的灭亡从万历皇帝时就已经埋下了伏笔，对于这一点，几百年前的朝鲜使臣就已经有了深刻的认识。1614年（万历四十二年），朝鲜使臣黄中清出使明朝，他在记载中对明万历年间的局势进行了深刻的分析："见五六日通报，大朝爻象多不吉。礼部郎中洪世俊请皇太子讲学以快人心，春宫废学已久，僚臣相继上章请开经席，终未蒙圣旨，此一不吉爻象也；阁老吴道南屡召不起，叶向高力辞求去，只有方从哲一人，而党与相攻日甚一日，举朝争相乞休，一人兼管数事，而事无大小未免淹滞，此二不吉爻象也；陕西御史赵缓奏本，以为朝廷大权渐弛，天下大乱将起，乃指宦官之横恣无忌也。陕西巡抚李楠奏本，以为州务废坏已极，官职废旷亦甚矣，乃指银钱得官，无意称职也。是又三不吉爻象也；市肆之间，士夫之中，恬侈成习，争尚文饰，贪婪自恣，贿赂公行，是又四不吉爻象也。目击爻象，不觉慨然发叹，大朝人之过我国境又将谓何？晚上偏邦，常怀郁抑，及观周都，今有如是，咄咄而已，夫复何言。"① 应该说，黄中清是十分具有政治敏锐性和政治头脑的，他看到了万历怠政，太子废学，导致后继无人的乱局，他看到百官无心政事，方从哲独自苦撑大明危局的现状，他看到了天下大乱的前兆，他看到了明朝的卖官鬻爵的乱象，他更看到了明贿赂成风的现实。而这些乱象的存在，直接对大明帝国的肌体进行了令人触目惊心的腐蚀，明朝的灭亡只是暂时欠缺了压在骆驼身上的最后一根稻草而已。

第三节 "注视者"眼中"他者"的 "负面"特征

随着朝鲜的不断发展进步，尤其是程朱理学在朝鲜朝的全面发展，朝鲜渐渐地不再以狂热的态度来仰视大明，而是开始从程朱理学的角度来观察中国、塑造中国。尽管这些思想都是学习于中国，但是在经历本土化的过程中，打上了本国本民族的鲜明烙印，这也反映出朝鲜是一个善于学习

---

① 金堉：《燕行录全集》卷16，《朝京日录》，第490页。

和进步的民族。巴柔指出，"自我"在观察"他者"时，有时会采取一种憎恨的态度，与本土文化相比，异国文化现实被视为低下和负面的，而这种态度反过来又发展出一种正面的增值，一种对本土文化所做的全部或部分的"幻象"。如前所述，在分析朝鲜观察中国时所持的态度时，很难机械地套用巴柔归纳的某种态度，形象是立体的，也是流动的。因此，朝鲜在观察中国的时候，情绪是复杂的，他们看到了明朝的正统政权性质，并为之心悦诚服，甘为藩属；他们看到了明朝的经济富庶，并为之惊叹不已；他们看到了明朝的先进文明，并为之欣羡。当然，当他们摆脱初期的狂热之后，也开始用自身的视角冷静地进行观察，无可避免，他们自然看到了光环背后的阴影。除了前文提到的官吏腐败这一最重要的负面特征之外，通过对明代中国人的观察，他们还发现了"自我"眼中中国人的非常鲜明的"负面"特征。

一　崇佛重道

在论述此节之前，有必要再简要介绍一下程朱理学的内容。程朱理学是北宋理学家程颢、程颐和南宋理学家朱熹思想的合称。二程曾同学于北宋理学开山大师周敦颐，著作被后人合编为《河南程氏遗书》。他们把"理"或"天理"视作哲学的最高范畴，认为理无所不在，不生不灭，不仅是世界的本原，也是社会生活的最高准则。在穷理方法上，程颢"主静"，强调"正心诚意"；程颐"主敬"，强调"格物致知"。在人性论上，二程主张"去人欲，存天理"，并深入阐释这一观点使之更加系统化。二程学说的出现，标志着宋代理学思想体系的正式形成。南宋时，朱熹继承和发展了二程思想，建立了一个完整而精致的客观唯心主义的思想体系。他认为，太极是宇宙的根本和本体，太极本身包含了理与气，理在先，气在后。太极之理是一切理的综合，它至善至美，超越时空，是"万善"的道德标准。在人性论上，朱熹认为人有"天命之性"和"气质之性"，前者源于太极之理，是绝对的善；后者则有清浊之分，善恶之别。人们应该通过"居敬"、"穷理"来变化气质。朱熹还把理推及人类社会历史，认为"三纲五常"都是理的"流行"，人们应当"去人欲，存天理"，自觉遵守"三纲五常"的封建道德规范。朱熹学说的出现，标志着理学发展到了成熟的阶段。程朱理学进入朝鲜之后，迅速被接受并得以传播，在朝鲜产生了很大的影响。其中，金时习、徐敬德、李珥是程朱理学的大家，他们的思想中有积极的唯物主义思想因素，尤其是徐敬德的朴素唯物论思想对先进的朝鲜实学思想的形成起了很大的作用。在他们的影响下，许多朝鲜使臣开始以另一种角度观察中国的信仰。

中国的信仰和欧洲以及西亚诸国不同，从原始宗教产生，到道教形成，再到佛教和伊斯兰教先后传入，在中国一直没有形成一种宗教统治全民意识的格局，也就是没有形成所谓的"国教"。中国一直是诸教并存，多神崇拜，不论何种宗教，不论来自何方，总要被打上鲜明的中国特色，例如佛教。这从侧面说明了中国文化强大的融合能力。从中国历史发展的大潮流来看，对历代统治者来说，只要各宗教的领袖不危及他的"天子"地位，他也会承认宗教的合法存在。而对最讲究实际利益的中国人民来说，不管是如来佛祖，还是玉皇大帝，或者是穆罕默德，只要他们感觉这些神祇能够解除痛苦，带来福气，就予以顶礼膜拜。甚至财神爷、土地爷、灶王爷等神祇，都有广大的信徒存在。因此，中国的信仰是十分纷繁复杂的。但是，从主流上说，佛教、道教和伊斯兰教是中国人的三大信仰。

1534 年（嘉靖十三年），郑士龙出使中国，他在途经河北的路上看到了中国人进香的盛况，十分感慨："建旆鸣锣作队驱，额间红纸贴灵符。报知东岳烧香去，未必明神护俗愚。"[1] 郑士龙在诗中叙述了他看到了中国人前往北京东岳庙上香时的情景，队伍十分浩大，而且进香的人在额头上贴上用红纸画就的道家灵符以表示虔诚。北京的东岳庙始建于 1319 年，由玄教大宗师张留孙和其弟子吴全节募资兴建，1323 年完工，赐名东岳仁圣宫，主祀泰山神东岳大帝。明英宗正统十二年（1147 年），对东岳庙进行了修葺，英宗亲自撰写了《御制东岳庙碑》。而在明朝的历代皇帝中，嘉靖皇帝信奉道教简直到了登峰造极的地步，他热心于参加道教的各种活动，一心渴望能长生不老。他最爱好的三样东西就是：能长生不老的丹药、能驱使鬼神的秘方以及能呼风唤雨的咒术。在他当皇帝的几十年里，他把皇宫变成了一个整天举行修炼的场所，一个进行提炼丹药的实验室。他还学习古代宋朝的一位皇帝，给他的父母都追授了很长的道家名字，而他自己同样有一个长达几十个字的道家称呼。他的这些行为，使得后世的历史中把他称为"道士皇帝"。正是统治者对道教的高度重视，从而引发了明代民间的

---

[1] 郑士龙：《燕行录全集》卷 3，《甲辰朝天录》，"烧香的"，第 46 页。

崇道热潮。明代东岳庙的庙会从三月十五日开始，持续半个月，以三月二十八日东岳大帝诞辰之日为最盛。郑士龙的记录中没有透露见到这幕上香情形的具体时间，但从诗中透露的上香人成群结队的这一信息和其出使时间来看，这些人应该是参加东岳庙组织的三月庙会。据史料记载，东岳庙的各个香会，规模都较大，一般在二三百人以上，有的甚至达万人以上。其组织比较周密，香会的总负责人称作会首，下设副会首若干。正、副会首之下有"都管"，都管之下又设各种"把儿"，分司事务。如钱粮把、水把、神堂把等等。诗人明确地表示了对中国重道的厌憎情绪，认为这些信道的人都是属于庸俗愚蠢之辈。而且作者鲜明地表明了自己的观点，尽管信仰如此虔诚，但所谓的神真的就能护佑他们吗？很显然，作者是持否定态度的。而这一记载也从侧面说明了嘉靖年间道教盛行的情况。1537 年出使的丁焕对中国佛道崇拜之盛进行了细致的描写："余等入中朝境，渎于事神，构庙祠，立塑像镌石。或关王庙、安王庙，或泰山行祠、观音庙、娘娘庙、二妃庙，名号不一，八九里间或设四五处。数椽白屋之民亦莫不立像以事。"① 关王庙、安王庙（安天王圣帝庙）、泰山行祠属于供奉道教神祇的系列，而观音庙属于供奉佛教神祇系列，娘娘庙和二妃庙则属于供奉中国神话神祇系列，从丁焕的记载可以印证中国信仰繁多的事实，而且这些信仰彼此相安，互不干扰，每种宗教都有自己的信徒。"八九里间或设四五处"反映出中国信奉之烈，这种崇佛重道的风气遍及中国，就连社会下层的贫民也为之沉迷不已。丁焕在记录中并没有直接表明自己的态度，但是他在叙述中国信仰的盛状之后，又加了一段意味深长的评论："至于亲死弃于沟壑，经岁不葬者颇多，俗之不臧类是。"② 在笃信程朱理学的朝鲜使臣心目中，亲人去世而不按礼法安葬，简直是大逆不道的行为。但是沿途行来，丁焕看到了许多被弃于沟壑的尸骸，按照理学的规范和要求，中国的礼法已经败坏，而这种败坏的原因，是因为中国崇佛重道而引发的恶果，丁焕曲折地表明了自己的观点，对中国的废弃程朱礼法，迷信昌炽的风气给予了隐晦的批评。相比对丁焕的小心谨慎，1574 年出使中国的许篈的反对态度则十分鲜明。他在途经广宁东岳庙时，留下了这样的记载："西扁有堂，塑男女二像。俗传无子者祈祷则必有宜子之祥，故愚民惑之，争以香

① 丁焕：《燕行录全集》卷 3，《朝天录》，第 79 页。
② 丁焕：《燕行录全集》卷 3，《朝天录》，第 79 页。

火来祀，又制儿童鞋子列于其前，无虑百余只……夫东岳在兖州地，既有祠庙，则又不当亵祀与他处也。而况假为土偶，批衮戴冕，有类释氏。复纵愚民恣行淫祀，无行不至，呜呼，泰山其不享矣。"[1] 许筬对待中国崇佛重道的狂热是深恶痛绝的，他轻蔑地称信徒为"愚民"，抛却其士大夫的立场不言，主要是因为中国人痴迷于与程朱理学直接对立的神佛信仰导致他产生了如此强烈的反感。许筬对东岳庙香火的兴盛提出了自己的见解，他认为，泰山远在山东境内，历朝历代都对泰山奉祀，并广建庙堂予以祭祀，这就已经达到了目的。那就不应该在别处另建场所予以祭祀。祭出多门，本来就是礼法中的大忌，也丧失了祭祀泰山之神的意义所在。况且，对泰山之神塑造神像，并对其披红加冕，像佛教崇拜中的那样，这更是让他无法忍受的。佛教传入朝鲜后，被高丽尊奉为国教，大加弘扬，但是，佛教徒利用其特殊的地位，大肆吞并土地，威胁到了国家的安全。朝鲜朝建立之后，立即开始铲除佛教的势力，弘扬儒家思想。因此，在许筬的思想中，佛教为洪水猛兽之流，其提倡的佛为世界之祖的观点是与程朱理学根本对立的，因此对之有浓厚的敌意。从其与中国儒生交流的记载来看，他认为王阳明的心学为佛教思想的支脉，并给予了强烈的批评，也可以看出他对佛教的态度。许筬出使的时间为万历二年，时嘉靖方薨，但其好道之风已经在中国产生了深远的影响，许筬使行中国，对这种现象深为痛心，因此对中国的这种风气进行了毫不客气的批评。

许多朝鲜使臣对中国崇尚佛教也予以了批评，他们无法理解，在本国已经式微的佛教，何以在经济文化发达的中国还有如此广阔的市场。1610年出使的黄士佑对中国崇尚佛教十分感慨："馆外街路金鼓丝竹之声连日轰喧，问之则新丧其亲者将做佛事，要僧张乐以习其仪，所谓丧人奉香，随行于音乐之间。文物声明之地，习俗之陋乃如此，可叹。"[2] 随着程朱理学在朝鲜的不断深入发展，朝鲜的礼法逐渐完备，婚丧嫁娶都有一套完整的礼仪，丝毫错乱不得，礼法的约束已经深入到了朝鲜的每一个角落。但是，使臣在来到中国的时候，却看到与本国大相径庭的景象。惊诧之余，随之而来的自然是对本国礼法齐全的自傲。带着这种情绪来观察中国，中国的礼法制度显然已经落后于本国了。尤其让黄士佑不能理解的是，在程朱理

---

① 许筬：《燕行录全集》卷6，《朝天记》，第146页。
② 黄士佑：《燕行录全集》卷2，《朝天录》，第490页。

学十分重视的丧制中，中国居然以佛事代替了朱子的礼法。丧事中不做佛事是《朱子家礼》中所严格禁止的。所以在黄士佑眼中，昔日那文明昌盛的天朝，现在已经堕落，其习俗之陋是令他们深为叹息的。1614 年出使的金中清更对中国崇佛重道、迷信成风的景象进行了描绘："城之内外道场寺刹杂于闾里，民之求福禳祸必于是。或画像或小佛，无不设诸中堂，有若祖先。"① 从他的记载来看，中国的崇佛重道之风已经成为中国人生活的重要部分，画像是道家的传统，而小佛像则是佛教的特色，人们将精神寄托在这两种宗教之中。但是，令金中清十分不满的是，中国人将道教或佛教的神祇供奉在中堂。在程朱理学的要求中，住宅的中堂是最重要的地方，是用来供奉祖先的所在，然而中国人却将神祇堂而皇之地供奉在那里，与祖宗享受同等的待遇，是属于违反礼法的严重行为，是不可容忍的。朝鲜使臣在使行路上，游览天下的过程中，表达了对中国人崇佛重道的不满，表明了他们对中国迷信成风的鲜明批判立场。如 1619 年李弘胄路经榛子店时，看到了御史韩应庚兄弟所修建的庙堂，大发议论："所谓韩家庙堂，永平近地无处不有，所费不止巨万。韩白两家乃关内巨室，闻人而尚鬼，好诞如此，其他可知。"② 他直接将中国人的迷信斥责为荒诞不经，并由此推知荒弃程朱礼法的中国人其他事情也必定怪异不堪。

关于中国人的宗教祭祀活动，朝鲜使臣金堉的批评态度则更为鲜明："中朝最尚异教淫祀。每村必有一寺，或有三四者，谓之庙堂，每朔望焚香礼拜，城中亦有庙堂数处。宁远则所谓天平寺者，乃祖总兵之愿堂也，最大而丽。军门、太监以下皆往烧香礼拜。所过路旁城堡村庄，皆有庙堂，僧徒、道士与村人相伴而行。关王庙谓之敕封三界伏魔大帝庙，无处不有。又有玉皇庙、玄帝庙、碧霞君庙、天妃圣母庙、西王母庙、火神庙、马神庙、马明王庙、泰山行宫、三官庙等，名号不可胜记，皆以金字匾额。过者入则必拜，无贵贱皆然。"③ 关于中国人的宗教祭祀行为，金堉直斥其为"异教淫祀"，可见他对中国众多宗教盛行，冷淡程朱理学的批判态度。其记载中关于众多庙宇名字的记载，则再一次说明了明代社会民间信仰纷繁复杂的社会现实。

----

① 金中清：《燕行录全集》卷 11，《朝天录》，第 459 页。
② 李弘胄：《燕行录全集》卷 10，《梨川相公使行日记》，第 65 页。
③ 金堉：《燕行录全集》卷 16，《朝京日记》，第 481 页。

从宗教学来讲，文化的核心是精神，精神的核心是宗教，宗教研究对文化研究具有举足轻重的意义。而文化专指以文学艺术为主的思想、艺术、仪式。由于在一个文化中，最核心的东西最典型地体现在文艺、思想、信仰、仪式上，它们是文化最光辉的体现，占有了文化中的高位，可以本质地代表一个文化的本质。在比较文化学的意义上，如果把社会大体分为物质、制度、文化，那么文化因代表了社会中的精华部分而可以用来指整体文化。和中国的信仰纷杂不同，李氏朝鲜建立之后，迅速确立了程朱理学的官方地位，使之成为"国教"，并努力将其作为广大臣民思想行为的理论规范。关于程朱理学对朝鲜文人的影响，本书已经进行了许多论述，在朝鲜使臣对中国佛道信仰的批评中，宗教信仰文化成为朝鲜使臣进行中朝文化对比的核心点，这不仅仅是对明朝后期社会状况的简单反映和批评，更深层次地体现了朝鲜使臣在进行文化求同比较的过程中，进行本民族文化的建构，并彰显本民族文化独特性的努力。

总之，中国人对佛道信仰的重视，是朝鲜使臣无法接受的，是与他们心中的理念和期望背道而驰的，因此，在他们的眼中，中国人崇佛重道的"负面形象"是非常鲜明的。

二 丧制松弛

提到礼法中的丧制，就不能不提到朱熹的一部重要著作，即《朱子家礼》。《朱子家礼》共五卷，分别为通礼和冠、昏、丧、祭礼五部分，其中后两卷内容稍多。在中国历史上，一般的家训、家规、家约之类有很多，这些著作重在为人品德方面的规约。《朱子家礼》所规范的内容，则主要是社会家庭中，不同时节、不同人生阶段所行礼事的具体仪节，如岁时祭祀、男冠女笄、婚丧嫁娶等礼仪。《家礼》对居家各项礼事的程序、陈设、器用及服饰标准、文书程式等，都做了具体规范。作为家庭礼仪的标准，这部书自朱熹死后广行于世。程朱理学传入朝鲜之后，经过高丽时期的弘扬，这部《家礼》也成为朝鲜朝奉为圭臬的标准。《朱子家礼》的标准也就成了朝鲜使臣观察中国的一个重要标准。他们在一路使行的过程中，对中国的丧制批评得最多。

丁焕在游历国子监时，遇到了一个令他感到十分奇怪的儒生："坐旁有一生于素巾上着儒冠，怪问之。乃南方士人，游学国子者，闻父丧，呈部出文字，欲奔云。诘之则曰典故，大小员出入者，率意经行，永废不复列士类云。夫人始闻斩衰丧,当分崩之际,整冠襟对众人。言貌举止暇无哀戚甚矣,其失性也。大抵中朝丧纪大坏,经行不睹被衰戴绖,嚼鱼肉啜酒体,谈笑自若,已肆不疑,人亦为常。道之不行,民散久矣,何足怪哉?"① 丁焕对这个儒生提出了严厉的批评,认为他已经失去了人性。《朱子家礼》对亲人去世后亲属的着装有明确的规定:"乃易服不食,妻子、妇妾皆去冠及上服,被发,男子扱上衽,徒跣。余有服者皆去华饰。为人后者,为本生父母及女子已嫁者,皆不被发、徒跣。"② 然而,丁焕看到的这个监生衣裳不整,而且言谈举止之间毫无悲伤之意,令丁焕十分气愤。他一路西行,见到了许多中国的丧礼,但是在中国最高学府国子监中竟然也看到了不尊礼法的现象,这是他无法忍受的,所以他对中国的丧礼提出了严厉的批评。中国人的丧礼不按朱子的要求披麻戴孝,服丧期间吃肉喝酒,这是他出使中国留下的深刻印象。这些都是与《朱子家礼》严重相悖的,在朝鲜使臣眼中,"中朝丧纪大坏"的现实是令他们十分失望的。黄中允在自己的记录中集中地体现了朝鲜使臣的不满情绪:"有送葬者,举具与我国无异。而鸟铳者放炮,火箭者放火,歌者歌鼓者鼓萧角喧轰,倡优者杂沓,做一奇观。而最后哭声真似寥寥一犬吠桃源者,称器者也。大几自镇江以来,器尸多以席裹弃之,其中具棺者称孝子,具棺而盖土者尤称孝。所谓盖土者非掘圹而埋之,乃置于路旁,以泥涂棺,才经一雨便剥落,忧不为掩之。其次,或于场园中,或于墙篱底露置器柩,以草盖一把覆其上而已。又其次,置诸厅壖,或坐卧,或箕倨,或饮食于其上,有若床楼者。然甚者,曳尸弃之田野间,任鸟鸢犬彘之食。治器如此,持服可知,惟白巾白袍,色白而已,以苎罗绫练为之。一哭未了先吃粱肉,丧节可谓扫地也。"③ 黄中允对中国丧制的不满是显而易见的,首先,他仔细观察了送葬的过程,中国特有的放炮、丝竹等丧葬礼节是本国不曾有的,因此他表示了浓厚的兴趣,但是,送葬中那显然缺乏真诚的哭声却令他十分不满。在《朱子家礼》中,关于亲人去世后,后人如何进行哭泣是有详细规定的:"主人主妇冯尸哭擗,主人西向冯尸哭擗,主妇东向亦如之。凡子于父母,冯之;父母于子、夫于妻,执之。妇于舅姑奉之;舅于妇抚之,于昆弟执之。凡冯尸,父母

---

① 丁焕:《燕行录全集》卷3,《朝天录》,第105页。
② 《朱子全书》卷四,"丧礼"。
③ 黄中允:《燕行录全集》卷16,《西征日录》,第53页。

先，妻子后，袒、括发、免、髽于别室男子斩衰者，袒、括发；齐衰以下至同五世祖者，皆袒、免于别室。妇人髽于别室。还迁尸床于堂中执事者撤袭床，迁尸其处。哭者复位。尊长坐，卑幼立，乃奠祝帅执事者，盥手举馔，升自阼阶。至灵座前，祝焚香，洗盏斟酒奠之。卑幼者皆再拜。侍者巾之。主人以下哭尽哀，乃代哭不绝声。"① 然而黄中允看到的送葬过程，哭声寥寥，根本不合礼仪的要求。实际上，黄中允有些吹毛求疵了，从古至今，人死后，后人因财产等反目成仇，或生前不孝敬老人，死后却假哭以示孝顺的情况比比皆是，黄中允又何以责怪哭声的稀少呢？这也反映了朝鲜人过于尊崇程朱理学，乃至于达到食古不化的地步。其次，黄中允看到中国人将死去的亲人用席子包裹遗体，认为这是对死者的极大的不尊重，非孝子。而用棺材的，却不以土葬，只是用泥涂抹棺材放在路旁。实际上，这反映了黄中允对中国丧葬文化的不了解。按照中国传统的说法，人在刚日（即单日，古代以"十干"记日。甲、丙、戊、庚、壬五日居奇位，性属阳刚，故称刚日）死，应选在柔日下葬；柔日死，应选在刚日下葬，刚日、柔日要配合好才行。否则不吉。此外，按照传统的讲究，凡下奇月死者，应在偶月下葬；偶月死者，应在奇月下葬。奇月、偶月也要配合好才行。否则也是不吉。若不能及时葬埋，可先柩起来。黄中允看到的只是停柩的景象，他据此认定中国人是不实行土葬的，而只是把棺木放置路旁就完成了丧葬的全过程，可以说，他的观察是不全面的。此外，受佛教和道教的影响，明代的丧葬习惯是，灵柩一般都在"终七"以后入葬。人们认为，人死后七天才知道自己已经死了，所以要举行"做七"，每逢七天一祭，"七七"四十九天才结束。黄中允看到也还可能是这种情况。但不管如何，黄中允在这点上，对中国的观察和判断是属于明显的误读。最后，黄中允表现出对中国人不尊重死者棺木，服丧期间喝酒吃肉等不尊重死者的行为的强烈不满，并对抛尸野外的行为表示愤慨。从中国人对棺木处理的情况来看，他对丧礼中的服制也认为太过简单。实际上，他看到的"曳尸弃之田野间，任鸟鹜犬彘之食"，恰恰从侧面反映出了明朝末期中国贫民的悲惨生活，由于生活贫寒，贫民根本无力为死者置办棺木，生者生计尚在危机之中，遑论死者？中国底层人民的真正的贫困生活，也是像黄中允身居高位的朝鲜士大夫所难以看到的。

---

① 《朱子全书》卷四，"丧礼"。

　　总之，从朝鲜使臣对明代中国人崇佛重道、丧制松弛的批评来看，说明到了明代中后期，朝鲜已经开始以本土化的儒家思想的眼光来观察中国，评价中国。否定崇佛重道，反映了程朱理学在朝鲜的全面深入，还标志着朝鲜的思想界开始出现了积极的因素，这也是后世实学的先声。他们对中国的这些批评体现了朝鲜在观察中国时对本国思想正统、礼法完备的自豪。朝鲜使臣对中国人这两个表现鲜明的"负面形象"的书写，从另一意义上说，也说明了程朱理学在明代中国的没落。

第四章

“朝天录”的价值

　　韩国东国大学的林基中先生搜集整理的《燕行录全集》，洋洋百卷，蔚为大观，分散于这百卷之中的“朝天录”的作者和文本十分可观（作者近60人，文近百种）。2008年，林基中先生在《燕行录全集》基础上，又进行了整理编纂，成书50卷。但这只是“朝天录”系统文本中的一小部分，林基中先生也认为，“朝天录”的搜集与整理工作只是韩国大规模汉籍整理的第一阶段，还有很多没被发现或未被认证的作品没有收录其中，由此可见“朝天录”的规模之大。

一　在朝鲜文学史上的特殊地位

　　中国是一个文明古国，在几千年的发展过程中，形成了自己独具特色的文明。尤其是儒家文化的产生和发展，更使中国长时间地处在向外输出文明的位置上。从古至今，不知有多少外国人慕名而来，探寻中华文明的奥秘，学习泱泱中国的文化精粹。朝鲜、日本、越南都属于中华文化圈的范畴之内，但相较而言，朝鲜始终是中国形象最为活跃的塑造者。一部百卷的《燕行录全集》，记录跨度从13世纪直到19世纪，从不同角度记载了700年间中国的发展变化。因此，其最大的价值就在于其丰富的形象学资料。这些形象学资料与西方的记录者所记述的不同。西方有自己的文化，在注视全然陌生的“他者”的时候，不可避免地会深深地打上自身的意识形态、审美趣味等诸多方面的烙印。而朝鲜在注视中国的时候，由于长时间接受中国文化的影响，因此，他更多关注的是如何通过与其类似的“他者”，来更多地观照“自我”的形象。从这个意义来讲，《燕行录全集》简直就是一座关于中国形象的巨大的宝库。在《燕行录全集》里，往来明朝的记载数目可观，从而为研究明代中国提供了丰富的形象学文本。近年来，学界一直把研究重点放在朝鲜使臣往来清代的记载即"燕行录"之上，而对"朝天录"所涉甚少，这不能不说是一个极大的遗憾。如果能形成"朝天录"研究的热潮，那么朝鲜学—韩国学中明清时期的中国形象研究将不再孤立，而会形成一个紧密联系，既有独立特色，又有传承关系的有机整体，将会把朝鲜学—韩国学的研究推向一个新的高峰。孟华教授认为，游记是比较文学的传统研究领域，对游记的研究，能很自然地切换到形象学的领域中去。明代是中国人对世界的观念发生重大变化的时期，为数众多的"朝天录"，使我们可以清楚地从朝鲜人的眼中看到中国自身发生的变化，正是在这个意义上，"朝天录"具有了高度的形象学研究的价值。

从文学本体来看，"朝天录"中有许多以诗歌形式记行的记载，或记行中国山川河野，或抒发逆旅愁怀，或托物言志。一些朝鲜使臣展现出了惊人的才华，比如说权近、李晬光、郑士龙、李廷龟、金尚宪等人的诗歌就十分优美，而且意境十分高远，充分展示了朝鲜汉文学自身的特点。

下面，我们首先从朝鲜文学在域外的影响角度来说明"朝天录"在文学史上的地位。

李晬光，字润卿，号芝峰，曾任大司成、大司宪、吏曹判书等职。他是朝鲜17世纪著名的学者、实学思想家，曾三次出使明朝。明万历十八年（1590年），他以书状官的身份入明；明万历二十五年（1597年），他以进慰使的身份再度入华；明万历三十九年（1611年），他又以奏请使的身份出使明朝。在李晬光的《朝天录》中，《安南国使臣唱和问答录》是他于1597年入明时与安南使臣冯克宽的唱和之作，《琉球使臣赠答录》则是他1611年入明时与琉球使臣蔡坚、马成骥的酬唱之集。两集具有十分高的文学价值。

朝鲜与安南、琉球远隔千山万水，贡制又不尽相同，然而朝鲜与安南使者却在北京相识相知，真是难能可贵。冯克宽（1528—1613），是越南16世纪黎朝时期著名的军事家、政治家、外交家以及诗人。朝鲜与安南都深受中国文化的影响，而且都能文善诗，因此，他们在北京相识时，不约而同地选择诗歌作为交流的最佳方式，用诗歌表达相互的倾慕之情。1597年，李晬光在北京与冯克宽相识，并向冯克宽赠诗：

万里来从瘴疠乡，远凭重译谒君王。
提封汉代新铜柱，贡献周家旧越裳。
山出异形饶象骨，地蒸灵气产龙香。
即今中国逢神圣，千载风恬海不扬。
闻君家在九真居，水驿山程万里余。
休道衣冠殊制度，却将文字共诗书。
来因献雉通蛮徼，贡为包茅觐象舆。
回首炎州归路远，有谁重作指南车。①

李晔光在诗歌中表现出对安南历史的熟知。安南，也就是今天的越南，古称交趾，自汉唐以来，一直是中国的领土，直到五代十国的时候，才独立成国。汉代时，交趾作乱，伏波将军马援前去平叛，得胜而回，并在交趾立铜柱以志。朝鲜使臣在中国的典籍中对这段史实早已烂熟于胸，所以，李晔光在诗中采用了马援的典故。这对安南使臣来说是十分亲切的，这就无形中拉近了彼此间的距离。"休道衣冠殊制度，却将文字共诗书"一句体现出李晔光对安南的文化认同感，朝鲜与安南同受中国文化的影响，有相通的思想观念和近似的价值理念，这是他们能够彼此交往的大前提所在。这一点在他们的诗歌中有深刻的体现。冯克宽对李晔光的认同给予了热情的回应：

异城同归礼义乡，喜逢今日共来王。
趋朝接武启冠冔，观国瞻光舜冕裳。
宴飨在庭沾帝泽，归来满袖惹天香。
唯君子识真君子，幸得诗中一表扬。
义安何地不安居，礼接诚交乐有余。
彼此虽殊山海域，渊源同一圣贤书。
交邻便是信为本，进德深惟敬作舆。
记取使轺回国日，东南五色瑶云车。②

---

① 李晔光：《燕行录全集》卷10，《安南国使臣唱和问答录》，第129页。
② 李晔光：《燕行录全集》卷10，《安南国使臣唱和问答录》，第129页。

安南距离朝鲜十分遥远，而且经济文化水平也远远落后于朝鲜，因此，安南对朝鲜的了解远不如朝鲜对安南的了解那么多。但是，诗歌中的"彼此虽殊山海域，渊源同一圣贤书"两句充分表现了冯克宽对朝鲜这种认同感的肯定，是博大精深的中国文化才能造就这段相识的奇缘。年逾七十的安南使臣冯克宽用这首诗歌向李晔光表达了由衷的敬意。琉球使臣蔡坚同样用诗歌表达了这种感觉：

> 海外睹面是奇逢，讵知一见即包容。
> 皇恩浩荡均沾被，珠玉淋漓我独深。
> 长才伟略靡双匹，干国谋王第一人。
> 予心感佩真忘寐。尚竢他年教复临。①

蔡坚诗中提到的"包容"的思想基础是什么呢？很显然，就是中国文化的影响，是中国文化特有的魅力使他们能够超越空间的距离在北京相识。倾慕于李晔光的才华，安南使者冯克宽请他在其著作《安南使臣万寿圣节庆贺诗集》作序，李晔光称赞其诗"词意雄厚"、"唾珠玑而声金玉"，对冯克宽的诗歌给予了高度的评价，并称赞其人是天地灵气所钟之的"异人"。他深有感慨地写道："古有太史氏采风谣以弦歌之，又安知吾子之词不编于乐官而彰中国万世之盛也欤？"②他认为，是中国的强盛，才能让异国的使臣在他乡以中国文学的精粹——诗歌来进行这种交流，而这种交流恰恰反映了中国文化的博大精深。

李晔光在北京与安南使臣冯克宽之间的文学交流，在朝鲜引起了强烈的反响。因为安南与朝鲜的贡制不同，所以很难能在北京相遇，因此这次文学交流可以说是一场盛会。李晔光用自己的才华展示了本国的风采，许多朝鲜文人纷纷著文对此次盛事进行了评论，字里行间充满了民族自豪感。郑士信和李俊不约而同地提到了一个事件，证明了李晔光诗歌在安南的传播与影响："有晋州士人赵完璧者，丁酉之变为倭所抢去，尝自日本随商倭再至安南，见其国内人家家传诵芝峰诗，若捧拱璧，如仰神人。以问于完璧曰'若既是朝鲜人，若知尔国李芝峰乎？'相与啧啧不已，其歆艳倾慕在

---

① 李晔光：《燕行录全集》卷 10，《安南国使臣唱和问答录》，第 167 页。
② 李晔光：《燕行录全集》卷 10，《安南国使臣唱和问答录》，第 136 页。

在，皆是完璧近岁得返本国乡土，据其所见，闻有此云云。顷者友人金君允安由晋山入汉阳，见余道其事甚悉。"① 由此可见，朝鲜文人的才华和风采已经在安南造成了极大的轰动，这也是朝鲜文学在域外影响的一个投射。李睟光在自己的文章中也提到了这件事，诧异之余十分欣喜。不过，他最后还是将这次与域外文人文学交往的盛会归结为"圣人御极，惠怀四溟，威达九裔"的结果，说明他还是没有忘记自己陪臣的身份。在这里，我们应该注意到，朝鲜和越南相距千里万里，但地理空间的距离却被彼此熟悉的汉文化所拉近，当朝鲜作为"自我"，在观察明朝这个"他者"的时候，采取的是一种仰视的视角，而当观察越南这个"他者"的时候，却采取了一种俯视的视角，"其国内人家家传诵芝峰诗，若捧拱璧，如仰神人"充分体现了朝鲜使臣的民族自豪感，在越南人身上，朝鲜使臣进行了"海外小中华"的自我的文化建构。

朝鲜文学是朝鲜古代社会的人们精神生活和艺术情感体验的载体，它的发展过程实际上就是他们的心灵乃至审美心理变化发展的历史。在朝鲜文学形成及发展的过程当中，逐渐形成了汉文文学和国语文学双峰并峙的局面。朝鲜汉文学的兴盛及蓬勃发展，清楚地表明了中国的思想和文化对其产生的深刻影响，但是，朝鲜的汉文文学具有自身民族纵深的历史文化传承关系，它承载着深广的文化内涵，形成了悠久的、极富自己的文化特色和人文主义精神的民族文化传统。在"朝天录"中，朝鲜使臣使用汉字熟练地进行汉文学的创作，而因每个人的世界观、个性禀赋、审美情趣和生活习性各不相同，其文学观念、文学素养和创作个性也各自迥异，因此在他们的笔下，创作的形象世界也呈现出五彩缤纷的景象。从"朝天录"的内容来看，使臣们大都以描写沿途风光之美见长，但描写旅途中复杂心境的优秀之作也不在少数。这里我们要注意一点，即使是专门描写自然景物的作品，也绝不是对景物的纯客观反映，而是经过作者主观的选择和艺术概括，形象地展现了作者的审美情趣和思想感情。从作品上来分析，尽管笔触所及大都是异国风情、景物和事项，但作者往往在创作时融入了自身的遭遇、生活经历、文学修养等要素，并和自身所处的环境和复杂的心境紧密联系在一起。一切成功的纪行文学最大的特征就是情景交融，而能够融情、景、议论为一身，并以此突出作者在异国的审美感受，体现作品

---

① 郑士信：《燕行录全集》卷9，《梅窗先生朝天录》，第153页。

的思想意义，这无疑是"朝天录"在朝鲜汉文学史上颇为特殊的地方。

在这个方面，朝鲜使臣权近无疑是一个突出的代表。1389 年，权近出使中国，这是他第一次赴明执行外交任务，在这次使行中，他创作了大量的诗歌作品，并结集为《奉使录》。他用诗歌形象的语言记录了整个行程，为朝鲜汉文学宝库增添了无比瑰丽的审美财富。我们来看他的《宿连山岛驿》一诗：

> 迢迢河汉水，耿耿牛女星。此夕有嘉会，飒然通精灵。
> 欢笑别难多，世俗轻朝侮。宁知天上日，一岁一朝暮。
> 万古常若斯，此是久长期。若使日谐好，颜鬓曾已衰。
> 天孙万古在，世人几迁改。如何不自悲，却叹神仙会。①

权近在创作这首诗歌的时候，恰逢"七夕"之节，诗人浮想联翩，提笔写下这首感时之作，这充分说明在中国家喻户晓的牛郎织女的神话传说，在朝鲜也是广为流传。诗人以银河和星辰起兴，抒发了对神话中牛郎织女真诚相爱，却一年只能相见一次的爱情悲剧的深深同情。诗人在创作中紧紧抓住"宁知天上日，一岁一朝暮"的时间维度：发出了"万古常若斯，此是久长期。若使日谐好，颜鬓曾已衰"的深切感叹。诗人认为，像这样极具悲剧美的爱情神话故事，肯定会永恒地留在人们心中，不管世界"几迁改"，它都会万古长存，成为跨越民族、地理界限的文化记忆。但与此同时，人们因此而产生的伤悲之情、兴叹之声也会永远地留存人间。诗人使行途中恰逢"七夕"这个中朝两国人民都耳熟能详的节日，心中感慨良多，不禁提笔写出自己心中难以言状的复杂情绪。这种情绪与诗人远离家国的逆旅之愁巧妙地融合起来，散发出一种别样的情感。这首诗以口语化的诗歌语言，抒写眼前节日事项，虽不见人物正面登场，但其音容笑貌历历可知，且对神话故事主人公的同情回荡在字里行间。在写作手法上，将写景、抒情、议论有机地融合在一起，朴素的说理和生动的想象结合在一起，给读者留下了不尽的回味韵味。

权近创作的《黄河》，则是一首气势豪放的景物诗：

---

① 权近：《燕行录全集》卷 1，《奉使录》，第 170 页。

旧闻黄河天上来，今见浊浪连空开。东流奔放疾于泻，飙驰电迈声驱雷。

龙争鼋吼振鬐鬣，怒涛极目高崔嵬。或如甲骑战平陆，刀抢奋击何雄哉！

东风吹帆溯流上，快若逸骥施鞭催。小生游燕历齐鲁，欲赋远游惭非才。

自将胸中有豪气，俯视河水同看杯。唯思禹功被万世，倚舷发啸声正哀。①

诗人开篇就以夸张的方式形容黄河如同从天而降，一泻千里。今见其雄壮如同"连空开"，继而极目远眺，遥望见黄河之来，威不可当。诗人将大河之倾泻而下描绘成飙驰电迈的迅雷、龙争鼋吼而怒振鬐鬣和高崔嵬一般的波涛，将黄河奔腾而下的壮势比喻成甲骑战平陆。如此壮美的景象，深深地打动着诗人的心灵深处，语气极为夸张，却将读者引入身临其境的感觉。"东风吹帆溯流上，快若逸骥施鞭催"展现了作者一路水路前行的景象，"小生游燕历齐鲁，欲赋远游惭非才"则叙述了作者万里使行，沿途看见了中国无数的山水美景。诗歌的后四句，作者开始发出深沉的感慨。这首诗将对黄河惊心动魄景象的描写和途中所遇之事的叙说以及心中豪情的抒发有机结合，同时在诗中还引入大禹治水的神话，形成了一种独特的浪漫气息和闲适情怀。全诗读起来豪放、明快、活泼而又不失凝重。

"朝天录"在朝鲜文学史上的特殊地位还表现在其他几个方面。首先是创作主体具有特殊性。如前所述，"朝天录"的作者既是朝鲜的官员，又是饱读中国诗书经典的读书人，更是对中国充满想象和好奇的外国人。身份的复杂性决定了他们的创作动机、创作手法和思想感情也随之充满了复杂性，他们的文学创作既要受到官员身份的限制，又无法摆脱读书人进行文学创作的冲动与本能，还要遵循普通外国人观察异国所经历的自然的情感历程。因此，他们的文学创作经常在不同的限制和冲突中挣扎，从而呈现出与其他朝鲜汉文学迥然不同的文学面貌。比如前文分析过的朝鲜使臣李安讷，在他的文集中，与中国官员的应制酬唱之作为数不少，内容中规中矩，多以抒发"慕华"和"事大思想"为主，但在其他借景抒情的作品中，

---

① 权近：《燕行录全集》卷1，《奉使录》，第185页。

其纯熟的文学技巧和独特的个人修养又得到了充分的展示,这使得他的整体作品呈现出很大的复杂性。其次,创作题材和视角具有特殊性。像"朝天录"和"燕行录"这样,将创作题材和创作视角如此集中地锁定在中国,大规模地叙写中国的政治、经济、文化、人文、山川地理,这在朝鲜文学史上是极为特殊的文学现象。朝鲜文人以出使异国为契机,竭力摆脱对自身体察的局限,将创作视角放在与自己文化背景相似的邻国,通过文学创作,在对异国的体察中,不断梳理对自身的观照,不断建构自身的文化结构。最后,创作理念具有特殊性。纵观"朝天录"的作品,我们可以看出,由于李氏朝鲜建国之后,将程朱理学定为本国的治国思想,"朝天录"中的作品自然也不能摆脱程朱理学的影响。但是,我们应该清楚地看到,随着两国哲学思想的不同步性,导致朝鲜文人在进行文学创作时,经常在创作理念上受到中国文人和中国不同时期思想流派的冲击和影响,因此时常在文学创作上流露出迷茫和彷徨的倾向。如李廷龟在后期诗歌创作上,就经常流露出佛教思想的痕迹,这也是中朝两国在相互交往中,思想上的巨大冲撞所导致的必然结果。

二 历史价值

"朝天录"还拥有十分高的历史价值。有明一代,中朝关系史上最大的事件就是中朝联合抗击倭寇的侵略,关于这场战争,中朝日三国的典籍中都有详细的记载,但是"朝天录"中却有三国史书中没有记述的细节。比如郑昆寿的《朝天录》创作于 1592 年 8 月,此时倭寇已经大举入侵,国王李昖奔于义州避难,郑昆寿被委任为请兵奏请使,沈友胜为书状官。临行时,李昖与众臣曾有一番密谈,透露了更多"壬辰倭乱"时的细节:"上谓使臣曰'得请而来可也,倭留此,明年正月欲犯辽之意达之。明年正月内期于荡尽可也。'斗寿曰'上教极当,唐兵霜落则出来矣。'上曰'然则极好,今见给事中帖以轻进为责,设使出来,恐不入平壤矣。'使曰'已奉圣旨,无不及之理矣。'上曰'观给事中帖,以西贼为忧,空未可发兵矣。'斗寿曰'似已发兵矣'。上曰'西贼何如贼耶?'亿龄曰'西贼乃宁夏军卒怨其将不给银两,故起而为乱耳。'上曰'天朝定发兵乎?水陆并进之意必须达之,粮饷并为载来,我国残破之余,无粮可虑也。'……上曰'今日发行乎?'使曰'咨文今日午当毕书云,虽远当去',洪纯彦言银百两则可备人情之用，若不尽用则持回……"① 这段细节透露出许多历史信息，第一，当时朝鲜向明朝求援的主要理由就是日本将以朝鲜为跳板，进而侵略中国的辽东地区。实际上，这远远不是丰臣秀吉的野心所在，他的目的是以朝鲜为通道，挥军吞并整个中国。无论是中国还是朝鲜，都已经看出了丰臣秀吉的野心，并深知"唇亡齿寒"的道理，而朝鲜则力陈此由以打动明朝出兵。第二，朝鲜对明朝是否发兵心存疑虑，国王李昖多次向大臣确认明朝出兵的可能性，而当时，蒙古人在西夏发起叛乱，明朝有内忧，所以看出当时明援助朝鲜确实是下了大决心的。第三，"今见给事中帖以轻进为责"之语证实了在1592年6月，明曾派少量军马援助朝鲜的史实。日本占领平壤后，明派辽东副总兵祖承训率军三千进入朝鲜，由于祖承训求胜心切，导致兵败而还。所以国王十分担心此次兵败会影响明的军事决策，放弃对平壤的争夺。第四，朝鲜不但向明朝请兵，而且要求明自带粮饷，否则朝鲜无力承担如此庞大的军费支出。第五，即使在战争状态下，明官场的贪污索贿之风依然猖獗，朝鲜使臣准备了银两以便打通各个关节。这则信息恐怕是在两国关于"壬辰倭乱"的记载中从未提到的。此外，在郑昆寿的记录中，还记载了当时朝鲜八道的军事部署、官员配置等情况，也为我们展示出了这段时期朝鲜的具体情形，为"壬辰倭乱"研究提供了宝贵的第一手资料。

1597年，权挟出使中国，此时中朝日和谈破裂，日本再次向朝鲜出兵，权挟奉命前往中国告急，并要求中国派兵、配备军饷和出口军备材料。在他的记载中，透露了许多当时日军的动向及中国军事部署的历史细节，对壬辰倭乱的研究来说是珍贵的材料。此次出使朝鲜获得了满意的结果，明朝答应了朝鲜的各项请求。权挟的记载中最值得注意的是这样一则记载："侍郎曰'知道'，仍以右手拳击左手掌再三度，曰'奴才极诈可恶'。副使程惟美不解所指何人，即跪仰视侍郎曰'倭贼极诈极诈'。又言于臣曰'我军到你国，扰害你民，十分可恶，你国民生岂不怜乎？欲除倭贼，来请天兵，而天兵之侵害又不下于倭贼，民生将何以支乎？此后如有扰害，须启知国王，一一咨会，则当治究不饶。'臣即拜谢辞退。"② 这段记载反映了明军在进入朝鲜后，侵扰朝鲜人民的事实，不过，这个事实在中朝两国文献

---

① 郑昆寿：《燕行录全集》卷4，《朝天录》，第355页。
② 权挟：《燕行录全集》卷5，《石塘公燕行日记》，第29页。

上都是讳莫如深的。明军长期驻扎在朝鲜，给朝鲜人民带来的诸多不便，除因军纪涣散所引起的扰民事件外，对明军的供给更让朝鲜百姓和官府感到不堪其负。由于供应问题直接影响战争的进程，因此，在军粮的供应问题上，朝鲜宫廷和朝鲜人民感到极大的负担，而且明朝的军队优先享用军粮，而使朝鲜的军队饥饿不堪。从权挟"拜谢辞退"的表现来看，除了为了大局谨慎言辞的因素外，更多的是对侍郎明军扰民指责的默认。

1620年，李廷龟任辩诬使出使中国，在中国期间，明朝发生了两件大事：万历驾崩，泰昌即位。作为外臣，李廷龟全程参加了万历的葬礼和泰昌的登基大典，从而留下了宝贵的记录。李廷龟在记录中留下了万历去世时的情形："二十一日，放御医，皇帝御弘德殿，引接阁老方从哲、英国公张惟贤、兵部尚书黄嘉善、吏部尚书周嘉谟等八人，将手指面，教各臣看一看病至如此，又虑忧东事。方从哲等奏用人发帑等事。皇上将手连握数次，不久断气。是日酉时崩逝。"这段关于万历去世的记载是极其罕见的，尤其是万历用手指脸，让大臣看他已经无力回天的细节是首次看到，这个细节应该说是难以编造的。李廷龟在记录中详细地记载了万历皇帝葬礼的全过程：二十二日，发丧，不鸣鼓钟，皇太子举哀，万历小敛，皇妃等举哀；二十二日，颁遗诏，大殓；二十四日，成服，皇太子服丧服举哀，诸王以下成服设坛举哀；二十五日、二十六日，各阶层举哀，李廷龟在这里的记载中详细记录了社会各阶层和政权各部门何时举哀，何时哀毕，哭制如何等情况。这些记载，在明史中都是一带而过，而李廷龟则完整地将其记录了下来，具有很高的史料价值。李廷龟还对泰昌登位礼进行了详细的记载：七月二十五日，百官上笺劝进，皇太子不允所请；二十六日，百官再度上笺劝进，不允；二十八日，百官三度上笺劝进，乃允，谕礼部和内阁六部五府诸衙，钦天监择吉日；八月初一，泰昌登基，朝鲜使臣具品服参加。李廷龟详细地记述了登基时皇宫中的大典情形，这也是对明史的一个有益补充。李廷龟还详细介绍了皇帝登基的仪式："晓，皇太子遣官祭告天地宗庙社稷，日初出，皇上以孝服诣大行皇帝几筵前，低告受命毕即于文华殿前具衮冕行告天地礼。随赴奉先殿谒告祖宗，因诣大行几筵前行五拜三叩头。次诣孝端皇后几筵前行礼如前。诣温淑端静纯懿皇贵妃神主前，即帝生母也，行四拜。礼毕，午时诣文华殿即位，传旨千官免宣表免贺。锦衣卫鸣鞭三声，班行肃然。帝升宝座，千官五拜三叩头讫，千官先出至承天门外，翰林斋诏用宝讫。序班随举诏案于殿中，请颁诏礼。部官受诏，置于云盘。出至午门外，置于云舆。延至承天门城楼上开读，千官于玉河桥外环听。礼毕，五拜三叩头，山呼舞蹈而罢。礼毕，皇上还内诏书至礼部板型天下。"① 此外，许多使臣出使明朝的时候，在记录中都抄录了当时的圣旨、邸报、奏章等等，这对两国关系史或单国历史的研究都是非常有价值的。

三 思想与文化价值

"朝天录"具有很高的思想价值。

首先，我们通过"朝天录"的作品分析，可以看到程朱理学对朝鲜产生的巨大影响。儒家思想传入半岛之后，迅速得到朝鲜知识分子的认同，特别是高丽末期程朱理学的传入和不断深化之后，朝鲜的意识形态有了明显的变化。朝鲜朝将程朱理学定为本国的官学，从官方角度确立了程朱理学的统治地位，从此，朝鲜半岛一直恪守这一学说的准则，并将其作为本国政治、外交、文化甚至于个人行为举止的规范。在许多朝鲜使臣的笔下，这种对程朱理学的狂热拥护处处可见。关于程朱理学对朝鲜的影响前文叙述较多，在此试举一例：许多朝鲜使臣在朝天途中，在途经东北名山医巫闾山时，不约而同地将创作视角对准了一个他们十分敬仰的人——贺钦。

《明史》中关于贺钦的记载甚略："贺钦，字克恭，义州卫人。少好学，读《近思录》有悟。成化二年以进士授户科给事中。已而师事陈献章。既归，肖其像事之。弘治改元，用阁臣荐，起为陕西参议。檄未至而母死，乃上疏恳辞，且陈四事……疏凡数万言。奏入，报闻。正德四年，刘瑾括辽东田，东人震恐，而义州守又贪横，民变，聚众劫掠……钦闻之，急谕祸福，以身任之，乱遂定。钦学不务博涉，专读《四书》、《六经》、《小学》，期于反身实践。谓为学不必求之高远，在主敬以收放心而已。卒年七十四。"② 在明史中，我们可以看到，贺钦师从于明代的大理学家、当时人称"活孟子"的陈献章，从"肖其像事之"可以看出他对其师的深厚感情，也可以窥见他的理学思想脉络。贺钦从仕，道不行而辞，归隐医巫闾山，其学注重实践而不求好骛远，强调修心。这就是明史中的贺钦。

明史中不算十分有名的贺钦，在朝鲜使节的眼中，却有崇高的地位。

---

① 李廷龟：《燕行录全集》卷 11，《庚申朝天记事》，第 288 页。
② 《明史》卷 283，列传第一百七十一，张廷玉，中华书局，1974。

1602 年出使中国的李民宬在其纪行之作《壬寅朝天录》中对贺钦的事迹给予了记载，其记载可对《明史》做一些补充。除了简述明史中所记的贺钦生平、上四事、定民乱等，其记录重点描述了贺钦的治学及一些身后细节："……以朱子白鹿洞学规为经学机要，以小学书为日用准则，则异端之说无自以入，乡人化之……与儒臣陈献章、罗伦相契重之。雅好山水，游钓于凌溪之浒。乡人立钓台祠，又陞辽阳乡贤祠，称间阳先生云。"① 我们从他叙写的事迹和字里行间所透露出的钦慕之情，可以看到他对贺钦秉执理学之举的欣赏。

1574 年出使中国的许篈在经过医巫闾山的时候意味深长地记载道："望见医巫闾山横亘，连延苍翠，极目是为北镇。余思贺先生之德而不可复见，为之怅然。"② 我们应该注意到，这里的"怅然"并不是简单的思古情绪，而是有非常复杂的背景，许篈是程朱理学的忠实拥趸，出使中国期间，与秉承阳明心学的中国的读书人进行了几场非常激烈的思想交锋，他既对中国士人抛弃程朱理学的举动感到愤怒，又深感无可奈何。途经医巫闾山，遥思理学前辈贺钦大义，而今中国遍学阳明，这种"怅然"的情绪正是程朱理学与阳明心学激烈碰撞的必然产物。

1577 年出使中国的崔笠则在《丁丑行录》中充分表达了对贺钦的景仰：

其一

吾学久迷方，末路查回头。每闻前辈风，思之为绸缪。

黄卷当对面，矧伊栖迟丘。所以望兹山，先生如可求。

行役阻幽讨，夕阳云物愁。借问乡党子，公学今谁修？

庶几一者见，敢望平生游。鸣呼非公故，胡为此夷独。

其二

圣远言益埋，俗学多苟偷。否亦各主见，同源而殊流。

知或少涵养，养或知未周。千载朱夫子，不疑如嵩丘。

主敬与穷理，双翼飞莫由。象山学近禅，辩争殊不休。

此或廓大路，彼或传中州。近者贺先生，正副堪依麻。

---

① 《燕行录全集》卷 15，《壬寅朝天录》，第 26 页。

② 《燕行录全集》卷 6，《朝天记》，第 141 页。

申明知养说，未隔鹅湖秋。久敬医闾号，瞻山我四悠。

兹山终古苍，高风兴之犹。①

朝鲜使臣何以对贺钦如此推崇呢？这要从理学在明朝时期的发展过程来分析。理学在南宋时期，经朱熹和陆九渊之争发展到高峰。在明代，经贺钦之师陈献章发展，理学又迎来一个新的高峰。陈献章初学朱子，后思想转入陆学，主张"以虚无为基本，以寂静为门户，以宇宙万象为轮廓，以日常生活为功用"。到了王阳明时代，王阳明集心学之大全，提出"知行合一"的主张，学说流传天下，又分化成许多流派。王学流行之时，又出现了中国思想史上的奇人李贽，李贽反对儒家的名教，反对专制统治，提倡个性自由和解放，主张学贵自得。他公开宣扬自私是人的"天性"而不是罪恶，"穿衣吃饭"就是"人伦物理"，用以反对程朱理学"存天理，灭人欲"的说法。有明一代的理学发展，让尊崇程朱理学的朝鲜文人难以接受，纷纷视王阳明和李贽的观点为"异端邪说"，坚决加以排斥和批判。朝鲜使臣之所以对贺钦报以极高的敬意，就是因为贺钦是程朱理学的忠实拥趸，在反对异端学说的斗争中做出了很大的贡献。贺钦以程朱理学自持，化乡人，平民乱，维护了正常的伦理秩序，这对崇尚程朱理学的朝鲜使臣来说，绝对是值得尊敬的。对朝鲜使节来说，程朱理学在他们心中是最完美的理论，任何背离甚至对立的理论都是他们所不能接受的，他们对程朱理学的信仰是不容置疑的。但是程朱理学在中国尊崇地位的丧失，令他们极其不满和失望，尤其阳明之学更是被他们斥为禽兽之学。如前文所述，许筠在纪行中国时就因为程朱理学与阳明之学谁为正统的问题，与中国的儒生展开了激烈的思想交锋。所以崔笠在诗其二中发"圣远言益埋，俗学多苟偷"的叹息。贺钦弃官归隐，在朝鲜使节看来，就是无法忍受程朱理学地位的被动摇，而毅然入医巫闾山，以守心中的净土。这种举动朝鲜使臣是给予高度认可的，他们似乎在贺钦身上看到了传统的"道不行，乘桴浮于海"的思想。在朝鲜使臣的眼中，贺钦归隐的医巫闾山已经成了一个高度的文化象征，是守望程朱理学的一块阵地。如果没有贺钦的守望与坚持，恐怕连"脉络接箕封"的辽东也不能幸免，被"异端邪说"所吞噬。所以崔笠发"呜呼非公故，胡为此夷独"之慨叹，对贺钦教化乡里的举动

---

① 《燕行录全集》卷4，《丁丑行录》，《次韵望医巫闾山二首》，第405页。

给予了高度的评价。正是从维护程朱理学正统地位的需要出发，贺钦才能频频出现在朝鲜使节的记录之中。

其次，通过"朝天录"的研究，我们可以清楚地看到儒家相关思想在朝鲜发展的轨迹，他们塑造中国形象的理论基础，以及他们据此而采取的对中国观察的态度。在儒家思想中，非常重要的两点就是"以小事大"的观念和"华夷观"的思想。在"事大"观念的指导下，朝鲜朝一建立就表达出对明朝的友好态度，李成桂多次遣使通好，竭力消除高丽外交给明朝造成的不良影响。有明一代，朝鲜派往中国的使节团除明规定的重要节日之外，还自行拟定了许多名目前往中国，来表达自己的"事大之诚"。在"朝天录"中，朝鲜这种"诚心事大"之情，被朝鲜使臣通过文学作品展现得淋漓尽致。

朝鲜使臣权近到达南京后，在他所创作的一系列诗歌里，处处洋溢着一片"事大"的赤诚之心：

> 青宫近在紫垣东，玉色端临宝案中。四海讴歌心共戴，万年宗社本弥隆。
> 春光蔼蔼浮深殿，日表明明照远空。谁识三韩倾乡恳，千秋申祝倍臣工。①

可以说，这首诗是朝鲜使臣"诚心事大"心理的一个非常直接和深刻的体现。诗人被召见到文华殿中，接受朱元璋的接见，诗人感到万分光荣。"青宫"是对皇族住所的一个喻称，诗人认为能够在文华殿中亲眼见到中国皇帝，并聆听指示，这的确是一个天赐的荣耀时刻，让自己永生难忘。在这种情绪的推动下，他先后应用"青宫"、"紫垣"、"宝案"等夸张的意象来表达自己激动难言、不胜荣幸的心情。"四海讴歌心共戴，万年宗社本弥隆"则表达了诗人赞颂明朝建国之后，四海心悦诚服，都诚心诚意地讴歌和拥戴明政权。诗歌的最后两句，诗人真诚地表白海东三韩同样也是四海归一的一分子，而且比谁都更倾心于明政权。全诗把诗人对明的"诚心事大"意识表露得异常直白和深刻。这也从另一方面反映了朝鲜与明事大外交的本质，以及事大思想在朝鲜文人之中是多么深入人心。诗人以神话入

---

① 《燕行录全集》卷1，《奉使录》，《谒文华殿》，第195页。

诗，将明皇宫的氛围加以神秘化，并将洪武皇帝朱元璋天子的地位深化，巧妙地将尊明事大的主题凸显出来。作为使臣文学的代表性人物，权近的作品对后世的使臣文学在内容与形式、题材、写作技巧等方面影响颇深，而这种浓厚的"事大"心理，同样被后期的朝鲜使臣所借鉴和模仿。纵观"朝天录"的作品，这种"事大"的心理基调是一脉相承的。

随着程朱理学在朝鲜的遍地开花，以程朱理学为正统的教育环境已经在全社会被营造出来，在这种情况下，朝鲜在观察中国的时候与中国产生思想上的碰撞已经不可避免。如许筠在使行中国时与中国儒生关于阳明之学的激烈论辩（因前文叙述较详，故不赘述），但这并不是对事大理论的全盘推翻，而是由历史上的绝对"事大"，逐渐转变为拥有民族自尊和文化自豪，带有比较强烈的独立自主性的"事大"，这就导致了朝鲜塑造中国形象时态度产生了比较明显的变化。纵观"朝天录"，从狂热的"乌托邦"，到游走于想象与真实的交织，从日益清醒的观察，到对明末世的挽歌，这种事大之情的变化轨迹是比较明显的。但是，值得一提的是，尽管思想上的碰撞十分激烈，但由于"壬辰倭乱"中明朝援助朝鲜的表现，从而使朝鲜的事大理论的变化过程显得更加复杂。

从"华夷观"的演变轨迹来看，从对明政权的热烈歌颂，到对中国少数民族的敌视与鄙薄，再到对后金政权的仇视，这个轨迹也是有迹可循的。

我们先来看郑梦周的一首诗：

> 身随海舶贺王正，路入江南眼忽明。
> 地辟天开新建级，龙盘虎踞旧闻名。[1]

这首诗同样也是朝鲜文人"华夷观"的非常有代表性的作品。在郑梦周的眼中，明取代元，是传统华夷秩序的恢复，也是中国正统地位的重新确认和树立。因此，他称这一事件是"地辟天开"，意义非凡。长期接受的儒家文化影响，使他拥有浓重的华夷观念："登州望辽野，邈矣天一涯。溟渤限其间，地分夷与华。"[2] 朱元璋是汉人，打败蒙古人建立新政权，自然

---

[1] 《燕行录全集》卷1，《赴南诗》，《扬子江船上》，第107页。
[2] 《燕行录全集》卷1，《赴南诗》，《三月十九日过海宿登州公馆郭通事金押马船阻风未至因留待》，第64页。

是中国的正统,相对于中国来说,在地理位置上属"夷",却深受中国儒家思想影响的朝鲜自然要奉"华"明为正宗。另一方面,高丽长期遭受元朝的压迫,苦不堪言,明击败蒙古人建立汉人正统,也为高丽的发展扫除了障碍。

像郑梦周这样拥有鲜明华夷观的使臣不在少数。人员1597年出使的李晬光《辽东》一诗:"东北雄藩控一方,辽阳自昔壮金汤。天联瀚海秋常早,地接阴山夏亦凉。跋马尘沙随客袂,赋诗风月入奚囊。蓟门此去知何处。塞草关云万里长。"① 他在诗中充分肯定了辽阳在东北军事上的重要地位,并给予了"雄藩"的高度评价,有这样的雄关在,明之江山自然固若金汤。值得注意的是,他在描述辽阳特殊的气候时,使用了"阴山"一词,在中国的历史发展中,阴山几乎已经是一个蒙古族的代名词。因此,李晬光称"东北雄藩"是有深意的。他认为,和医巫闾山一样,辽阳城更是一个"镇夷"的象征,它起到了向周围"夷狄"显示武功的作用,可以令"夷狄"望而生惧,知难而退,这个"控"字的使用可谓意味深长。1597年,壬辰倭乱结束,战争使朝鲜人民付出了巨大的代价,明朝的出兵使整个战局扭转,其强大的军力也给朝鲜留下了十分深刻的印象。在这里,李晬光隐晦地流露出对中国强大军事实力的敬畏,也流露出愿明永远保持强大,以更好地佑护朝鲜的渴求。对辽阳的"镇夷"作用,1598年出使的李廷龟表现得更加明显:"控带山河节镇雄,地蟠西北坐要冲。参差粉堞重霄外,飘渺珠楼一望中。千里壮游真附骥,百年嘉会忝登龙。汉家飞将新亡阵,谁向天山早挂弓。"② 他从辽阳的地理位置上对辽阳的壮观与威严表示了由衷的敬意,正是这样的雄关才能保证明的安全。诗末还流露出其对明援朝作战牺牲的邓子龙的怀念与伤感,这是十分可贵的情感。

如果将"朝天录"的研究与"燕行录"的研究结合起来,则这种"华夷观"思想轨迹的变化就更加明显。明朝灭亡之后,朝鲜长时间对明政权充满了怀念之情,而对被他们定位于"夷"角色的清政权则充满了恶感,尽管清政权对朝鲜的待遇远远要比明代好,但儒家思想中的"华夷观"仍然长时间地影响了他们对清代中国的塑造,直到北学思想的全面兴起。

从文化价值角度上看,"朝天录"简直就是一部关于明代中国社会的百

---

① 《燕行录全集》卷10,《朝天录》,《辽东》,第184页。
② 《燕行录全集》卷10,《戊戌朝天录》,《次辽东韵》,第446页。

科全书，它涉及了整个明朝的政治、军事、文化、交通以及民风民俗等方方面面，对于研究中国明代的政治、城市、地方志、民俗等方面的情况，提供了大量的第一手资料，其中很多资料甚至是中国典籍中早已习以为常而忽略不计或者干脆从未记载过的。从这个角度来说，"朝天录"具有十分高的文化价值。例如，朝鲜使臣在"朝天录"中就详细记载了明代的通州和漕运的具体情况。

有明一代，特别是明朝中叶，农业和手工业的生产水平都超过了前代，社会分工进一步发展，商品经济十分繁荣，尤其表现在工商业城市的兴起上。当时工商业发展比较迅猛的城市，除了北京和南京之外，大致分布在江南、东南沿海和运河沿岸三个区域，在江南五府中，还出现了资本主义的萌芽。明朝经济的高度发展，给朝鲜使臣留下了深刻的印象，他们炫目于城市的宏大与繁华，为之赞叹和欣羡。

中国在隋唐以后渐渐形成了以南方为经济文化中心，而北方为政治军事中心的局面。为保证南方的赋税和物资能够源源不断地运往京城，开辟并维持一条纵贯南北的水路运输干线，对于历代朝廷来说就变得极其重要，因此需要建立一套完整的漕运系统。远在秦汉时代，史书中就已经有了关于漕运的记载，到了隋朝以后，漕运更有了进一步的发展，并建成了后来举世闻名的京杭大运河。京杭大运河是中国古代一项伟大的水利工程，也是世界上开凿最早，里程最长的大运河。其开凿过程经过了三个阶段：公元前486年，吴王夫差首次在扬州开挖邗沟，沟通了长江和淮河。而至7世纪的隋炀帝时期和13世纪的元代，又先后两次大规模地开凿运河，终于建成了这条沟通我国南北漕运的大动脉。从天津到通县北关、张家湾一段，叫北运河，又称之路河，全长186公里。从通县至北京城的一段名通惠河，该河是元代初年由伟大的水利专家、天文学家郭守敬设计修建的。明永乐时迁都，在元大都的遗址上重建北京城，规模比原来更为宏大，但在修建过程中，向南扩张，将原来位于大都城外的通惠河部分河段包入城内，将这一段航道埋入地下，成为暗河。这使得原来可以由通州直抵积水潭的航段不能再用，故漕船开至城东东便门，便不能进入。而且，通惠河自东便门至通州一段，因水源问题，不能顺畅通行。明中叶以前，政府多次动议修浚，但都不太成功。到了嘉靖七年，由御史吴仲修浚的通惠河工程取得成功，通惠河漕运开始通畅。每年漕运粮食从五月至九月可达250万石。

位于北京城正东的通州，地处举世闻名的京杭运河最北端，素有大运河"龙头"的美誉，城区距天安门仅 20 公里。从西汉初年（公元前 206 年）始建算起，迄今已有两千余年的历史，是名副其实的古老城市。通州悠久的历史可以上溯到新石器时期，当时境域内就已有人类居住。西汉初始称路县，取水路、陆路交通方便之义。此后又改称通路亭、潞县、通州、通县。金代于公元 1151 年建中都于北京后，于潞县设刺史州，取"漕运通济"之义，命名为通州。通州自此而得名，并延续至今。漕运开通之后，通州因漕运而兴，州民由漕运而富，各业依漕运而旺，南方富商船家，北方大贾车主，交会通州，天下繁富称雄，皆仗漕运。通州也因此发展成为京东行政、经济、商贸、文化中心城市和全国性的物资交流中心。关于通州的富裕，朝鲜使臣黄中允曾做出过这样的记述："余见辽东人民物贸之盛，以为忧无比，比及到山海关，则辽东真如河伯之秋水，以为天下殷富此为无敌。今见通州，则山海关又不啻山店贫村。其人居屋舍可以十万计，綵胜银幡令人夺目。帆樯满江，簇簇如藕……北京有变则百司皆乘此以达金陵，算计远矣。至于城中街市则绣堆金窟，左右炫眼……秦之说挥汗成雨，连衽成帷为过于夸张矣。于今始信其不诬也。"① 黄中允在记载中形象地记载了通州的繁荣富庶，他的记载在朝鲜使臣中非常具有代表性，而且也表达出朝鲜使臣对中国富裕景象的共同感受。明代的经济发达是朝鲜使臣一进入中国境内就深有感触的，尤其到了辽阳，其富庶程度令人叹为观止，当然这是比照本国的经济而言的。这对朝鲜使臣的心理造成了极大的冲击，纵观他们在辽东留下的记载，这种震撼是屡屡可见的。然而到了明苦心经营的山海关，其繁华景象更是令朝鲜使臣目不暇接，辽阳与之相比，自然有河伯惭大海之感，在他们心中，这是第二次大的冲击。但是，到了"北方之甲"的通州，恐怕这种震撼应该达到最高峰了，漕运的壮观景象，富庶的城市生活，已经令他们找不到什么更恰当的语言来形容了。黄中允的记录，很恰当地概括了朝鲜使臣在使行中国时的心理变化过程，他的记载中提到的秦典籍中叙述的城市繁荣景象，在通州得到了充分的印证，从而心悦诚服。他的这段记载实际上反映了长时间留存于朝鲜人心中的集体想象物，即中国经济的繁华富庶。这也更坚定了他们认定明朝为"天朝"的信心和"诚心事大"的决心。在黄中允的记载中，还值得注意的是，他提到了京杭大运河的政治和军事作用，即"北京有变则百司皆乘此以达金

① 《燕行录全集》卷 16，《西征日录》，第 55 页。

陵，算计远矣"。京杭大运河的开通，不仅促进了沿岸城市经济的发展，而且在国家形势有变的时候，首都机构可以迅速通过运河南下陪都南京继续发挥其功能，而不至张皇失措，影响国家稳定，他认为明朝统治者的用意极其深远。与他持相同观点的还有闵仁伯，他在记载中这样写道："上自皇上，下至百僚，计员有船。脱有缓急，各乘此船直达金陵之计也。成祖神算，岂不远哉？"① 他对明成祖疏通大运河之举给予了高度的评价，而且，从他的记载来看，当时通州运河中配备了上至皇帝，下至百官专用的船只，一旦形势有变，君臣就可各乘其船泛流大运河回转南京。可见，明疏通大运河除了经济上的考虑之外，确实还包含着政治和军事的意图。

关于通州漕运的盛况，许多朝鲜使臣给予了记载，如闵仁伯这样记载："到通州城下，画船千余艘，俱什物。家居东西。沿江上下几二十余里，舳舻相接，帆樯如攒……真壮观处也。"② 闵仁伯描绘了通州漕运繁忙的情景，漕船绵延二十余里，可见其壮观的景象和宏大的规模，由此可见，运河的开通给通州带来了多么大的经济繁荣。李安讷对通州的繁忙景象也进行了描写："邑屋临河上，河流入海长。帆樯蔽云日，车马隘康庄。渠转江南粟，市藏天下商。城门夜不闭，灯火烂星光。"③ 从诗中的记载来看，通州的漕运工作是十分紧张的，漕运船只靠岸，车马迎接。整个工作忙碌而有序，为了完成各种运输任务，通州城城门四开，彻夜灯火辉煌，其繁忙程度略见一斑。这首诗也反映了明朝的漕运制度：明代运河每年漕船有一万余只，共分十帮，由 124 处卫所 12 万余名军士负责运输，因路途远近而规定各帮至通日期，有序不乱。每年农历三月一日始，北直隶、河南、山东各运粮帮按次到达运通州，州东门外为土坝码头，凡属军粮卸此验收入通仓，白米类于州北门石坝码头验收后经通惠河送储京仓；四月一日始，南直隶、安徽等运粮船帮依次至通；五月一日，南直隶等按次至通；六月一日始，浙江、湖广顺次至通州。各帮船于通州只许逗留十日，即依次返航，准备次年运粮，最后一批船帮限定十月一日必须返归。据李安讷记录的序言记载，他是与当年四月二十八日出发，六月初二渡鸭绿江，十月初十回到义州的，因此，按照其行程计算，他看到的应该是八九月间南方漕运船

---

① 《燕行录全集》卷 8，《朝天录》，第 26 页。
② 《燕行录全集》卷 8，《朝天录》，第 26 页。
③ 《燕行录全集》卷 15，《朝天录》，《通州行五首》，第 187 页。

只到达通州的情况，所以有"渠转江南粟"语。由于各帮船只能在通州停留十天，所以在运输量大，日程紧张的情况下，自然会出现"城门夜不闭，灯火烂星光"的繁忙情况。为了中转和存贮各地运来的粮食物品，通州城内设立了许多谷仓："有西仓，东南漕船皆凑泊于大通河，内外城皆置仓厫。"① 郑士信更是记载了仓廪的规模："城内市廛人物之盛甲于一路。由西门而出，城之外又有外城，其周匝之广、市阁之盛无异内城。路左有大仓，延袤几十里。穹隆连云，缭以高垣，大书其门曰'经理全漕'。盖东南税赋漕运自潞河而来，藏积于此以需国用，如我国之龙山仓。皇家蓄积之厚可想矣。"② 从这段记载来看，漕运仓廪多设置在外城，其规模宏大，绵延几十里。郑士信的观察是准确的，从南方来的漕运正是运往此地予以存储，壮观的景象使郑士信自然而然地发出天朝富足的感叹。由于朱棣定都北京，天下物资通过水陆两种方式源源不断地涌向通州以满足皇家和首都生活的需要。独特的地理位置使通州成为经济发展的重心，也使通州人民的生活变得十分的富裕和安宁："燕赵多美女，幽并多侠儿。喧然大都会，相与竞奔驰。绣户青罗帐，银鞍白马羁。笙歌无日夜，行乐太平时。"③ 物资的集中与流动，必然要求通州城内各行业分工的细化，而繁荣的经济又给人民带来了无限的商机。所以，在李安讷的眼中，通州城内美女侠士云集，人民歌舞升平，城市生活多姿多彩，一片太平盛世的景象。这种感觉，是与朝鲜使臣对明朝经济繁荣欣羡的心理密不可分的。

还有朝鲜使臣从细节上对明代的漕运予以观察，如1619年出使中国的李弘胄就对承担漕运任务的漕船进行了细致的观察："食后，三人并辔向船所。龙舟一只泊在江浒，悬金牌于船头，书'上用水殿'四字。窗户玲珑，涂以云母。六部画船以次摆列，制造精丽，无异于龙船。各有床、桌子等具，极其齐楚。守船者率妻儿鸡犬而居，同在家生涯。船数则九千九百九十只，而湛船亦在其中，逐年改造。守船者亦一年一替云。船人皆自浙江来者，见吾辈争相聚观，请周览其船屋，或烹茶以献，可见中原人欤厚之情矣。"④ 应该说，李弘胄这段关于漕船的记录是十分珍贵的。从这段记录中，我们首先能了解到漕船的形制，船头悬金牌，可以向沿途证明船只的

---

① 《燕行录全集》卷14，李民宬，《癸亥朝天录》，第378页。
② 《燕行录全集》卷9，《梅窗先生朝天录》，第328页。
③ 《燕行录全集》卷15，《朝天》，《通州行五首》，第186页。
④ 《燕行录全集》卷10，《梨川先生使行日记》，第68页。

身份，而且也便于进行集中管理。船只的窗户上涂以云母，用来防止河水对木头的腐蚀。这段记载也从侧面反映了明代高超的船只制造技术，没有明代高超的船只制造技术，郑和就无法完成七下西洋的壮举，所以李弘胄称"制造精丽，无异于龙船"，也是出于中国制船技术的羡慕。其次，从记录中我们可以看出漕运人员的管理制度，一年一替换，而漕运人员以漕船为家，率妻儿，携鸡犬，在船上像在陆地上一样生活。再次，记录中关于船数的记载接近于明朝关于漕运的记录，这也说明朝鲜使臣对漕运的观察是十分仔细的。最后，记录中体现了两国人民的友好交往，中国人对朝鲜人的友好态度使朝鲜使臣深为感动。

此外，"朝天录"还有其他学科上的价值。例如，许多朝鲜使臣都是以日记的方式来记载朝天之旅的，将这些日记的每天的阴、晴、雨、雷、雾等天气情况归纳出来，可以得出气象学上的数据，从而可推算出明代至今辽东、北京等地天气变化的曲线，因而可以看出中国几百年来气候变化的情况；朝鲜使臣通过陆路使行的时候，经过中国东北境内的如大凌河、小凌河等许多河流，经常用日记体记载夏季时不同河流的暴涨以及冬季时河流封冻等情况，对之进行考察，可以得出几百年中东北水文方面的变化资料；朝鲜使臣尽管不谙汉语，但可以运用汉字（文言文）来表达自己的思想，通过与中国文人进行笔谈时留下的文字资料，以及朝鲜使臣通过译官与中国人进行交流时留下来文字资料，又可以为我们在语言学方面的研究提供新的思路；朝鲜使臣关于明代人服饰的记录，可以让我们在服饰学上的研究得到帮助；朝鲜使臣关于北京地震的记载，可以让我们在地质学的研究中得到帮助。

当然，我们必须清醒地看到，尽管林基中教授在收集"朝天录"和"燕行录"并加以结集的过程中付出了巨大的心血，但由于种种原因，《燕行录全集》虽洋洋百卷，但并不是一个完美的版本，一些不属于"朝天录"和"燕行录"的文本也被收入其中，还有一些重复收入的文本，中国的一些学者也已经对此进行了详细的考证与勘误工作。① 但瑕不掩瑜，林基中先生对朝鲜古代汉籍的整理工作做出了巨大的贡献。随着中韩两国文化交流

---

① 左江：《〈燕行录〉全集考订》，《域外汉籍研究辑刊》，2008；杨军：《〈燕行录全集〉补订》，《古典文献研究》，2009；漆永祥：《〈燕行录全集〉考误》，《中国学论丛》28 辑，2008；漆永祥：《关于"燕行录"界定及收录范围之我见》，《古籍整理研究学刊》，2010。

的不断深入，若两国学者能发挥各自优势，齐心协力地进行"朝天录"和"燕行录"的收集和研究工作，一定会将朝鲜半岛的古代汉籍研究工作推向一个前所未有的高峰。

目前，"朝天录"的研究在国内尚属起步阶段，其价值还有待于更多有识之士群策群力予以挖掘。"朝天录"研究是一个非常有前景的研究方向，更多成果的出现，将会大大促进朝鲜学—韩国学研究的进程，会与目前已经初步形成规模的"燕行录"研究形成一个有机的明清中国研究的整体。相信"朝天录"研究的热潮即将出现，这股热潮也会为中朝、中韩比较文学的研究开辟出更新更广阔的研究视野。

主要参考文献

一 基本文献与资料

[1]《燕行录选集（2卷）》，韩国成均馆大学大东文化研究院，1962。

[2]《朝天录（4册）》，台湾硅庭出版社，1978。

[3]《燕行录全集（100卷）》，韩国东国大学出版社，2001。

[4]《燕行录全集：日本所藏编（3卷）》，韩国东国大学校韩国文学研究所，2001。

[5]《韩国古典文学精选》，亚细亚文化社，1985。

二 参考专著

[1] 韦旭升：《韦旭升文集（第一、二、三、四、五卷）》，中央编译出版社，2000。

[2] 李岩：《中韩文学关系史论》，社会科学文献出版社，2003。

[3] 乐黛云：《比较文学简明教程》，北京大学出版社，2003。

[4] 孟华：《比较文学形象学》，北京大学出版社，2001。

[5] 乐黛云顾问、杨乃乔主编《比较文学概论》，北京大学出版社，2005。

[6] 叶绪明、朱宝荣、王锡明主编《比较文学理论与实践》，武汉大学出版社，2004。

[7] 金柄珉主编《朝鲜—韩国的历史传统与人文精神》，延边大学出版社，2004。

[8] 金柄珉、金宽雄主编《朝鲜文学的发展与中国文学》，延边大学出版

社，2003。

[9] 孟昭毅：《东亚文化文学因缘》，吉林大学出版社，1996。

[10] 宋柏年主编《中国古典文学在国外》，北京语言学院出版社，1994。

[11] 陈蒲清：《古代中朝文学关系史略》，湖南人民出版社，1999。

[12] 沈善洪主编《中韩人文精神》，学苑出版社，1998。

[13] 董作宾等：《中韩文化论集》，台北中华文化出版事业委员会，1955。

[14] 杨通方：《汉文化论纲》，北京大学出版社，1993。

[15] 何镇华：《朝鲜文学研究论文集》，广播电视出版社，1992。

[16] 朴文一、金龟春主编《中国古代文化对朝鲜和日本的影响》，黑龙江民族出版社，2000。

[17] 张俊哲：《东亚比较文学导论》，北京大学出版社，2004。

[18] 周一良：《周一良集（第四卷)》，辽宁教育出版社，1998。

[19] 周一良主编《中外文化交流史》，河南人民出版社，1987。

[20] 朴真奭：《中朝经济文化交流史研究》，辽宁人民出版社，1984。

[21] 杨昭全：《中国—朝鲜·韩国文化交流史（1～4)》，昆仑出版社，2004。

[22] 金京振：《朝鲜古代宗教与思想概论》，中央民族大学出版社，2006。

[23] 冯川：《文学与心理学》，四川人民出版社，2004。

[24] 刘顺利：《半岛唐风》，宁夏人民出版社，2004。

[25] 杨昭全：《中朝关系简史》，辽宁民族出版社，1992。

[26] 程裕祯：《中国文化要略》，外语教学与研究出版社，2004。

[27] 李洁非：《龙床》，敦煌文艺出版社，2006。

[28] 翦伯赞：《中国史纲要》，人民出版社，1997。

[29] 姜龙范、刘子敏：《明代中朝关系史》，黑龙江朝鲜民族出版社，1999。

[30] 刘菁华、许清玉、胡显慧选编《明实录朝鲜资料辑录》，四川出版集团，2005。

[31] 刘子敏、姜孟山、王世英等：《中国正史中的朝鲜史料（二)》，延边大学出版社，1996。

[32] 李岩：《朝鲜李朝实学派文学观念研究》，北京大学出版社，1994。

[33] 陈尚胜等：《朝鲜王朝对华观的演变》，山东大学出版社，1999。

[34] 姜非非、王小甫等：《中韩关系史（古代卷)》，社会科学文献出版

社，1998。

[35] 李岩、池水涌、俞成云：《朝鲜文学通史（上）（中）（下）》，社会科学文献出版社，2012。

[36] 邱瑞中：《燕行录研究》，广西师范大学出版社，2010。

[37] 杨雨蕾：《燕行与中朝文化关系》，上海辞书出版社，2011。

[38] 李岩：《朝鲜文学的文化观照》，商务印书馆，2015。

[39] 李岩：《朝鲜中古文学批评史研究》，人民文学出版社，2015。

[40] 〔韩〕林基中：《燕行录研究》，一志社，2002。

[41] 〔韩〕金锡夏：《韩国文学史》，新雅社，1988。

[42] 〔韩〕李家源：《朝鲜文学史（上）》，香港社会科学出版社有限公司，2005。

[43] 〔韩〕赵东一：《韩国文学通史》，韩国知识产业社，1994。

[44] 〔韩〕全海宗：《中韩关系史论集》，中国社会科学出版社，1997。

[45] 〔韩〕金台俊：《韩国文学的东亚细亚视角》，韩国集文堂，1999。

三 参考译著

[1] 〔法〕卡雷·基亚：《比较文学》，颜保译，北京大学出版社，1983。

[2] 〔法〕莫哈：《试论文学形象学的研究史及方法论》，《比较文学形象学》，孟华主编，北京大学出版社，1983。

[3] 〔法〕巴柔：《比较文学意义上的形象学》，孟华译，《中国比较文学》，上海外语教育出版社，1998。

[4] 〔美〕雷纳·韦勒克：《比较文学的危机》，New Haven and London Yale University Press，1963。

[5] 〔韩〕李家源：《朝鲜文学史》，沈定昌等译，香港社会科学出版社有限公司，2005。

[6] 〔韩〕金得榥：《韩国宗教史》，社会科学文献出版社，1992。

[7] 〔韩〕赵东一主编：《韩国文学论纲》，周彪等译，北京大学出版社，2003。

[8] 〔韩〕金台俊：《朝鲜汉文学史》，北京社会科学文献出版社，1996。

[9] 〔朝〕柳成国：《韩国儒学》，傅泽译，台北台湾商务印书馆，1989。

[10] 〔朝〕金贞培：《韩民族的文化和起源》，高岱译，上海出版社，1993。

[11] 〔韩〕李成茂：《高丽朝鲜两朝的科举制度》，张连瑰译，北京大学出

版社,1993。

[12] 韩国哲学会编《韩国哲学史》,韩振乾、王丹等译,社会科学文献出版社,1996。

四 论文

[1] 王政尧:《燕行录初探》,《清史研究》,1997年第3期。

[2] 杨雨蕾:《燕行使臣与汉籍东传朝鲜》,《韩国研究》,2002年第4期。

[3] 杨雨蕾:《朝鲜〈燕行录〉所记的北京琉璃厂》,《中国典籍与文化》,2004年第12期。

[4] 张婷婷:《明代朝鲜朝贡路线的演变》,《南阳师范学院学报》,2004年第4期。

[5] 葛兆光:《大明衣冠今安在》,《史学月刊》,2005年第10期。

[6] 孙卫国:《朝天录与燕行录——朝鲜使臣的中国使行纪录》,《中国典籍与文化》,2002年第1期。

[7] 李岩:《朝鲜古代丧葬仪礼及其灵魂崇拜观念探微》,《延边大学学报》,2006年第1期。

[8] 张德信:《朝鲜使臣眼中的运河与淮安——以权近奉使录为中心》,《淮阴工学院学报》,2006年第6期。

[9] 刁书仁:《洪武时期高丽、李朝与明朝关系探析》,《扬州大学学报(人文社会科学版)》,2004年第1期。

[10] 栾凡:《明朝对中朝朝贡的组织管理及其影响》,《西南大学学报(社会科学版)》,2007年第5期。

[11] 马婷:《他者镜像中的中国主体——西方的中国形象研究述评》,《学术研究》,2007年第10期。

[12] 任振镐:《性理学在韩国的传入与发展》,《扬州大学学报(人文社会科学版)》,1998年第1期。

[13] 刘灵芝:《儒家思想文化传入朝鲜及影响》,《历史教学(高校版)》,2007年第6期。

[14] 张品端:《李滉对朱熹理学的继承和发展》,《合肥学院学报(社会科学版)》,2007年第5期。

[15] 孙卫国:《论事大主义与朝鲜王朝的对明关系》,《南开学报(哲学社会科学版)》,2002年第4期。

［16］〔韩〕金周汉：《通过燕行录所看到的韩中文化交流》,《慕山学报 （第 2 辑)》, 1991 年 8 月。

［17］〔韩〕林基中：《水陆燕行录与水陆燕行图》,《韩国语言文化研究》 43 , 韩国语言文学研究学会, 2004 年 8 月。

图书在版编目(CIP)数据

"朝天录"中的明代中国人形象研究/杨昕著.—北京:社会科学
文献出版社,2016.4
ISBN 978 - 7 - 5097 - 8248 - 4

Ⅰ.①朝… Ⅱ.①杨… Ⅲ.①中朝关系 - 国际关系史 - 研究 -
明代 Ⅳ.①D829.312

中国版本图书馆 CIP 数据核字(2015)第 257505 号

"朝天录"中的明代中国人形象研究

著　　者 / 杨　昕

出 版 人 / 谢寿光
项目统筹 / 冯立君　董风云
责任编辑 / 柏　桐　冯立君

出　　版 / 社会科学文献出版社 · 甲骨文工作室(010)59366551
　　　　　　地址:北京市北三环中路甲29号院华龙大厦　邮编:100029
　　　　　　网址:www. ssap. com. cn
发　　行 / 市场营销中心(010)59367081　59367018
印　　装 / 三河市东方印刷有限公司

规　　格 / 开本:787mm × 1092mm　1/16
　　　　　　印张:14.75　字数:247 千字
版　　次 / 2016 年 4 月第 1 版　2016 年 4 月第 1 次印刷
书　　号 / ISBN 978 - 7 - 5097 - 8248 - 4
定　　价 / 79.00 元